高等职业教育"十二五"规划教材
汽车专业工作过程导向职业核心课程双证系列教材
人力资源和社会保障部职业技能鉴定中心组编

U0653861

# 汽车车身电子控制系统
# 检修一体化项目教程

主　编　王　勇
副主编　何永新　龙纪文　郑志中
　　　　谢兴景
主　审　余卓平

上海交通大学出版社

## 内 容 简 介

本书是根据汽车维修专业所面向的主要岗位调查,组织召开汽车维修工和汽车维修电工岗位工作任务分析研讨会,选取了汽车中央门锁系统、汽车防盗系统、汽车电动伺服系统、汽车安全气囊系统、汽车巡航系统、汽车音响系统典型工作任务,构建了"汽车车身电子控制系统检修"课程。本书重点介绍了汽车车身电子控制系统的结构、工作原理、故障诊断与检修方法。重点强调按企业实际工作过程来培养学生的电子控制系统电路分析、故障诊断与排除等专业能力和职业核心能力。

本书可作为高职高专、技工院校、普通院校、远程教育和培训机构的汽车车身电子控制系统检修教材,也可供广大汽车检修从业人员学习参考和职业鉴定前应试辅导。

为了方便老师教学及学生自学,本书配有多媒体课件,欢迎读者来函来电索取。

联系电话:(021)61675263;电子邮箱:shujun2008@gmail.com

### 图书在版编目(CIP)数据

汽车车身电子控制系统检修一体化项目教程/王勇主编. —上海:上海交通大学出版社,2012

汽车专业工作过程导向职业核心课程双证系列教材

高等职业教育"十二五"规划教材

ISBN 978-7-313-07969-5

Ⅰ. 汽… Ⅱ. 王… Ⅲ. 汽车—车体—电子系统:控制系统—车辆修理—职业教育—教材 Ⅳ. U472.41

中国版本图书馆 CIP 数据核字(2011)第 249916 号

**汽车车身电子控制系统检修一体化项目教程**

王 勇 主编

上海交通大学出版社出版发行

(上海市番禺路 951 号 邮政编码 200030)

电话:64071208 出版人:韩建民

常熟市文化印刷有限公司 印刷 全国新华书店经销

开本:787mm×1092mm 1/16 印张:12.75 字数:294 千字

2012 年 2 月第 1 版 2012 年 2 月第 1 次印刷

ISBN 978-7-313-07969-5/U 定价:33.00 元

# 序

随着社会经济的高速发展和现代制造业的不断升级，我国对技能人才地位和作用的认识得到了空前的提高，技能人才的价值越来越得到认可。如何培养符合未来中国经济社会发展需要的技能人才也得到社会的广泛关注。

人力资源和社会保障部职业技能鉴定中心、中国就业培训技术指导中心担负着为我国就业和职业技能培训领域提供技术支持和技术服务的重要任务。在新的形势下，为各类技工院校、职业院校和培训机构提供技能人才培训、培养模式及方法等方面的技术指导尤为重要。在党中央国务院就业培训政策方针指引下，中心结合国情，开拓创新思路，探索培训方式，研究扩大就业，提供技术支持，为国家就业服务和职业培训鉴定事业的发展，提供了强有力的支撑。与此同时，中心不断深化理论研究，注重将理论转化为实践，成果也十分明显，由中心组编的"汽车专业工作过程导向职业核心课程双证系列教材"便是这种实践的成果之一。

我国作为世界汽车生产和消费大国，汽车产业的快速发展和汽车消费的持续增长，为国民经济的增长产生了巨大拉动作用。近年来，我国汽车专业职业教育事业取得了长足发展，为汽车行业输送了大量的人才。随着汽车产业的迅猛发展，社会对汽车专业人才提出了更高的要求。进一步深化人才培养模式、课程体系和教学内容的改革，不断提高办学质量和教学水平，培养更多的适应新时代需要的具有创新能力的高技能、高素质人才，是汽车专业教育的当务之急。

作为汽车专业教育的重要环节，教材建设肩负着重要使命，新的形势要求教材建设适应新的教学要求。职业教育教材应针对学生自身特点，按照技能人才培养模式和培养目标，以应用性职业岗位需求为中心，以素质教育、创新教育为基础，以学生能力培养、技能实训为本位,使职业资格认证培训内容和教材内容有机衔接,全面构建适应 21 世纪人才培养需求的汽车类专业教材体系。

　　我热切地期待,本系列教材的出版将对职业教育汽车类专业人才的培养和教育教学改革工作起到积极的推动作用。

人力资源和社会保障部职业技能鉴定中心主任

中国就业培训技术指导中心主任

2011 年 5 月

# 目 录

| 第一部分 | 课程整体设计 | 001 |
|---|---|---|

1. 课程内容设计 · · · · · · · · · · · · · · · · · · · · · · · · · · · · · · · · · 001
2. 课程目标设计 · · · · · · · · · · · · · · · · · · · · · · · · · · · · · · · · · 001
3. 课程教学资源要求 · · · · · · · · · · · · · · · · · · · · · · · · · · · · · 003

| 第二部分 | 教学内容 | 005 |
|---|---|---|

项目一　汽车中央门锁系统检修 · · · · · · · · · · · · · · · · · · · · · · 005

任务 1.1　中央门锁系统不能工作故障检修 · · · · · · · · · 006
一、维修接待 · · · · · · · · · · · · · · · · · · · · · · · · · · · · · · · · · 006
二、信息收集与处理 · · · · · · · · · · · · · · · · · · · · · · · · · · · · 007
三、制订检修计划 · · · · · · · · · · · · · · · · · · · · · · · · · · · · · · 011
四、实施维修作业 · · · · · · · · · · · · · · · · · · · · · · · · · · · · · · 012
五、检验评估 · · · · · · · · · · · · · · · · · · · · · · · · · · · · · · · · · 012
任务 1.2　日产颐达中央门锁系统检修 · · · · · · · · · · · · · · · 014
一、维修接待 · · · · · · · · · · · · · · · · · · · · · · · · · · · · · · · · · 014
二、信息收集与处理 · · · · · · · · · · · · · · · · · · · · · · · · · · · · 015
三、制订检修计划 · · · · · · · · · · · · · · · · · · · · · · · · · · · · · · 019
四、实施维修作业 · · · · · · · · · · · · · · · · · · · · · · · · · · · · · · 020
五、检验评估 · · · · · · · · · · · · · · · · · · · · · · · · · · · · · · · · · 020

项目二　汽车防盗系统检修 · · · · · · · · · · · · · · · · · · · · · · · · · · 022

任务 2.1　防盗器安装与检修 022

一、维修接待 022

二、信息收集与处理 023

三、制订安装计划 033

四、实施作业 034

五、检验评估 034

任务 2.2　原车防盗系统检修 036

一、维修接待 036

二、信息收集与处理 037

三、制订检修计划 054

四、实施维修作业 054

五、检验评估 055

项目三　汽车电动伺服系统检修 056

任务 3.1　汽车电动车窗系统检修 056

一、维修接待 057

二、信息收集与处理 057

三、制订检修计划 070

四、实施维修作业 070

五、检验评估 071

任务 3.2　汽车电动后视镜系统检修 073

一、维修接待 073

二、信息收集与处理 074

三、制订检修计划 079

四、实施维修作业 080

五、检验评估 080

任务 3.3　汽车电动座椅系统检修 082

一、维修接待 082

二、信息收集与处理 083

三、制订检修计划 093

四、实施维修作业 093

五、检验评估 094

项目四　汽车安全气囊系统检修 096

一、维修接待 097

二、信息收集与处理 097

三、制订检修计划 116

四、实施维修作业 116

五、检验评估 118

**项目五 巡航控制系统检修** 119
  **任务 5.1 认识汽车巡航控制系统** 119
    一、维修接待 119
    二、信息收集与处理 120
    三、制订检修计划 127
    四、实施维修作业 127
    五、检验评估 128
  **任务 5.2 典型车型巡航控制系统检修** 129
    一、维修接待 129
    二、信息收集与处理 130
    三、制订检修计划 154
    四、实施维修作业 155
    五、检验评估 155

**项目六 汽车音响系统检修** 157
  **任务 6.1 汽车音响升级改装** 157
    一、维修接待 158
    二、信息收集与处理 158
    三、制订升级计划 179
    四、实施升级作业 179
    五、检验评估 180
  **任务 6.2 日产骐达音响系统检修** 181
    一、维修接待 181
    二、信息收集与处理 182
    三、制订检修计划 190
    四、实施维修作业 190
    五、检验评估 191

**参考文献** 192

# 第一部分

# 课程整体设计

### 1. 课程内容设计

本课程选取了汽车中央门锁系统检修、汽车防盗系统检修、汽车电动伺服系统检修、汽车安全气囊系统检修、汽车巡航系统检修、汽车音响系统检修六个教学项目12项典型工作任务，具体教学安排建议如下。

| 项目名称 | 工作任务 | 课时分配 |
|---|---|---|
| 汽车中央门锁系统检修 | 中央门锁不能工作故障检修 | 6 |
| | 日产颐达中央门锁系统检修 | 4 |
| 汽车防盗系统检修 | 防盗器安装与检修 | 18 |
| | 原车防盗系统检修 | 12 |
| 汽车电动伺服系统检修 | 汽车电动车窗系统检修 | 12 |
| | 汽车电动后视镜系统检修 | 4 |
| | 汽车电动座椅系统检修 | 8 |
| 汽车安全气囊系统检修 | 汽车安全气囊系统检修 | 8 |
| 汽车巡航系统检修 | 认识汽车巡航控制系统 | 4 |
| | 典型车型巡航系统检修 | 8 |
| 汽车音响系统检修 | 汽车音响升级改装 | 12 |
| | 日产骐达音响系统检修 | 6 |

### 2. 课程目标设计

能描述汽车车身电气各系统的结构、工作原理、功能及装配关系，能拆装检修各系统元件。

能根据各系统的使用特点，制订维护计划，并熟练实施维护作业。

会结合各系统控制电路图，分析电路故障原因，并能排除常见故障。

能正确使用常用工具、仪器仪表等维修设备，实施维修作业。

在学习或作业过程中严格执行 5S 现场管理及操作规范，能与其他学员团结协助，共同处理工作或学习过程中的一般问题。

**3. 课程教学资源要求**

　　师资要求：建议中级或以上职称，或技师职业资格，或具有 3 年以上企业维修经验的双师型教师任课。

　　实训资源：

| 实习场所名称 | 实习场所要求 | 设备序号 | 设备名称 | 数量 | 设备功能/技术指标 |
|---|---|---|---|---|---|
| 汽车车身电气实训室 | 面积 200 m² 配电：交流 380 V/220 V 直流 12 V 环保：符合 JY/T0380—2006 要求 | 1 | 中央门锁实训台架 | 5 台 | 示范讲解、实训 |
| | | 2 | 铁将军防盗器 | 5 套 | 示范讲解、实训 |
| | | 3 | 捷达汽车防盗实训台架 | 5 台 | 示范讲解、实训 |
| | | 4 | 日产天籁智能防盗实训台架 | 5 台 | 示范讲解、实训 |
| | | 5 | 电动车窗实训台架 | 5 台 | 示范讲解、实训 |
| | | 6 | 电动后视镜实训台架 | 5 台 | 示范讲解、实训 |
| | | 7 | 电动座椅实训台架 | 5 台 | 示范讲解、实训 |
| | | 8 | 巡航系统实训台架 | 5 台 | 示范讲解、实训 |
| | | 9 | 安全气囊系统实训台架 | 5 台 | 示范讲解、实训 |
| | | 10 | 音响系统实训台架 | 5 台 | 示范讲解、实训 |
| | | 11 | VAS5051 检测仪 | 2 台 | 故障诊断 |
| | | 12 | CONSULT-Ⅱ诊断仪 | 2 台 | 故障诊断 |
| | | 13 | 电眼睛 431 检测仪 | 2 台 | 故障诊断 |
| | | 14 | 中高级轿车 | 2 台 | 实习用车 |
| | | 15 | 多媒体教学系统 1 套 | 1 套 | 辅助教学 |

**4. 项目设计与项目能力培养目标分解**

| 序号 | 项目名称 | 工作任务 | 能力(知识技能、职业素养)目标 | 课时分配 |
|---|---|---|---|---|
| 1 | 汽车中央门锁系统检修 | 中央门锁不能工作故障检修 | (1) 能分析中央门锁系统电路原理<br>(2) 能检测中央门锁与排除中央门锁故障 | 6 |
| | | 日产颐达中央门锁系统检修 | (1) 能分析颐达中央门锁系统电路原理<br>(2) 能检测颐达中央门锁与排除中央门锁故障 | 4 |
| 2 | 汽车防盗系统检修 | 防盗器安装与检修 | (1) 熟悉铁将军防盗器安装流程<br>(2) 能在车上找出防盗器连接线路<br>(3) 能检修铁将军防盗器常见故障 | 18 |
| | | 原车防盗系统检修 | (1) 能分析原车防盗器工作原理<br>(2) 会匹配原车钥匙<br>(3) 能排除原车防盗器常见故障 | 12 |
| 3 | 汽车电动伺服系统检修 | 汽车电动车窗系统检修 | (1) 能分析电动车窗系统控制电路原理<br>(2) 会连接电动车窗系统线路<br>(3) 能排除电动车窗系统常见故障 | 12 |
| | | 汽车电动后视镜系统检修 | (1) 能分析电动后视镜系统控制电路原理<br>(2) 能排除电动后视镜系统常见故障 | 4 |
| | | 汽车电动座椅系统检修 | (1) 会分析电动座椅系统控制电路工作原理<br>(2) 能排除电动座椅常见故障 | 8 |
| 4 | 汽车安全气囊系统检修 | 汽车安全气囊系统检修 | (1) 熟悉安全气囊系统检测与维护<br>(2) 能排除安全气囊系统常见故障 | 12 |

续 表

| 序号 | 项目名称 | 工作任务 | 能力(知识技能、职业素养)目标 | 课时分配 |
|---|---|---|---|---|
| 5 | 汽车巡航系统检修 | 认识汽车巡航控制系统 | (1)能讲述巡航系统的组成与各部件的功能<br>(2)能分析汽车巡航系统控制电路原理 | 4 |
| | | 典型车型巡航系统检修 | (1)能分析巡航系统常见故障原因<br>(2)能排除巡航系统常见故障 | 8 |
| 6 | 汽车音响系统检修 | 汽车音响升级改装 | (1)会制订汽车音响配置方案<br>(2)能进行汽车音响布线及安装<br>(3)会对汽车音响进行调试 | 12 |
| | | 日常骐达音响系统检修 | (1)能分析汽车音响常见故障原因<br>(2)能排除汽车音响常见故障 | 6 |

5. 课程考核方案设计

| 序号 | 考核项目 | 考核任务 | 考核方案 | 考核权重 |
|---|---|---|---|---|
| 1 | 汽车中央门锁系统检修 | 中央门锁不能工作故障检修 | 过程考核 | 10% |
| | | 日产颐达中央门锁系统检修 | 过程考核 | 10% |
| 2 | 汽车防盗系统检修 | 防盗器安装与检修 | 过程考核 | 10% |
| | | 原车防盗系统检修 | 过程考核 | 10% |
| 3 | 汽车电动伺服系统检修 | 汽车电动车窗系统检修 | 过程考核 | 10% |
| | | 汽车电动后视镜系统检修 | 过程考核 | 10% |
| | | 汽车电动座椅系统检修 | 过程考核 | 10% |
| 4 | 汽车安全气囊系统检修 | 汽车安全气囊系统检修 | 过程考核 | 5% |
| 5 | 汽车巡航系统检修 | 认识汽车巡航控制系统 | 过程考核 | 5% |
| | | 典型车型巡航系统检修 | 过程考核 | 5% |
| 6 | 汽车音响系统检修 | 汽车音响升级改装 | 过程考核 | 10% |
| | | 日常骐达音响系统检修 | 过程考核 | 5% |
| 合　计 | | | | 100% |

注:过程考核重点考核工作态度、工作结果及工作过程中所起的作用。

6. 教学建议

本课程是汽车专业必修的技术课程,是基于汽车机电维修工岗位工作任务分析而设置的项目课程。各项目之间为并列关系。本书的项目按工作过程系统化原则组织编写。即将项目工作流程的"咨询—决策—计划—实施—检验—评估"与汽车维修行业的"维修接待—收集信息—制订维修方案—实施维修作业—维修质量检验—业务考核"相结合,确定了本书的编写思路。即"维修接待(或布置任务)—信息收集与处理—制订维修计划—实施维修作业—检验与评估"。

本书建议按工作过程系统项目教学和任务驱动组织教学,以解决维修案例为主线,将汽车车身电气各系统的结构、工作原理、故障诊断与检修方法等渗透到各项目或任务中,以完成任务展开学习,边学边完成任务。通过项目训练,培养学生"从故障入手—分析故障—制订维修方案—实施检修作业—维修质量检验"等企业工作或学习的过程能力,实现"做中学,学中做"的一体化教学核心思想。要求全面实施任务驱动式的项目教学法。同时建议创建各车身电气检修工作站,模拟企业工作环境,从具体车辆典型故障案例入手,按维修接待—

收集信息—信息收集与处理—制订维修计划—实施维修作业—维修质量检验与评估等 6 个环节实施项目教学。在教学过程中,要求体现教师引导、学生训练为主的现代职业教育理念(职业活动行动导向教学法),在培养学生专业能力的同时全程渗透职业核心能力训练。同时还潜移默化掌握了解决问题的方法,培养学生的工作能力。

# 第二部分

# 教 学 内 容

## 项目一  汽车中央门锁系统检修

| | |
|---|---|
| Description<br>项目描述 | 本项目是以汽车中央门锁系统检修为主线,通过本项目的学习,使学生理解汽车中央门锁系统的工作原理,认识汽车中央门锁系统的结构,具备维护与维修汽车中央门锁系统的相关技能 |
| Objects<br>项目目标 | 1. 认识汽车中央门锁系统的元件与安装位置<br>2. 能准确描述汽车中央门锁系统工作原理<br>3. 能按作业规范拆装和更换汽车中央门锁的零件<br>4. 能按诊断流程排除中央门锁系统常见故障 |
| Tasks<br>项目任务 | 1. 收集汽车中央门锁系统相关信息,制定汽车中央门锁系统维修计划<br>2. 任务 1.1:中央门锁系统不能工作故障检修:通过学习中央门锁系统工作原理—中央门锁控制元件检测—中央门锁故障原因分析—中央门锁系统线路检测—故障排除<br>3. 任务 1.2:日产颐达中央门锁系统电路检修:通过学习中央门锁系统工作原理—中央门锁控制元件检测—中央门锁故障原因分析—中央门锁系统线路检测—故障排除 |
| Implementation<br>项目实施 | |

笔记

# 任务 1.1  中央门锁系统不能工作故障检修

| 任务描述 | 一辆汽车安装一套普通型中央门锁系统,用遥控器或钥匙去执行开锁或关锁时,中央门锁控制系统不能工作,经维修接待和车间确认中央门锁控制系统有故障。需要对中央门锁控制系统进行检修排除故障 |
|---|---|
| 任务目标 | 1. 了解该车中央门锁系统元件与安装位置<br>2. 能准确描述该车中央门锁系统工作原理<br>3. 能按作业规范拆装和更换中央门锁零件<br>4. 能按诊断流程排除中央门锁系统不能工作的故障 |

## 一、维修接待

按照表 1-1-1 完成待修车辆的维修接待,并准确填写接车问诊表。

表 1-1-1  维修接待与接车问诊表

1. 通过与客户面谈了解待修车辆故障现象
2. 验证故障或路试
3. 确定故障部位,并识别故障根本原因
4. 填写接车问诊表,确认需要维修项目

接 车 问 诊 表

车牌号:_____  车架号:_____  行驶里程:_____(km)

用户名:_____  电　话:_____  来店时间:____/____

用户陈述及故障发生时的状况:**该车用遥控器或锁匙去执行关锁或开锁时,中央门锁控制系统不能工作**

故障发生时的状况提示:**行驶速度、发动机状态、发生频度、发生时间、部位、天气、路面状况、声音描述**

接车员检测确认建议:**需对控制系统进行检修**

车间检测确认结果及主要故障零部件:**需对控制系统进行检修,必要时需更换系统控制元件**

车间检查确认者:_____

外观确认:

(请在有缺陷部位作标识)

功能确认:(工作正常✓  不正常✕)
☐音响系统　☐门锁(防盗器)　☐全车灯光　☐工具
☐后视镜　☐顶窗　☐座椅　☐点烟器
☐玻璃升降器　☐玻璃

物品确认:(有✓  无✕)
☐贵重物品提示
☐工具　☐备胎　☐灭火器
☐其他(_____)
旧件是否交还用户　☐是　☐否
用户是否需要洗车　☐是　☐否

续　表

- 检测费说明：本次检测的故障如用户在本店维修,检测费包含在修理费用内;如用户不在本店维修,请您支付检测费。本次检测费:¥_____元。
- 贵重物品:在将车辆交给我店检查修理前,已提示将车内贵重物品自行收起并保存好,如有遗失恕不负责。

接车员:_____　　用户确认:_____

笔记

## 二、信息收集与处理

按照表1-1-2完成任务1.1的信息收集与处理。

表1-1-2　信息收集与处理

1. 汽车中央门锁系统由_____、_____、_____、_____4部分组成
2. 汽车中央门锁系统主要有_____、_____、_____3种触发方式
3. 收集汽车中央门锁系统相关资料
4. 了解中央门锁常见故障的检修方法
5. 制订检修工作计划

### 1. 中央门锁的一般结构

中央门锁系统作为现代汽车的一种基本配置,主要的功能是实现集中控制,可以实现所有车门锁同时上锁和开锁。汽车中央门锁系统通常是由控制部分、执行机构(门锁执行电机)、门锁机械连动机构和中央门锁开关等组成,具体安装位置见图1-1-1。

### 1) 控制部分

控制部分主要是中央门锁控制器,中央门锁控制器主要包括输入器、存储器、鉴别器、编码器、驱动级、抗干扰电路、显示装置、保险装置和电源等部分。其中编码和鉴别是整个控制部分的核心,而电源则是电子控制部分和执行机构都必不可少的。

### (1) 编码器。

编码器的实质就是人为地设定一组几位二进制数或几位十进制数。设定该组数的原则

笔记

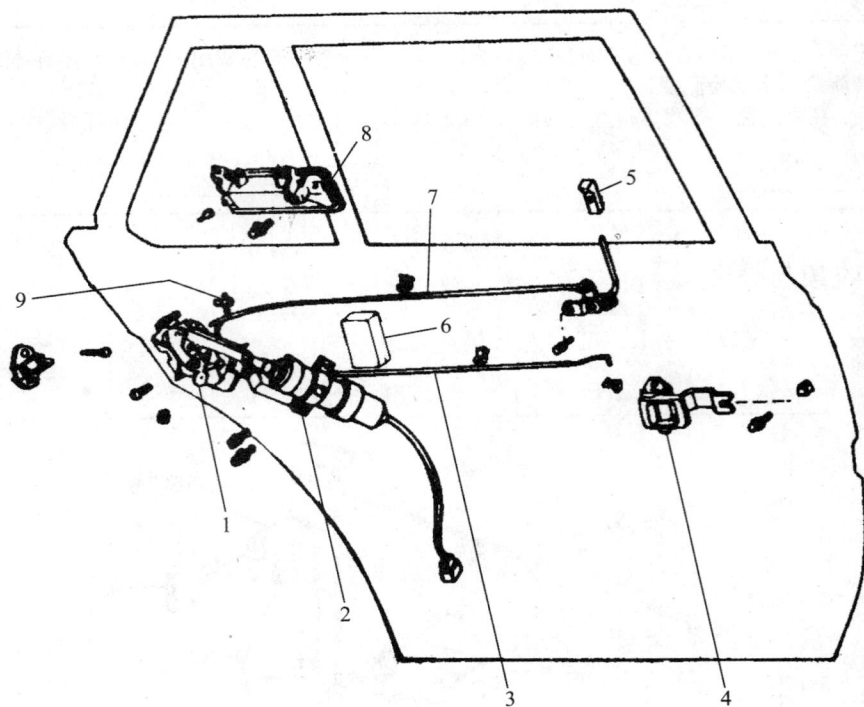

**图 1-1-1 中央门锁布置图**

1—车门锁　2—执行电机　3—内开锁拉杆　4—内拉手　5—锁止柄
6—中央门锁控制器　7—锁止杆　8—外拉手　9—外开锁拉杆

是所编的密码不易被别人识破。对密码电路的要求是容量大、换码率高；保密性、可靠性好；换码操作简单，便于日常管理。

（2）输入器和存储器。

它们的作用是经输入器输入一组编码，由存储器记忆后送至鉴别器。

（3）鉴别器。

鉴别器的作用是对来自输入器和编码器的两组密码进行比较，仅当两组密码完全相同时，鉴别器才输出电信号，经抗干扰处理后送至驱动级和显示装置。若用户有特殊要求，鉴别器还可以输出报警和封锁行车所需的电信号。

（4）驱动级。

由于鉴别器送出的电信号通常很微弱，为了能带动执行机构的电磁铁产生动作，故设置驱动级。

（5）抗干扰电路。

为了抑制来自汽车内外的电磁干扰，保证在恶劣电磁背景下电子门锁不会自行误动作而设置了抗干扰电路，由此提高汽车电子门锁的可靠性和安全性。通常采用延时、限幅和定相等手段来达到抗干扰的目的。

（6）显示器和报警器。

这部分是电子门锁控制部分的附加电路，用于显示鉴别结果和报警，从而扩展了电子门锁的功能。

（7）保险装置。

保险装置包括两部分：其一，车速传感器和车门锁止器，这是汽车电子门锁的独特组成单元，当汽车运行超过一定时速时，车门锁止器根据来自车速传感器的信号将锁体锁止；其二，紧急开启接口，当控制电路万一失灵，可通过紧急开启接口直接空制锁体的开启。

（8）电源。

电源是电子锁的"能源"。设计理想的不间断电源对于电子锁来讲，仍是一个至关重要的课题。

2）执行机构

汽车中央门锁的执行机构一般采用电磁铁或微型电动机控制。对于汽车电子密码点火锁，则是利用执行电器触点的通断来控制点火线路的开启。

（1）电磁铁式电动机。

这种汽车电控门锁的开锁和闭锁均由电磁铁驱动，其电磁铁结构如图 1-1-2 所示，它内设两个线圈，分别用来开锁和闭锁。门锁集中操作按钮平时处于中间位置，用手按压即可开锁或闭锁车门。这种车门锁的优点是结构简单，内部摩擦力小，动作敏捷，操作方便；缺点是耗电量大，电磁铁质量大且动作时有撞击声。

（2）电动机式。

该执行机构由可逆式电动机、传动装置及锁体总成构成。其工作原理为：由电动机带动齿轮齿条或螺杆螺母副进而驱动锁体总成，驱动车门的开锁或闭锁。其传动装置如图 1-1-3 所示。这种锁的优点是体积小、耗电少以及动作较迅速；不足之处在于，打开或关闭车门之后，若因疏忽通了电易把电机烧损。

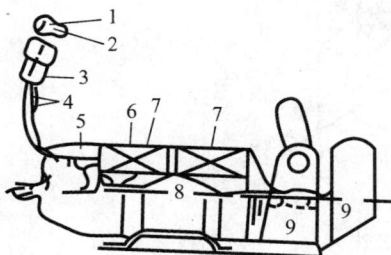

图 1-1-2  电磁铁式门锁执行器
1—闭锁位置  2—开锁位置  3—插座
4—导线  5—橡皮罩  6—轭铁
7—线圈  8—铁心  9—托架

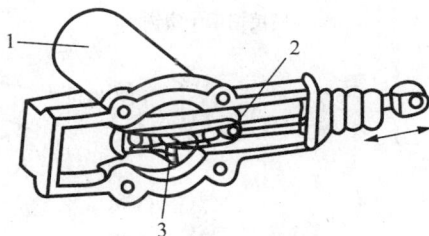

图 1-1-3  电动机式门锁执行器
1—电动机  2—齿条  3—齿轮

3）中央门锁开关

中央门锁开关是一种常开开关，当执行开锁或闭锁动作时，驾驶员按下门锁开关，门锁开关即给中央门锁控制器发送开锁或闭锁的信号，控制模块收到此信号后，综合其他因素进行信号处理，向外输出一个执行信号，使门锁执行器执行开锁或闭锁的动作。中央门锁开关电路如图 1-1-4(a)所示，中央门锁开关如图 1-1-4(b)所示。

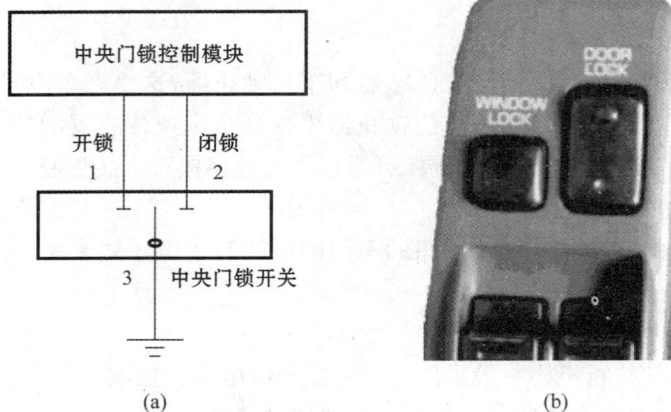

图 1-1-4　中央门锁开关

4）门锁机械连动机构

门锁机械连动机构的结构如图 1-1-5 所示。中央门锁的执行机构（电机）与连杆连接后，即可实现开锁或闭锁的电动控制。

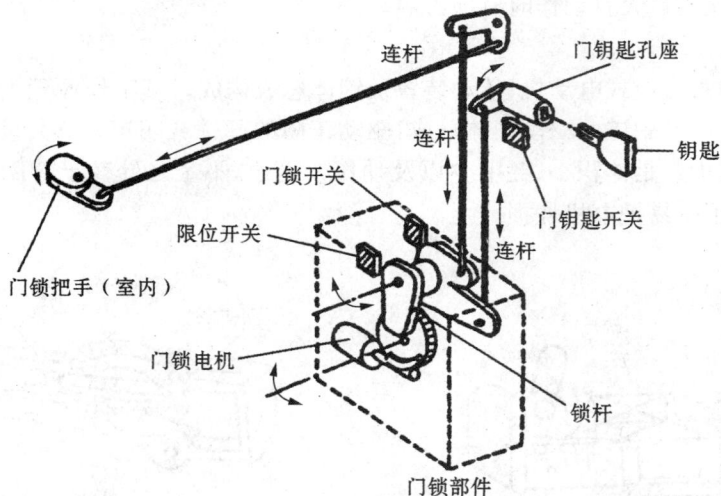

图 1-1-5　门锁机械连动机构

2. 中央门锁系统控制原理

中央门锁系统控制电路如图 1-1-6 所示，当门锁开关置于闭锁位置时，中央门锁控制器内的闭锁继电器线圈通电，触点闭合，门锁电动机通电动作，通过传动机构，把电动机的旋转动作变成直线运动，使拉杆缩回，操纵车门机构锁门；当门锁开关置于开锁位置时，中央门锁控制器内的开锁继电器线圈通电，电流的方向与锁门时的电流方向相反，电动机使拉杆向外动作，通过传动机构打开门锁。开锁与闭锁的动作是通过改变电动机电流的方向实现的。为了防止电动机通电时间过长，引起电动机发热损坏，中央门锁控制模块内有定时器限制通电时间，一般开锁和锁门动作的通电时间为 0.2 s。

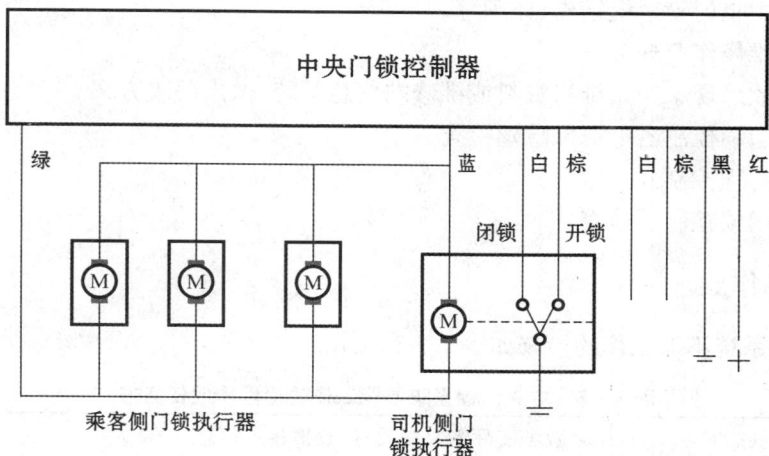

图 1-1-6 中央门锁系统控制原理图

3. 中央门锁系统检修

1) 中央门锁控制器电源电路检修

（1）拆下中央门锁系统电源熔断器，用万用表检查两端，应为导通状态，若不导通，更换熔断器。

（2）检查电源端子与搭铁之间的电压，正常电压值为蓄电池电压。若不正常，检查搭铁端子与地之间电阻值，正常值为 0 Ω。若电阻正常而电源与搭铁端子之间电压不正常，应检查配线。

2) 中央门锁执行器电路检修

（1）门锁执行器检查。当中央门锁开关压至开锁侧或闭锁侧时，应听到车门锁电动机动作的声音。若没有声音，拆下车门内装饰板，拆下电动机连接器，将蓄电池正极接至电动机侧连接器，负极接另一端，正常情况下电动机应动作；再把蓄电池正负极反接到电动机连接器上，电动机应向相反的方向动作，若无此动作，则更换电动机。

（2）电路检查。用测试灯接在电动机连接器线束侧的两端，在按动门锁开关的过程中灯应闪亮，若测试灯没有闪亮迹象，则检修中央门锁控制器和中央门锁开关。

3) 中央门锁控制开关电路检修

（1）锁开关检修。脱下门锁控制开关连接器，当门锁开关按至开锁侧时，用万用表检查，端子 1 应与端子 3 导通，当门锁开关按至闭锁侧时端子 2 应与端子 3 导通，若不导通，检修或更换门锁开关。如图 1-1-4(a)所示。

（2）线路检修。脱下中央锁门开关连接器，检查线束侧连接器，当端子 1 与端子 3 短接时，在门锁执行器和配线正常的情况下，执行器应动作，若不动作，重复(1)检查中央门锁控制器电源线路，若正常，则更换中央门锁控制器。

## 三、制订检修计划

（1）了解中央门锁系统正确的使用方法。

（2）查阅相关使用技巧与安全事项。

　　（3）了解中央门锁系统结构、原理等。

　　（4）日常维修作业规范。

　　（5）根据故障现象查阅维修资料或维修站信息系统，做出解决方案。

　　（6）中央门锁控制器电源保险丝检查。

　　（7）中央门锁控制开关检查。

　　（8）中央门锁控制器检查。

## 四、实施维修作业

　　中央门锁系统不能工作的检修如表 1-1-3 所示。

表 1-1-3　中央门锁系统不能工作的检修作业任务书

| 1. 根据教师提供的实习设备，结合教学实际情况和教材，收集相关信息<br>2. 熟悉系统结构和电路控制原理<br>3. 会检测中央门锁系统相关控制元件和线路 | | |
|---|---|---|
| 1. 车辆信息描述 | 车辆描述 | |
| | 车辆中央门锁系统类型描述 | |
| 2. 车辆中央门锁控制原理描述 | | |
| 3. 拆卸门饰板 | 方法： | |
| 4. 检修项目 | 检修方法 | 记　录 |
| （1）中央门锁开关检查 | | |
| （2）中央门锁执行器检查 | | |
| （3）中央门锁控制器电源检查 | | |
| （4）中央门锁控制器搭铁检查 | | |
| （5）中央门锁控制器驱动信号检查 | | |

## 五、检验评估

　　项目一任务 1.1 的检验评估如表 1-1-4 所示。

表 1-1-4　检验评估

| 评价指标 | 检验说明 | 检验记录 |
|---|---|---|
| 检查项目 | ➢ 中央门锁开关<br>➢ 中央门锁执行器<br>➢ 中央门锁控制器<br>➢ 中央门锁系统线路 | |
| 中央门锁系统工作情况 | | |

续　表

笔记

| 评价内容 | 检验指标 | 权重 | 自评 | 互评 | 总评 |
|---|---|---|---|---|---|
| 检查任务<br>完成情况 | 1. 完成任务的情况 | | | | |
| | 2. 任务完成的质量 | | | | |
| | 3. 在小组完成任务过程中所起的作用 | | | | |
| 专业知识 | 1. 能描述中央门锁系统的组成 | | | | |
| | 2. 能描述中央门锁系统的工作原理 | | | | |
| | 3. 能描述中央门锁控制元件的检修方法 | | | | |
| | 4. 会根据检修作业任务书检测故障 | | | | |
| 职业素养 | 1. 学习态度:积极主动参与学习 | | | | |
| | 2. 团队合作:与小组成员一起分工合作,不影响学习进度 | | | | |
| | 3. 现场管理:服从工位安排、执行实训室"5S"管理规定 | | | | |
| 综合评议<br>与建议 | | | | | |

## 任务 1.2　日产颐达中央门锁系统检修

| 任务描述 | 日产颐达汽车中央门锁系统是采用车身控制模块控制,利用任务 1.1 所学到的基本知识,再结合任务 1.2 所提供的资料和诊断流程图,按要求和规范去检修日产颐达汽车中央门锁系统电路 |
|---|---|
| 任务目标 | 1. 掌握日产颐达中央门锁系统电路的工作原理<br>2. 能分析日产颐达中央门锁系统常见故障的原因<br>3. 能按照诊断流程图,检测各部分电路 |

## 一、维修接待

按照表 1-2-1 完成待修车辆的维修接待,并准确填写接车问诊表。

表 1-2-1　维修接待与接车问诊表

1. 通过与客户面谈了解中央门锁故障现象
2. 验证故障或路试
3. 确定故障部位,并识别故障的根本原因
4. 填写接车问诊表,确认需要维修项目

**接 车 问 诊 表**

车牌号:＿＿＿＿＿＿＿＿　车架号:＿＿＿＿＿＿＿＿　行驶里程:＿＿＿＿＿＿＿＿(km)

用户名:＿＿＿＿＿＿＿＿　电　话:＿＿＿＿＿＿＿＿　来店时间:＿＿＿＿/＿＿＿＿

用户陈述及故障发生时的状况:**一辆日产颐达汽车,用遥控器不能实现开锁和闭锁**

故障发生时的状况提示:**行驶速度、发动机状态、发生频度、发生时间、部位、天气、路面状况、声音描述**

接车员检测确认建议:**需对控制系统进行检修**

车间检测确认结果及主要故障零部件:**需对控制系统进行检修,必要时需更换系统控制元件**

车间检查确认者:＿＿＿＿＿＿＿＿

外观确认:

(请在有缺陷部位作标识)

功能确认:(工作正常√　不正常×)
□音响系统　□门锁(防盗器)　□全车灯光　□工具
□后视镜　□顶窗　□座椅　□点烟器
□玻璃升降器　□玻璃

物品确认:(有√　无×)
□贵重物品提示
□工具　□备胎　□灭火器
□其他(　　　　　　)
旧件是否交还用户　□是　□否
用户是否需要洗车　□是　□否

续 表

・检测费说明：本次检测的故障如用户在本店维修，检测费包含在修理费用内；如用户不在本店维修，请您支付检测费。本次检测费：¥_____元。
・贵重物品：在将车辆交给我店检查修理前，已提示将车内贵重物品自行收起并保存好，如有遗失恕不负责。

接车员：_____ 　　用户确认：_____

## 二、信息收集与处理

按照表 1-2-2 完成任务 1.2 的信息收集与处理。

表 1-2-2 信息收集与处理

1. 日产颐达中央门锁系统电路控制原理(阅读理解图 1-2-1)
2. 日产颐达中央门锁系统电路主要由_____、_____、_____、_____等元件组成
3. 日产颐达中央门锁系统的元件的安装位置
车身控制模块安装位置
中央门锁开关安装位置
车门开关安装位置
4. 车身控制模块相关端口的电压

| 端口 | 电线颜色 | 功 能 | 状 态 | | 电压/V |
|---|---|---|---|---|---|
| 7 | Y | 车门开锁传感器信号 | 驾驶侧门锁旋钮 | ON(闭锁) | 5 |
| | | | | OFF(开锁) | 0 |
| 12 | SB | 前车门开关(乘客侧)信号 | 前车门(乘客侧) | ON(打开) | 0 |
| | | | | OFF(关闭) | 蓄电池电压 |
| 13 | GR | 后车门开关(右侧)信号 | 后车门(右侧) | ON(打开) | 0 |
| | | | | OFF(关闭) | 蓄电池电压 |
| 37 | R(LG) | 锁匙开关信号 | 锁匙 | 插入 | 蓄电池电压 |
| | | | | 拔出 | 0 |
| 39 | L | CAN—H | — | | — |
| 49 | P | CAN—L | — | | — |
| 45 | GR | 车门闭锁开锁开关(LOCK)信号 | 车门闭锁开锁开关 | 闭锁 | 0 |
| | | | | 除上述以外 | 蓄电池电压 |
| 46 | BR | 车门闭锁开锁开关(UNLOCK)信号 | 车门闭锁开锁开关 | 开锁 | 0 |
| | | | | 除上述以外 | 蓄电池电压 |
| 47 | L | 前车门开关(驾驶员侧)信号 | 前车门(驾驶员侧) | ON(打开) | 0 |
| | | | | OFF(关闭) | 蓄电池电压 |
| 48 | W | 后车门开关(左侧)信号 | 后车门(左侧) | ON(打开) | 0 |
| | | | | OFF(关闭) | 蓄电池电压 |
| 57 | LG | 电源(保险丝) | — | | 蓄电池电压 |
| 65 | SB | 门锁执行器(LOCK)信号输出 | 车门闭锁开锁开关(解锁—闭锁) | | 0—蓄电池电压—0 |
| 66 | G | 门锁执行器(UNLOCK)信号输出 | 车门闭锁开锁开关(解锁—开锁) | | 0—蓄电池电压—0 |
| 67 | B | 接地 | — | | 0 |
| 70 | Y | 电源(熔断线) | — | | 蓄电池电压 |

**笔 记**

1. 日产颐达中央门锁系统电路原理

1）常电供电

通过 40 A 熔断丝（标有字母 J，位于保险丝和熔断线盒内）至 BCM 端口 70；

通过 10 A 保险丝（8 号位于保险丝盒）至 BCM 端口 57；

通过 10 A 保险丝（14 号位于保险丝盒）至锁匙开关端口 2，（无智能锁匙系统）

通过 10 A 保险丝（38 号位于保险丝盒）至锁匙开关与点火旋钮开关端口 2（有智能锁匙系统）

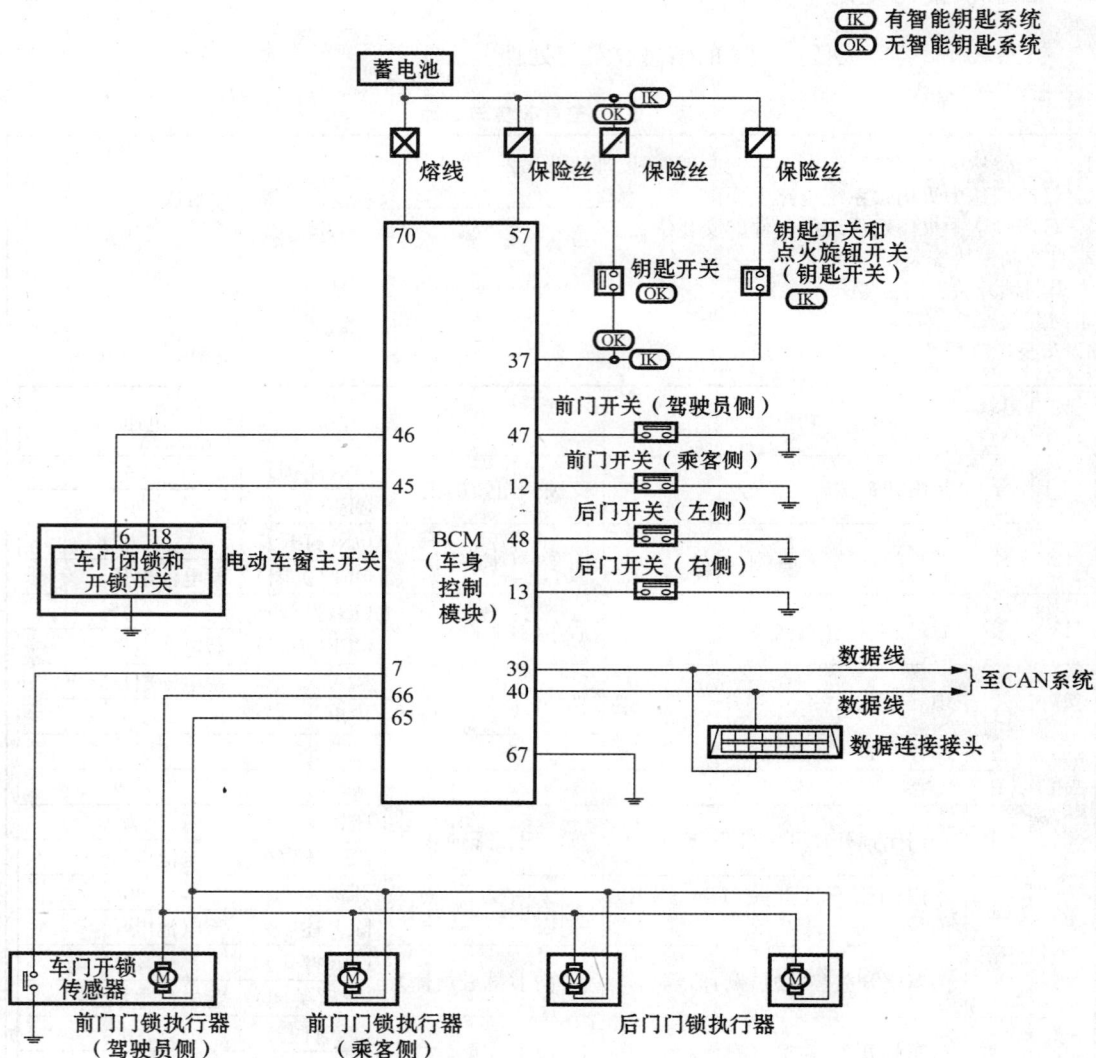

图 1-2-1　日产颐达中央门锁系统电路图

2）钥匙开关供电

当钥匙开关打开时，开始供电。通过钥匙开关端口 1（无智能钥匙系统），或钥匙开关以及点火旋钮端口 1（有智能钥匙系统）至 BCM 端口 37。

3）闭锁控制

当 BCM 端口 45、端口 7 中任一端口搭铁时，BCM 则从端口 66 供电给门锁执行器，通过 BCM65 端口搭铁，门锁执行器工作，实现闭锁。

4）开锁控制

当 BCM 端口 46、端口 7 中任一端口搭铁时，BCM 则从端口 65 供电给门锁执行器，通过 BCM66 端口搭铁，门锁执行器工作，实现开锁。

5）钥匙提示车门功能

在点火钥匙处于钥匙孔中，且车门打开的情况下，操作车门开关关闭或打开所有车门时，全部车门门锁执行器会被锁住，接着被开启。

6）超越控制功能

在驾驶员侧车门锁旋钮处于闭锁位置时，如果拉动驾驶员侧内把手，则开锁，车门打开。并且所有车门均被解锁。

2. 日产颐达中央门锁系统线路检修

1）保险丝检查

检查 40A 熔断丝（标有字母 J，位于保险丝和熔断线盒内）和检查 10A 保险丝（8 号位于保险丝盒）。如果保险丝烧坏，在安装新保险丝前要确保电路是正常的。如果不正常要进行电源电路检查。

2）电源电路检查

如图 1-2-2 所示，将点火开关转到关闭位置，检查 BCM 端口 57 和端口 70 与接地之间的电压。电压值见表 1-2-3，如果不正常，修理或更换 BCM 电源电路。如果正常则进行搭铁电路检查。

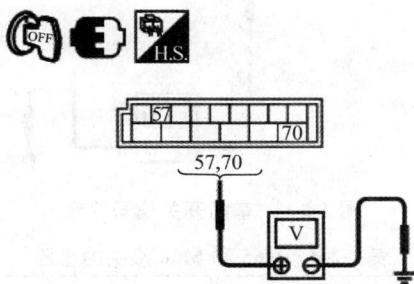

图 1-2-2 电源电路检查图

表 1-2-3 M67 接头的电压

| 端 口 | | （一） | 电压/V（近似值） |
|---|---|---|---|
| （＋） | | | |
| BCM 接头 | 端 口 | | |
| M67 | 57 | 接地 | 蓄电池电压 |
| | 70 | | |

3）接地电路检查

如图 1-2-3 所示，断开 BCM 插头，检查 BCM 接头和接地之间的导通性。如果不正常则

**笔记**

进行修理或更换 BCM 接地电路,如果正常表示电源和接地电路正常。

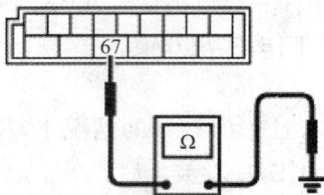

图 1-2-3　接地电路检查

4) 车门开关信号检查

如图 1-2-4 所示,检查 BCM 接头和搭铁之间电压,信号电压应符合表 1-2-4 数值,如果不正常要检查车门开关电路。

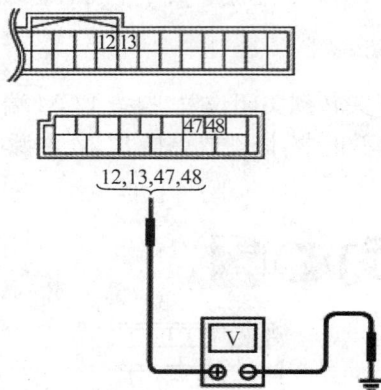

图 1-2-4　车门开关信号检查

表 1-2-4　M65 和 M66 接头的电压

| 端　口 | | (一) | 车门状态 | | 电压/V（近似值） |
|---|---|---|---|---|---|
| (＋) | | | | | |
| BCM 接头 | 端　口 | | | | |
| M65 | 12 | 接地 | 前面乘客侧 | 打开 | 0 |
| | | | | 关闭 | 蓄电池电压 |
| | 13 | | 右后侧 | 打开 | 0 |
| | | | | 关闭 | 蓄电池电压 |
| M66 | 47 | | 驾驶员侧 | 打开 | 0 |
| | | | | 关闭 | 蓄电池电压 |
| | 48 | | 左后侧 | 打开 | 0 |
| | | | | 关闭 | 蓄电池电压 |

5）BCM 车门动作执行器输出信号检查

如图 1-2-5 所示，检查 BCM 接头和搭铁之间电压，信号电压应符合表 1-2-5 数值，如果不正常需更换 BCM。

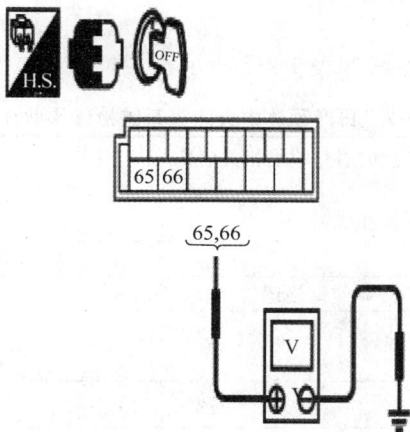

图 1-2-5　BCM 车门动作器输出信号检查

表 1-2-5　M67 接头的电压

| 端　口 | | （一） | 车门闭锁开锁开关状态 | 电压/V（近似值） |
|---|---|---|---|---|
| （＋） | | | | |
| BCM 接头 | 端　口 | | | |
| M67 | 65 | 接地 | 闭锁 | 0→蓄电池电压→0 |
| | | | 中间/开锁 | 0 |
| | 66 | | 开锁 | 0→蓄电子池电压→0 |
| | | | 中间/闭锁 | 0 |

## 三、制订检修计划

（1）检查症状并仔细听取顾客的要求与描述。

（2）了解系统的控制原理。

（3）根据故障诊断表（见表 1-2-6），修理或更换导致故障的零部件。

表 1-2-6　故障诊断表

| 症　状 | 诊断维修步骤 |
|---|---|
| 所有闭锁执行器不工作 | 1. 检查 BCM 电源和接地电路 |
| | 2. 检查车门闭锁开锁开关 |
| | 3. 检查 BCM 输出信号 |
| | 4. 更换 BCM |
| 使用车门闭锁开关不能操作电动门锁 | 1. 检查车门闭锁开关 |
| | 2. 更换 BCM |
| 个别车门闭锁执行器不工作 | 检查车门闭锁执行器 |
| 锁匙提示器车门系统不能正常工作 | 1. 检查锁匙开关 |
| | 2. 检查车门开关 |
| | 3. 更换 BCM |

笔记

(4) 电动门锁能正常工作吗？正常转到(5)，不正常转到(3)。

(5) 检测结束。

## 四、实施维修作业

日产颐达中央门锁系统检修如表 1-2-7 所示。

表 1-2-7　日产颐达中央门锁系统检修作业任务书

| 1. 根据实习设备，结合教学实际情况和教材，收集相关信息<br>2. 熟悉系统结构和电路控制原理<br>3. 会检测中央门锁系统相关控制元件和线路 | | |
|---|---|---|
| 1. 车辆信息描述 | 车辆描述 | |
| | 车辆中央门锁系统类型描述 | |
| 2. 车辆中央门锁控制原理描述 | | |
| 3. 拆卸门饰板 | 方法： | |
| 4. 检修项目 | 检修方法 | 记　录 |
| (1) 中央门锁开关检查 | | |
| (2) 中央门锁执行器检查 | | |
| (3) BCM 控制模块电源检查 | | |
| (4) BCM 控制模块搭铁检查 | | |
| (5) BCM 控制模块相关信号端子检查 | | |

## 五、检验评估

项目一任务 1.2 的检验评估如表 1-2-8 所示。

表 1-2-8　检验评估

| 评价指标 | 检验说明 | 检验记录 |
|---|---|---|
| 检查项目 | ➤ 中央门锁开关<br>➤ 中央门锁执行器<br>➤ BCM 控制模块端口电压检查<br>➤ 中央门锁系统线路 | |
| 中央门锁系统工作情况 | | |

| 评价内容 | 检验指标 | 权重 | 自评 | 互评 | 总评 |
|---|---|---|---|---|---|
| 检查任务完成情况 | 1. 完成任务的情况 | | | | |
| | 2. 任务完成的质量 | | | | |
| | 3. 在小组完成任务过程中所起的作用 | | | | |

续　表

| 评价内容 | 检验指标 | 权重 | 自评 | 互评 | 总评 |
|---|---|---|---|---|---|
| 专业知识 | 1. 能描述中央门锁系统的组成 | | | | |
| | 2. 能描述中央门锁系统的工作原理 | | | | |
| | 3. 能描述中央门锁控制元件的检修方法 | | | | |
| | 4. 会根据检修作业任务书检测故障 | | | | |
| 职业素养 | 1. 学习态度：积极主动参与学习 | | | | |
| | 2. 团队合作：与小组成员一起分工合作，不影响学习进度 | | | | |
| | 3. 现场管理：服从工位安排、执行实训室"5S"管理规定 | | | | |
| 综合评议与建议 | | | | | |

# 项目二　　汽车防盗系统检修

| Description<br>项目描述 | 本项目是讲述电子式防盗器安装、原车防盗器的结构与原理、防盗系统常见故障检修，通过本项目的学习，使学生理解汽车防盗系统的工作原理，能运用多种分析方法、检测手段诊断防盗系统故障 |
|---|---|
| Objects<br>项目目标 | 1. 能够认识铁将军858防盗系统总体组成及结构<br>2. 能够正确安装铁将军858防盗系统<br>3. 掌握原车防盗系统的控制方法与控制原理<br>4. 能够诊断与排除防盗系统常见故障 |
| Tasks<br>项目任务 | 1. 收集汽车防盗系统相关信息，制订汽车防盗系统维修计划<br>2. 任务2.1：防盗器安装与检修：通过学习铁将军防盗器原理—就车安装—相关线路查找与连接—安装后性能测试—故障检修<br>3. 任务2.2：原车防盗系统检修：通过学习原车防盗系统原理—防盗系统控制元件检测—防盗系统故障原因分析—防盗系统线路检测—故障排除 |
| Implementation<br>项目实施 | 客户报修 → 维修接待<br>收集信息 → 信息处理<br>制订计划 → 制订计划<br>故障排除 → 实施维修<br>故障检验<br>工作考核 → 检验评估 |

## 任务2.1　防盗器安装与检修

| 任务描述 | 一辆捷达汽车，车主要求加装一套防盗系统，请你根据客户的需求推荐一套适合该车安装的防盗器，并进行安装 |
|---|---|
| 任务目标 | 1. 了解捷达车中央门锁系统控制原理<br>2. 能按防盗器说明书正确安装防盗器<br>3. 能排除加装式防盗器的常见故障 |

## 一、维修接待

按照表2-1-1完成任务2.1待修车辆的维修接待，并准确填写接车问诊表。

表 2-1-1　维修接待与接车问诊表

1. 通过与客户面谈了解客户的需要
2. 产品推荐
3. 填写接车问诊表,确认客户所选的产品品牌

接 车 问 诊 表

车牌号:_____　　车架号:_____　　行驶里程:_____(km)

用户名:_____　　电　话:_____　　来店时间:_____/_____

| 用户陈述及故障发生时的状况:**车主要求加装一套铁将军防盗器** |
|---|
| 故障发生时的状况提示: |
| 接车员检测确认建议: |
| 车间检测确认结果及主要故障零部件: |
| 车间检查确认者:_____ |

外观确认:

(请在有缺陷部位作标识)

功能确认:(工作正常√　不正常×)
- □音响系统　□门锁(防盗器)　□全车灯光　□工具
- □后视镜　□顶窗　□座椅　□点烟器
- □玻璃升降器　□玻璃

物品确认:(有√　无×)

- □贵重物品提示
- □工具　□备胎　□灭火器
- □其他(　　　　　)
- 旧件是否交还用户　□是　□否
- 用户是否需要洗车　□是　□否

- 检测费说明:本次检测的故障如用户在本店维修,检测费包含在修理费用内;如用户不在本店维修,请您支付检测费。本次检测费:¥_____元。
- 贵重物品:在将车辆交给我店检查修理前,已提示将车内贵重物品自行收起并保存好,如有遗失恕不负责。

接车员:_____　　　　用户确认:_____

## 二、信息收集与处理

按照表 2-1-2 完成任务 2.1 的信息收集与处理。

表 2-1-2　信息收集与处理

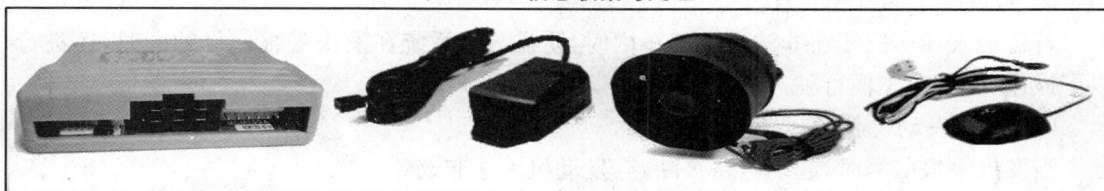

续　表

1. 铁将军防盗器主要由_____、_____、_____、_____等部件组成
2. 铁将军防盗器车门开关信号是_____触发方式；脚刹车开关信号是_____触发方式；手刹开关信号是_____触发方式
3. 铁将军防盗器车门开关信号的作用是_____
4. 铁将军防盗器脚刹车开关信号的作用是_____
5. 铁将军防盗器手刹开关信号的作用是_____
6. 铁将军防盗器 ACC 信号的作用是_____
7. 收集捷达汽车中央门锁系统相关资料
8. 制订安装与检修工作计划

### 1. 汽车防盗系统概述

汽车防盗器是一种安装在车上，用来增加盗车难度、延长盗车时间的装置。随着科学技术的进步，为对付不断升级的盗车手段，人们不断地研制出各种方式、不同结构的防盗器。

目前汽车防盗器按其结构可分三大类：机械式、电子式和网络式。钩锁、方向盘锁和变速档锁等基本属于机械式防盗器，它主要是靠锁定离合、制动、加速踏板或方向盘、变速档来达到防盗的目的，但这种防盗方式只防盗不报警。插片式、按键式和遥控式等都属于电子式防盗器，它主要是靠锁定点火系统或起动系统来达到防盗的目的，同时具有防盗和声音报警功能。GPS 卫星定位汽车防盗系统属于网络式防盗器，它主要是靠锁定点火系统或起动系统来达到防盗的目的，而同时还可通过 GPS 卫星定位系统（或其他网络系统），将报警信息和报警车辆所在位置无声地传送到报警中心。

为了防止车辆被盗，许多汽车公司开始将汽车防盗装置作为汽车的标准配置，来提高汽车的市场竞争力。防盗警报系统主要由防盗保险装置、防盗警报装置和防被盗车辆行驶的装置组成。

#### 1）防盗保险装置

防盗保险装置主要由各个门锁、发动机盖锁、行李箱门锁、车门开启传感器、转向锁止机构、变速操纵手柄锁止机构、安全指示灯、警报喇叭、警报蜂鸣器及有关电气元件等组成。当拔下点火钥匙，将各个车门锁好后，防盗保险装置就进入了预警状态，设在汽车外看到部位的工作显示灯（前照灯、转向灯、尾灯等）一起闪亮 30 s 后熄灭，则表示汽车已完全处于预警状态。如果显示灯不亮，说明一定有某扇车门未关好。

#### 2）防盗警报装置

当汽车处于防盗预警状态时，防盗警报系统对车门锁及行李箱门锁等所有开关进行监控，如果有人企图不用钥匙强行进入汽车或打开发动机罩、行李箱门时，防盗警报系统的各种传感器便能检测到这种信息，立刻启动防盗警报系统。防盗警报装置便会发出警报信号。

#### 3）防被盗车辆行驶装置

若盗贼破坏车门车窗非法进入汽车内时，防盗警报系统在发出警报信号的同时，还进行以下操作，以防止车辆行驶。

（1）阻止发动机起动。

当发出警报信号时，起动电路被断路，发动机无法起动。

（2）阻止点火系统点火。

当发出警报信号时,点火电路被断路,发动机无法起动。

(3) 阻止燃油供应。

当发出警报信号时,供油电路被断路,发动机无法起动。

(4) 阻止转向机构转向。

当发出警报信号时,转向机构被锁止,汽车无法转向。

(5) 阻止变速操纵手柄换档。

当发出警报信号时,变速操纵手柄被锁止,汽车无法挂档。

2. 铁将军 858 防盗系统基本结构

铁将军 858 汽车防盗系统由防盗主机、振动感应器、遥控器、防盗指示灯等组成。防盗主机系统、遥控器、BIBI 机发射主体的工作电压均为 12 V,采用汽车蓄电池作为工作电源,BIBI 机接收器工作电压是 1.5 V。防盗系统组成如表 2-1-3 所示,工作原理如图 2-1-1 所示。

表 2-1-3　铁将军防盗器组成

| 元件名称 | 作　用 |
|---|---|
|  防盗主机 | 接收相关信号,控制警报装置报警以及阻止发动机工作 |
|  振动感应器 | 检测到汽车有微量振动,产生信号传送到防盗主机 |
|  电子喇叭 | 声音报警 |
| 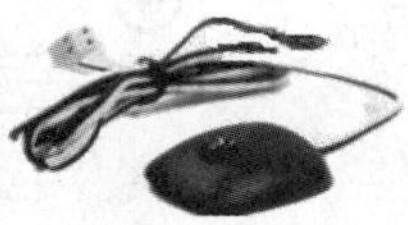 防盗指示灯 | 指示防盗器工作状态 |
|  遥控器 | 向防盗主机发送信号 |

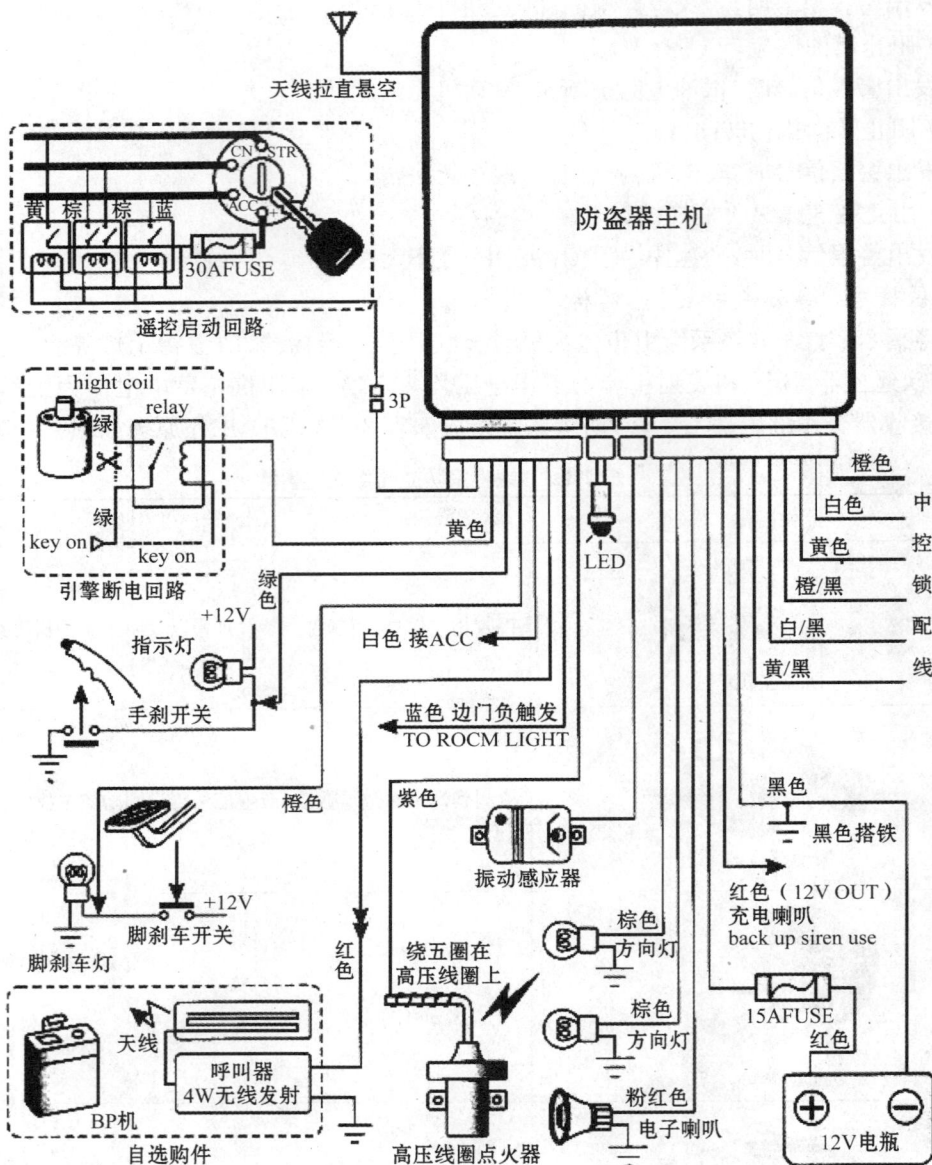

图 2-1-1　铁将军 85 防盗系统原理图

3. 铁将军 858 防盗器操作及功能说明

1）防盗系统的操作

（1）设定防盗/寻车。

按遥控器上锁键🔒，防盗主机喇叭响一声，车灯闪一下，中央门锁自动锁上，LED 灯自动闪烁，发动机被锁定无法启动，3 s 之后进入警戒状态。

（2）解除防盗。

按遥控器开锁键🔓，防盗主机喇叭响两声，车灯闪三下，中央门锁自动开锁，解除防盗状态若是 25 s 未开门进入车内，车门会自动上锁再警戒。

（3）静音防盗/寻车/防抢（1）。

按遥控器静音键🔇，防盗主机喇叭不响，中央门锁自动上锁，车灯闪一下，LED 灯闪烁 3 s 之后进入警戒状态。

（4）遥控启动/防抢（2）。

在设定防盗状态之下，按遥控器防抢键🔥，喇叭响一下，车灯亮 5 s，5 s 之内再按一次就可以启动。

2）功能说明

（1）自动提示开启防盗。

当汽车停泊，车主关门离开后 10 s 内无触发，防盗系统就会发出"滴滴滴"三声，提醒车主开启防盗系统。

（2）防盗警戒。

防盗警戒中，如果有人强行打开车门，敲破玻璃，或受外力撞击、拖吊等情况，防盗系统立即触发，此时喇叭会大鸣 30 s 后自动停止，恢复警戒状态。

（3）提示关门。

若开启防盗后，喇叭响三声，提示车门未关妥或一直受触发，应先解除防盗，关好车门，再开启防盗，否则 10 s 后报警。

（4）自动再警戒。

防盗状态下，如误按开锁键，而车主未开启车门进入，25 s 后防盗系统会再次上锁，进入防盗状态。

（5）喇叭暂停。

触发报警时，喇叭大响，直接按上锁键，可使喇叭暂时停止，但防盗系统仍然维持警戒状态。

（6）触发状态识别功能。

防盗状态下，若触发报警系统，则有两种报警模式：

① 撞击式。喇叭为间歇性鸣叫，如车窗敲击、外力撞击等。

② 触发式。喇叭一直鸣叫，如车门被打开。

（7）中央控制门锁自动化功能。

行驶中，按遥控器开锁或上锁键，可遥控中央控制门锁开锁或上锁，而防盗系统不会启动。行车前车门关妥后，车钥匙转至 ACC,ON 位置，15 s 后踩刹车，车门会自动上锁，下车时取下点火钥匙，车门会自动开锁，方便乘客上下车。

（8）车门未关安全警示。

① 行车前车门未关妥，车钥匙还未转至 ACC,ON 位置时，方向灯会一直闪，15 s 后会自动停止，可以警告后方来车注意安全。

② 行车前车门未关妥，车钥匙已转至 ACC,ON 位置时，警示灯会一直闪。

③ 若汽车起动行驶，30 s 后踩刹车，喇叭响三声，提示关好车门，以确保安全。

（9）防抢功能。

行驶中按静音键，车灯会快速闪动，此时为预备防抢阶段，再按防抢键，则进入防抢状态，闪灯立即停止，15 s 后发动机熄灭，喇叭长鸣，除非使用开锁键才能解除。

（10）紧急呼叫。

在行驶状态之下，长按 2 s 防抢键，喇叭会响 30 s，并且车灯会同步闪烁，可达到呼救的目的，若要停止，再按防抢键即可。

（11）寻车。

在防盗状态下，长按上锁键，喇叭会响 30 s，车灯会同步闪烁，方便寻车，若要停止，再按上锁键即可。在防盗状态下，长按静音键，喇叭不会响，车灯会闪烁 30 s 以方便寻车。

（12）遥控起动。

在防盗状态下，按防抢键，会使喇叭响一下，车灯亮 5 s，5 s 之内再按一次就可以起动。成功起动暖车时间为 8 min。若是手刹没有拉起，按防抢键，喇叭会响四下，起动次数共有 6 次，若 6 次都无法起动，请查明原因。若是起动成功，会有闪灯指示，暖车 8 min 后自动熄灭并进入原来防盗状态。暖车时若要停止，按静音键；若要开车行走，按开锁键，车门立即开锁。30 s 之内必须将点火钥匙转至 ACC，ON 位置，否则，立即熄火并报警。

（13）LED 显示装置。

防盗警戒时，橙色闪光，报警状态下，红、绿双色闪光。

### 4. 防盗系统的安装

#### 1）防盗主机的安装

主机系统安装位置应于仪表板下方（即方向盘下方饰板内部）隐秘处，首先找好主机欲固定的地方，然后再找出与原车需要连接的相关线路，如 ACC、转向灯、刹车灯、室内灯、电源线等，用线材连接车上的线材时，包扎不可草率，等全部线束均安装完毕后依顺序先装 12P 的线头，再装 3P，10P，然后测试功能防盗器功能，如果无误则将所拆的饰板逐步装回原位。

#### 2）振动感应器安装调整

当主机安装完毕之后，再将振动感应器固定于车上，振动感应器安装时尽量紧贴车体或仪表板附近，以确保振动感应器侦测。振动感应器灵敏度可视车辆之大小，客户所需敏感度之不同，适当加以调整（出厂前均已适中调整完毕，如非必需请勿再调）。

振动感应器调整：感应器上有个 LED 指示灯，当触发时，指示灯会点亮，另外有一旋钮可用小一字型起子调整。（向右 H 表示敏感度越高，向左则反之）调整时请勿直接敲击振动感应器本体，以免破坏感应器。振动感应器如图 2-1-2 所示。

**图 2-1-2　振动感应器**

#### 3）防盗主机中央门锁配线与原车中央门锁控制线路连接

原车中央门锁控制线路因车型不同会有差异，但大致上可用安装线路图所提供 4 种类型加以搭配控制,即可完成中央控制门锁安装。以下提供几种情形方便安装。

(1)原车门锁均无动力带动门锁。

建议加装一套中控锁,方便防盗器搭配。防盗主机与中央锁控制器采用负触发连接形式,如图 2-1-3 所示。

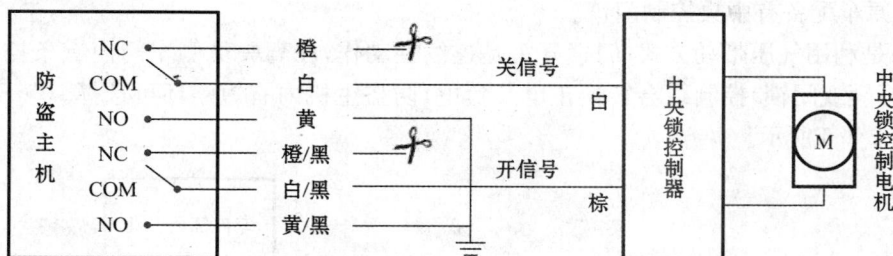

**图 2-1-3　负触发连接线路图**

常见车型:任何旧款车型或较经济便宜车型均可见到。

(2)原车配备有中央控制门锁。

如果驾驶座车门内仅仅只有一个开关,来带动其他 3 个车门动作的中央门锁系统。因此在驾驶座车门内必须加装一个门锁电机来带动门闩拉杆及开关。防盗主机与加装门锁电机采用正负触发的连接形式,如图 2-1-4 所示。

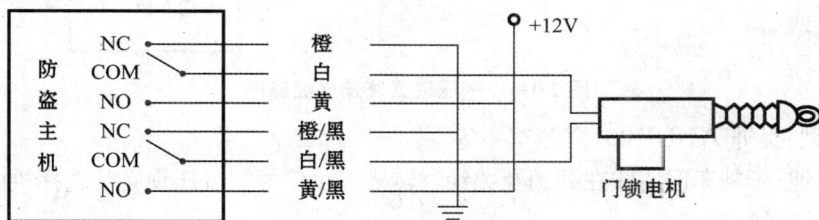

**图 2-1-4　正负触发连接线路图**

常见车型:福特 FORD、三菱 MITSUBISHI、马自达 MAZDA、日产 NISSAN 等。

(3)原车配备有中央控制门锁。

如果驾驶座车门有一个跷板开关带动触发其他 4 个车门同时动作的中央门锁系统。因此只要判别是正触发或负触发型式,就可以按安装图加以搭配。防盗主机与中央门锁控制器采用正触发的连接形式,如图 2-1-5 所示。

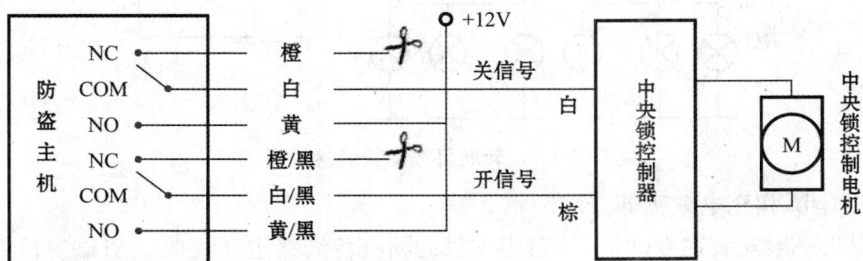

**图 2-1-5　正触发连接线路图**

负/正触发的辨别方法:用试灯来判断触发形式。先把试灯的一端与车外壳相连,另一端与中控主机相关电路相碰,如果门锁电机有动作,说明为负触发;如果没动作,一端与蓄电池正极相连再试。

常见车型:本田 HONDA、丰田 TOYOTA、雷诺 RENAULT、美国 GM 车系等。

(4)原车配备有中央控制门锁。

如果是利用气压带动方式,门锁开关是连续性动作,在驾驶员侧车门内有条控制线,门锁动作(开锁或闭锁)控制线会转换正电及负电,防盗主机内有短路环可选择。气压锁回路接线如图 2-1-6 所示。

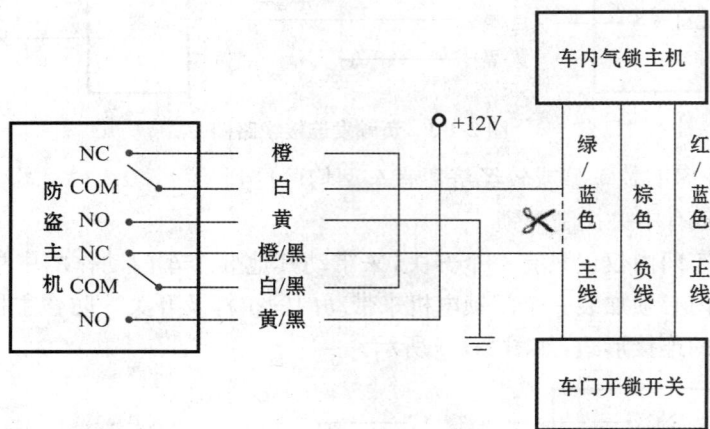

**图 2-1-6　气压锁回路连接线路图**

常见车型:奥迪 AUDI100、奔驰车系等。

注意:奥迪、奔驰车门主线在开锁及关锁时转换正负信号。气压锁必须选择机内程式 5 s。

4)转向灯线的安装

转向灯线路的连接是利用原车上的转向灯。在安装接线时,只须将防盗主机的两条棕色线分别接到转向开关的 TL 和 TR 端子。安装接线如图 2-1-7 所示。

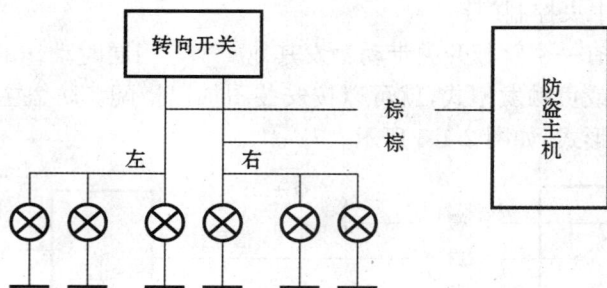

**图 2-1-7　转向灯线的安装接线图**

5)电子喇叭和充电喇叭的安装

电子喇叭一般安装在发动机舱,防盗主机的粉红色线接电子喇叭。防盗主机的红/黑色线接充电喇叭,蓄电池电压高时对其进行充电。电子喇叭和充电喇叭的安装接线如图 2-1-8 所示。

笔记

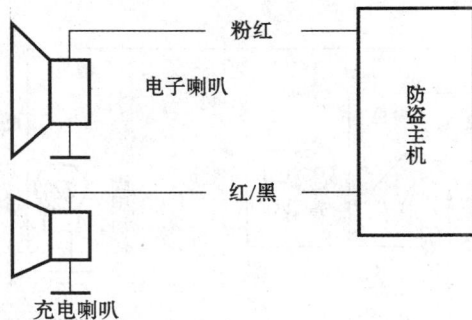

**图 2-1-8　电子喇叭和充电喇叭的安装接线图**

6）边门负触发的安装

防盗主机的蓝色边门负触发线接到各车门灯与车门开关之间。边门负触发的安装接线如图 2-1-9 所示。

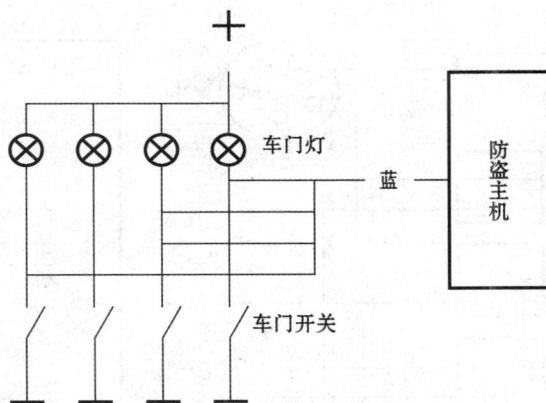

**图 2-1-9　边门负触发的安装接线图**

7）发动机断电回路继电器的安装

防盗主机的黄色线与引擎断电回路继电器相接，发动机断电回路继电器为常闭继电器。安装接线如图 2-1-10 所示。

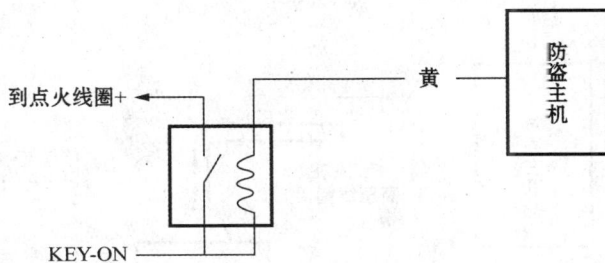

**图 2-1-10　发动机断电回路继电器的安装接线图**

8）脚制动信号及手制动信号安装

防盗主机的橙色线接脚制动开关，绿色线接手制动开关。接线如图 2-1-11 所示。

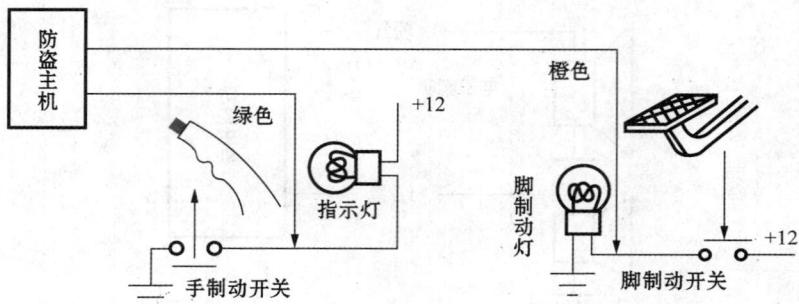

图 2-1-11　脚制动信号及手制动信号线的安装接线图

9）遥控起动线路的安装

防盗主机的蓝、棕、黄（共 1 个线插）分别接 ACC, IG, ST 遥控起动继电器（三个继电器安装在一起）。遥控起动线路的安装接线如图 2-1-12 所示。

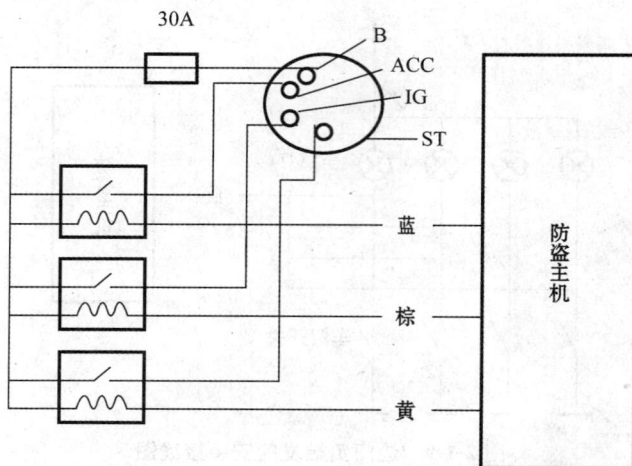

图 2-1-12　遥控起动线路的安装接线图

10）侦测信号线的安装

防盗主机的紫色侦测信号线在点火线圈的高压线上绕 5 圈，并用胶布包扎牢固。接线如图 2-1-13 所示。

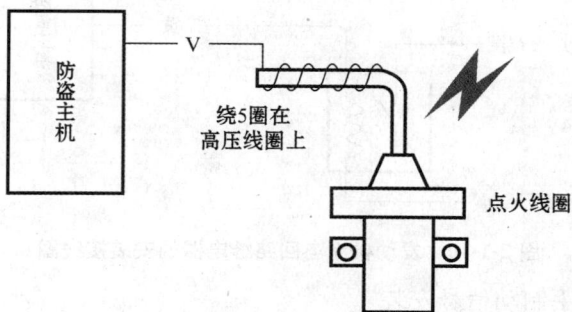

图 2-1-13　侦测信号线的安装接线图

**5. 安装防盗的常见故障**

安装防盗器一定要小心,以免会带来故障。以下是一些常见的故障检修方法。

1) 故障现象:主机安装之后喇叭一直鸣叫无法用遥控器解除

(1) 检查插座是否接反。

(2) 接线是否有问题。

(3) 检查主机与遥控器号码是否吻合。

(4) 开关位置是否正确。

2) 故障现象:车停在路边设定防盗状态之后,每当大型车或重型车经过就会触发警报

可能原因:振动感应器太灵敏,可通过降低灵敏度解决。

3) 故障现象:当警报触发时,喇叭不鸣叫

(1) 检查喇叭是否有问题。

(2) 检查喇叭与主机接线是否有问题。

4) 故障现象:当使用发射器时,指示灯不亮,无法遥控使用

(1) 检查电池是否有问题,电压是否低于 10 V。

(2) 检查发射器是否有问题。

(3) 检查发射器是否摔坏。

5) 故障现象:当使用发射器时,指示灯亮,无法遥控使主机动作

(1) 检查电池是否有问题,电压不得低于 10 V。

(2) 检查发射器是否有人调整频率。

(3) 检查发射器是否浸水或摔坏。

(4) 若发射器没有问题,检查主机、接线、电源是否正常。

6) 故障现象:设定防盗状态之后,10 s 之内喇叭立即大鸣,解除之后也是同样情形

(1) 检查振动感应器是否正常。

(2) 接线是否有问题,尤其是制动踏板的灯是否接错。

(3) 开关(触发开关)是否有问题。

7) 故障现象:当防盗系统触发报警时,BIBI 机久久无法触发及接收

(1) 检查 BIBI 机电池是否有问题。

(2) 检查 BIBI 机是否损坏。

(3) BIBI 机是否与接收机号码一致。

(4) BIBI 发射器接线是否有问题。

8) 故障现象:遥控中央门锁无法正常动作或根本无法动作

(1) 检查门锁电动机是否正常。

(2) 检查接线、熔体是否有问题。

(3) 系统安装是否有问题。

# 三、制订安装计划

(1) 收集安装车辆中央门锁系统信息。

(2) 确定元件的安装位置。

（3）相关线路的查找方法。

（4）饰板的拆装规范。

（5）安装后功能测试。

（6）安装故障排除。

## 四、实施作业

铁将军防盗器安装如表 2-1-4 所示。

表 2-1-4　铁将军防盗器安装作业任务书

| 1. 根据实习设备,结合教学实际情况和教材,收集相关信息<br>2. 熟悉安装车辆中央门锁系统结构和电路控制原理<br>3. 会检测与防盗器相关的线路<br>4. 能按照安装说明书正确安装防盗器 | | |
| --- | --- | --- |
| 1. 车辆信息描述 | 车辆描述 | |
| | 车辆中央门锁系统类型描述 | |
| 2. 车辆中央门锁控制原理描述 | | |
| 3. 防盗主机安装位置 | | |
| 4. 振动感应器安装位置 | | |
| 5. 边门开关线查找方法 | | |
| 6. 脚制动灯开关线查找方法 | | |
| 7. 手制动开关线查找方法 | | |
| 8. 转向灯开关线查找方法 | | |
| 9. 点火开关 ACC、IG、ST 线查找方法 | | |
| 10. 中央门锁触发信号线查找方法 | | |

## 五、检验评估

项目二任务 2.1 的检验评估如表 2-1-5 所示。

表 2-1-5　检验评估

| 评价指标 | 检验说明 | 检验记录 |
| --- | --- | --- |
| 检查项目 | ➢ 各元件安装是否牢固<br>➢ 线路包扎是否良好<br>➢ 拆下的饰板是否装复<br>➢ 中央门锁系统工作是否正常 | |

续 表

| 防盗器各功能情况是否正常 | |
|---|---|
| | |

| 评价内容 | 检验指标 | 权重 | 自评 | 互评 | 总评 |
|---|---|---|---|---|---|
| 检查任务完成情况 | 1. 完成任务的情况 | | | | |
| | 2. 任务完成的质量 | | | | |
| | 3. 在小组完成任务过程中所起的作用 | | | | |
| 专业知识 | 1. 能描述防盗器的组成 | | | | |
| | 2. 能描述防盗器的工作原理 | | | | |
| | 3. 能描述与防盗器相连的线路检测方法 | | | | |
| | 4. 会排除安装后出现的故障 | | | | |
| 职业素养 | 1. 学习态度:积极主动参与学习 | | | | |
| | 2. 团队合作:与小组成员一起分工合作,不影响学习进度 | | | | |
| | 3. 现场管理:服从工位安排、执行实训室"5S"管理规定 | | | | |
| 综合评议与建议 | | | | | |

## 任务 2.2　原车防盗系统检修

| 任务描述 | 有一辆 2003 款捷达王轿车,车主反映点火开关在 ON 档时,防盗指示灯闪烁,发动机不能起动。经维修车间检测引起该故障原因是由于原车钥匙失效,需要重新匹配锁匙 |
|---|---|
| 任务目标 | 1. 掌握原车防盗系统工作原理<br>2. 能分析原车防盗系统常见故障影响原因<br>3. 能利用专用解码器诊断与排除原车防盗系统故障<br>4. 能按作业规范检修原车防盗系统 |

## 一、维修接待

按照表 2-2-1 完成任务 2.2 待修车辆的维修接待,并准确填写接车问诊表。

表 2-2-1　维修接待与接车问诊表

1. 通过与客户面谈了解故障现象
2. 确定故障部位,并识别故障根本原因
3. 填写接车问诊表,确认需要维修项目

**接 车 问 诊 表**

车牌号: _____　　车架号: _____　　行驶里程: _____ (km)

用户名: _____　　电　话: _____　　来店时间: _____ /

| 用户陈述及故障发生时的状况:一辆捷达轿车,用原车钥匙不能起动发动机 |
|---|
| 故障发生时的状况提示: |
| 接车员检测确认建议:需要进行钥匙匹配 |
| 车间检测确认结果及主要故障零部件:需要进行钥匙匹配,必要时还需要更换相应部件 |

车间检查确认者: _____

外观确认:

(请在有缺陷部位作标识)

功能确认:(工作正常√　不正常×)

□音响系统　　　□门锁(防盗器)　　□全车灯光　　□工具
□后视镜　　　　□顶窗　　　　　　　□座椅　　　　□点烟器
□玻璃升降器　　□玻璃

物品确认:(有√　无×)

□贵重物品提示
□工具　　□备胎　　□灭火器
□其他(　　　　　　　)
旧件是否交还用户　□是　□否
用户是否需要洗车　□是　□否

续 表

- 检测费说明：本次检测的故障如用户在本店维修,检测费包含在修理费用内;如用户不在本店维修,请您支付检测费。本次检测费：¥_____元。
- 贵重物品：在将车辆交给我店检查修理前,已提示将车内贵重物品自行收起并保存好,如有遗失恕不负责。

接车员：_____    用户确认：_____

## 二、信息收集与处理

按照表 2-2-2 完成任务 2.2 的信息收集与处理。

表 2-2-2　信息收集与处理

1. 大众、日产车系原车防盗系统的结构原理
2. 大众车系防盗系统的匹配流程
3. 大众车系防盗系统地址码是_____或_____;匹配钥匙通道是_____或_____
4. 大众车系防盗止动 ECU(电子控制单元)匹配通道号是_____
5. 日产天籁智能防盗系统主要有_____;_____;_____;_____;_____;_____
6. 日产天籁智能防盗系统外部钥匙天线布置在_____;_____;_____;三个位置
7. 日产天籁智能防盗系统内部钥匙天线布置在_____;_____;_____;三个位置
8. 日产天籁智能防盗系统故障诊断、系统初始化和注册其他的 NATS 点火钥匙或机械钥匙 ID 码,必须使用_____诊断仪

### 1. 大众车系防盗系统

大众车系防盗系统由德国 Megamos 公司设计开发,由防盗止动器通过 W 线或 CAN 总线打开或锁止发动机控制单元,可以有效防止汽车在未授权的情况下靠自己本身的动力被开走。大众车系防盗止动器的发展历程主要有四个阶段。

第一代防盗止动器:93 年以后——采用固定码,锁匙中有固定电阻。

第二代防盗止动器:97 年以后——采用固定码＋可变码,采用单线(W 线)传输。

第三代防盗止动器:98 年以后——采用固定码＋可变码,CAN-BUS 总线传输。

第四代防盗止动器:WFS 防盗系统,WFS 防盗系统并不是一个常规、简单的控制单元,而是一种防盗功能系统。它将所有与防盗相关的控制单元的数据都存储在中央数据库中。

中央数据库 FAZIT(车辆查询和中央识别)是第四代 WFS 系统的重要组成部分。这个数据库存储了控制单元所有与防盗相关的数据,这些控制单元将"防盗锁止"和"部件保护"功能联成一体。相关控制单元与 FAZIT 的匹配只有通过在线连接才能实现。

1) 第一代防盗系统

第一代防盗系统如图 2-2-1 所示。防盗止动器是一个包含一个微处理器的电子控制器,只有在点火开关打开时才工作。它进行系统密码运算、比较过程并控制整个系统的通信过程,包括与发送器的通信、与发动机控制单元 ECU 的通信,同时它还完成与诊断仪的通信工作。

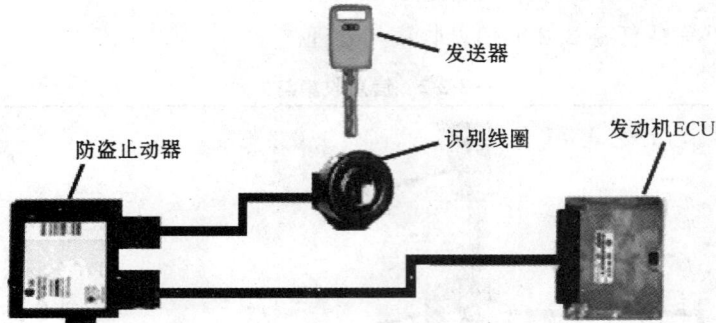

图 2-2-1　第一代防盗系统

(1) 第一代防盗系统工作原理。

当用户把钥匙插入锁孔并打开点火开关,防盗止动器首先通过锁孔上的识别线圈将一随机数传递给钥匙中的发送器。经过一番特定的运算后,发送器将结果反馈回防盗止动器,防盗止动器将之与自己经过相同特定运算的结果比较。如果结果相吻合,系统即认可该钥匙。防盗止动器对发动机 ECU 也要通过特定的通信过程来完成鉴别过程。只有钥匙(发送器)与发动机 ECU 的密码都吻合时,防盗止动器才允许发动机 ECU 工作。

防盗止动器通过一根串行通信线(W-LINE)将经过编码的工作指令传到发动机 ECU,发动机 ECU 根据防盗止动器的数据决定是否起动发动机。同时 V. A. G. 诊断仪可以通过串行通信接口(K 线)对系统进行故障诊断、编码等操作。识别密码过程(大约 2 s)中仪表板上的指示灯会保持点亮状态。如果有任何错误发生,发动机 ECU 将停止工作,同时指示灯也会以一定频率闪烁。

(2) 防盗点火锁工作过程。

一般工作过程:在点火钥匙内嵌一个发送器,发送器内存储有密码。将点火钥匙插入点火锁芯并将其旋至点火开关 ON 位置时,嵌在点火锁芯上的识别线圈马上受到防盗止动器的驱动建立起一个电磁场。受这个电磁场的激励,发送器才可以开始工作。点火开关一打开,防盗止动器即通过识别线圈向发送器输出一个 56 bit 长度的随机数。这是一个询问过程,发送器的响应也是一个数,这个数由发送器根据从防盗止动器收到的随机数和其自身存储的密码信息经过特定计算而得出。同时防盗止动器也会根据这个随机数及其内部存储的密码信号经过特定计算而得出一个数,并将这个数与从发送器收到的数进行比较,只有两者吻合,防盗止动器才认为这把钥匙中的发送器是合法的。

如果钥匙中没有发送器或者发送器信号太弱,防盗止动器将在 2 s 内重复进行询问过程,直至收到发送器响应信号。若 2 s 内一直没有收到发送器的响应信号,防盗止动器将向发动机 ECU 发出不允许起动的信号。如果钥匙中发送器非法,其响应信号也必然被防盗止动器认为不正确,防盗止动器同样会向发动机 ECU 发出不允许起动的信号。

在与发送器之间进行询问/应答过程的同时,防盗止动器与发动机 ECU 之间也存在着通信过程。在点火开关打开之后,发动机 ECU 发出一个唤醒信号及一内含发动机 ECU 识别码的请求信号给防盗止动器,只有发动机 ECU 识别码及发送器响应信号均与防盗止动器内存的有关信息相吻合,发动机 ECU 才会收到防盗止动器发出的允许起动信号。之后,防盗系统停止工作,发动机 ECU 按照正常程序工作。

为提高安全性,在允许发动机 ECU 起动之后,若点火开关一直保持接通,则在 8 h 后,防盗止动器会再次与发送器进行询问/应答过程并以此回答发动机 ECU 的下一次请求信号。

钥匙学习过程:实际上防盗止动器有两种型号。

一种供给上海大众生产线使用,上面附有印上该防盗止动器识别码及 4 位密码的密码条,这种防盗止动器预置为自学习模式不需其他设备即可进行钥匙学习过程。

另一种供给售后维修使用(没有密码条),只有在指定维修站才能查出该防盗止动器的识别码及密码,它必须借助专业诊断仪及防盗止动器密码才能进行钥匙学习过程。

当防盗系统出现故障时,防盗指示灯有相应的提示,具体内容见表 2-2-3。

**表 2-2-3  防盗系统故障与防盗指示灯**

| 打开点火开关后防盗指示灯 | 防盗系统 |
| --- | --- |
| 亮 3 s 后熄灭 | 正常 |
| 持续亮 60 s | 匹配有误 |
| 闪烁 60 s | 识别线圈或数据线功能性故障 |
| 2.5 s 后闪烁 60 s | 锁匙中无码片或未授权 |

2) 第二代防盗系统

第二代防盗系统的结构组成如图 2-2-2 所示。

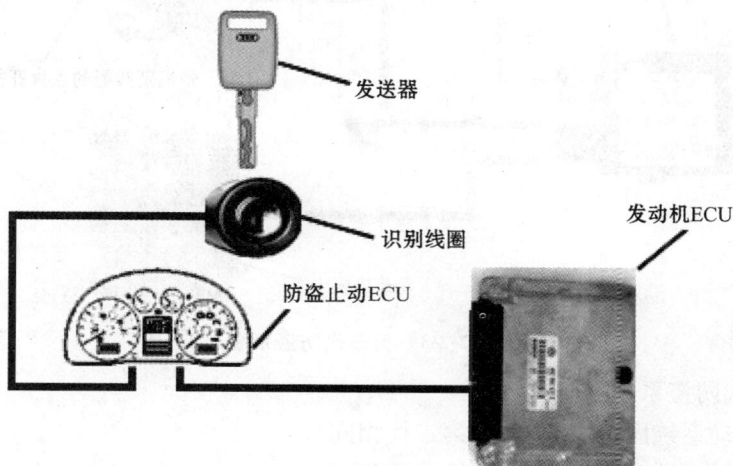

图 2-2-2  第二代防盗系统

笔记

第二代防盗系统的基本原理简述如下。

固定码传输：点火开关转到 ON 档，防盗止动 ECU 改变了识别线圈磁场能量（即识别线圈产生变化的磁场，向钥匙传输数据提出疑问），点火钥匙内置芯片的感应线圈产生感应电场，被电容储存，然后电容给 ID 密码电路供电，ID 密码（即固定码）通过电感及电容组成的耦合电路以电磁信号的形式发射到识别线圈，识别线圈产生电脉冲信号并将这个 ID 密码送至防盗止动 ECU，防盗止动 ECU 将传送来的 ID 密码与储存在其内部的密码比较，如果相同则开始传送可变码；如果不同则锁死钥匙。

可变码传输：可变码传输分为两个阶段进行。

（1）防盗止动 ECU 随机产生一变码，用于钥匙和防盗止动 ECU 计算。在钥匙内和防盗止动 ECU 内各有一套变码术公式和一个永远相同的 SKC（隐秘的钥匙代码）。在钥匙和防盗止动 ECU 中分别计算出结果，钥匙发送计算结果给防盗止动 ECU，防盗止动 ECU 与自己计算结果进行比较，如果结果相同，钥匙确认完成。这一步，第二代与第三代相同。

（2）发动机 ECU 随机产生一变码并传送给防盗止动 ECU，防盗止动 ECU 把此码与储存在其内部的密码比较，如果结果相同发动机允许起动。发动机 ECU 每次起动后，按照随机选定原则产生一码，把此码存储在发动机 ECU 和防盗止动 ECU，用于下次计算。

3）第三代防盗系统

第三代防盗系统的结构组成如图 2-2-3 所示。

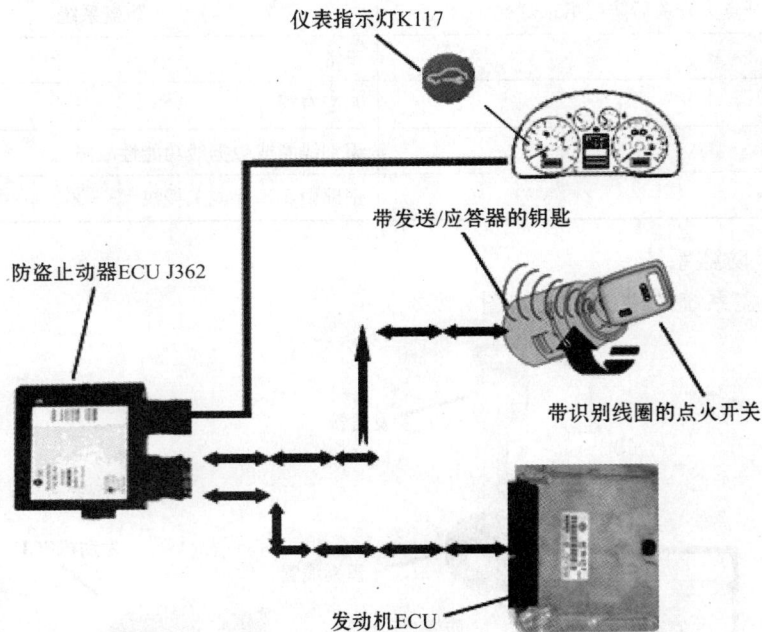

图 2-2-3　第三代防盗系统

（1）第三代防盗系统的基本原理。

① 防盗止动系统固定码传输（与第二代相同）。

② 防盗止动系统可变码传输（与第二代相同）。

③ 可变码传输(发动机 ECU—防盗止动 ECU)。发动机控制单元随机产生一变码。在发动机控制单元和防盗止动器内有另一套密码术公式列表和一个相同的 SKC(公式指示器)。防盗止动器返回这个计算结果到发动机控制单元内与其计算结果进行比较。这个数据由 CAN 总线进行传递。如果结果相同,发动机被允许起动。第三代,由 CAN 总线传输。防盗系统工作流程示意图,如图 2-2-4 所示。

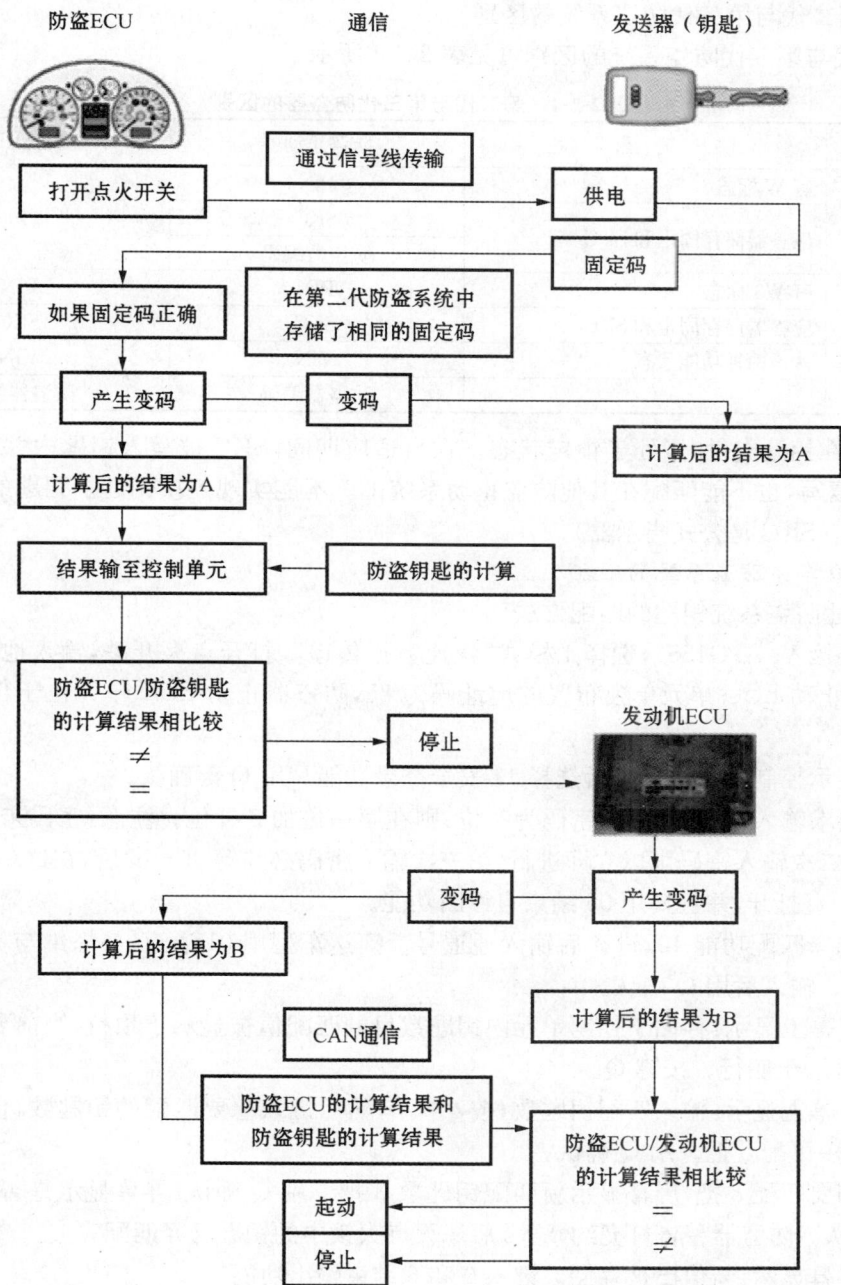

图 2-2-4　第三代防盗系统工作流程

**笔记**

(2) 第三代防盗系统新增特点。

① 发动机控制单元是防盗止动系统的一部分，不接受没有 PIN 的自适应。

② 自适应后应答器（即钥匙）被锁止，不能再用于其他车辆。

③ 提供对第二代防盗器功能的支持。

④ 由 CAN 总线进行数据传递。

(3) 第二代与第三代防盗系统的区别。

第二代与第三代防盗系统的区别可见表 2-2-4 所示。

表 2-2-4　第二代与第三代防盗器的区别

| 识　别 | 锁　匙 | 防盗止动器 | 发动机 ECU |
|---|---|---|---|
| 第二代 | 有 W 标志 | PIN | 无 |
| | 应答器储存固定和 SKC | SKC | |
| | | 防盗器编码 | |
| 第三代 | 有 W3 标志 | PIN | PIN |
| | 应答器储存固定和 SKC | SKC | SKC |
| | 认识两种功能状态 | · VIN | VIN |
| | | 防盗器编码 | 防盗器编码 |

注意：在钥匙交付时，处于锁定状态。在自适应期间，SKC 被写入钥匙内并电子锁定。SKC 不能复写，也不能匹配在其他防盗止动系统上。不能实现互换钥匙。钥匙的状态可由数据块读出（SKC 是公式指示器）。

2. 大众车系防盗系统的匹配

1）捷达防盗系统钥匙的匹配方法

(1) 连接 V. A. G1551，选择 1 模式"快速数据传递"，打开点火开关，输入地址码 25 或 17（防盗器止动 ECU 单元单独布置的地址码为 25，防盗器止动 ECU 单元位于仪表内的地址码为 17）。

(2) 显示控制单元识别码后选择 11 安全登录功能。用 Q 键确认。

(3) 要求输入 5 位数密码，密码为 4 位，则在第一位加 0 补位。注意：密码未被接受，再次输入；第二次输入密码可以立即进行，第三次输入密码必须等 35 min 后，在这一次时间内，点火开关一直打开，并且要用 06 结束自诊断功能。

(4) 选择匹配功能 10，进入后输入通道号。捷达车型用 01 通道，桑塔纳与奥迪车型采用 21 通道。输入后用 Q 确认。

(5) 屏幕上显示：存储于控制单元内钥匙数目的匹配值被显示于顶行，当前要匹配的钥匙数将被显示于底行。按键 Q。

(6) 屏幕上显示：输入匹配钥匙数，按 4 次 0，然后键入想要匹配的钥匙数，包括已存在的钥匙，最多可配 8 把。用 Q 确认。

(7) 如要匹配 3 把，屏幕显示新匹配钥匙数 3 把。用 Q 确认；屏幕显示是否存储新值？用 Q 键确认。防盗器警告灯亮约 0.5 s 后熄灭点火锁中的钥匙已经匹配完成。

(8) 屏幕显示：新值已被存储。键入 0 和 6 结束输出功能。

2）匹配钥匙时注意事项

(1) 结束输出功能只是结束了防盗止动 ECU 的存储程序，而没有结束配钥匙。

（2）插入另一把钥匙，接通点火开关至少 1 min。

（3）防盗器警告灯亮 0.5 s 后熄灭。

（4）整个匹配程序的对错能通过专用仪器示出，某些版本防盗上动 ECU 将以提示灯闪亮一次提示操作者匹配已正确完成。

（5）60 s 后点火钥匙的匹配被自动终止，不记录点火开关关闭的时间，新版防盗止动 ECU 该时间被缩短。

（6）所有配制的钥匙在终止时刻之前有效。终止时刻之后，再次开始匹配钥匙程序，必须重新进入"安全登录"功能。

（7）这一匹配钥匙程序必须对所有点火钥匙进行。

（8）选择功能 02"查询故障存储器"。如果没有故障，所有的钥匙的匹配均已完成。

3）防盗止动 ECU 的匹配方法

作为防盗止动 ECU 它还有本身的密码，该密码也是该系统正常工作的基础，即前面的配制钥匙用的安全登录码。如果我们更换防盗器止动 ECU，这个码应用标签贴在控制单元备件上。必须用这个码对该系统进行一次配钥匙操作，其操作程序见前面的配钥匙。防盗止动 ECU 的匹配程序如下。

（1）查到原车防盗密码。

（2）查到新防盗密码，在仪表后面标签内。

（3）用 V. A. S 5051 进入车辆自诊阶段。

（4）选 17 进入防盗止动系统。

（5）选 11 登录，输入新仪表标签内的防盗密码。

（6）再选择 10 匹配功能。

（7）输入通道号 50 进行匹配过程。

（8）按提示要求输入该车原防盗止动密码。

（9）如以上程序正确，屏幕将提示是否存储新值，确认要起动后程序完成。

（10）按 06 退出，即完成。

4）用警告灯进行故障识别和故障指示

在点火钥匙的匹配过程中，防盗止动 ECU 将指示匹配程序是否正确。

（1）如果配制程序执行正确，在每一把钥匙配制后，警告灯将亮一瞬间。

（2）如果配制程序不正确，警告灯开始持续闪亮，故障将被存储于故障存储器。

（3）以下情况发生时，点火钥匙的配制过程将被自动终止：

匹配的钥匙数已达到；从第一把钥匙配制后 60 s 的配制时间已超过。

第二代防盗器控制单元自动识别波特率，这意味着不必为控制单元编码。发动机控制单元和防盗器控制单元间的正确数据传送速度将自动存储于防盗器控制单元中。

5）第三代防盗止动 ECU 要对车型所用数据总线 CAN BUS 进行编码

（1）V. A. S 5051 自诊断程序选地址 17。

（2）功能 60 通道。

（3）输入 1027（Audi A6 自动变速器），1025（Audi A6 手动变速器）。

（4）确认后该程序完成。

（5）06 退出系统。此时检测仪显示下面内容。

```
7M0953257MIMMOWVZ3ZOV1509105V64
Coding00000                         WSC12345
```

若防盗止动 ECU 不能识别波特率，这个编码被置为 0000。

6）发动机电控单元的匹配方法

第二代防盗器防盗止动 ECU 中，发动机控制单元在防盗止动系统中作为一个执行元件，当更换发动机控制单元时，不进行匹配对于一个完好的防盗器系统该车将无法起动，必须进行依次相应的匹配。匹配程序如下，注意与配钥匙不同之处。

预先检查，必须具备授权的点火钥匙，连接 V. A. G1551，选择操作模式 1，接通点火开关，输入防盗器地址 25 或 17 用 Q 确认。

①屏幕显示"选择功能 XX"键入 1 和 0（10 选择了配制程序）→②屏幕显示"快速数据传递 10-匹配"用 Q 键确认→③屏幕显示"匹配进入通道号 XX"按 0 键 2 次（00 选择通道 0）用 Q 键确认→④屏幕显示"匹配删除记忆值"用 Q 键确认→⑤屏幕显示"匹配记忆值被删除"按键→⑥屏幕显示"快速数据传递选择功能 XX"。

当再依次打开点火开关时，发动机控制单元的识别码被防盗器控制单元读出并存储。

7）帕萨特 B5 防盗装置的匹配如何重新获得密码

（1）PIN 码的查找。如果匹配点火开关钥匙时，不知道 4 位数密码，或者密码牌丢失，可按照以下方法获得密码。

连接 V. A. G 1552，打开点火开关，输入地址码 25，按下 Q 键确认。约 5s 后，屏幕显示：

```
330 953 253 IMMO VWZ6ZOTO456789 V01 →
Coding 00000 WS05C012
```

VWZ6ZOTO456789 为该车上防盗器控制单元的 14 位数编号，维修站将读出的 14 位防盗器控制单元编号，电传到上海大众售后服务公司，然后由上海大众售后服务公司将查得的密码电传给维修站。

（2）防盗系统与发动 ECU 的匹配。防盗系统与发动机控制单元 ECU 进行匹配的方法和步骤是：

17（组合仪表系统）—10（匹配功能）—00（通道号）—确认—06（结束输出）

（3）点火钥匙的匹配。匹配点火钥匙的方法和步骤是：把齿形相配的点火钥匙插入点火开关中并打开—17（组合仪表系）—11（登录）—PIN（5 位密码）—10（匹配）—21（通道号）—0000X（匹配钥匙数，X 为 0—8）—确认。

注意：如果密码号输入错误，必须重新输入密码。密码输入允许试 2 次，若要第 3 次输入密码，必须等 35 min 以后，并且不能关闭点火开关，同时通过功能 06 退出防盗系统自诊断方式。

**3. 日产天籁智能防盗系统**

日产天籁 J31 采用一种新型的防盗止动系统，该止动模块装在车身控制模块（BCM）中，而以前的车型装在 ECM 中。现在，BCM 接收并识别防盗起动信号，如果接收到错误的信号,BCM 就通过 ECM 切断点火和燃油喷射,阻止发动机起动。NATS 的发动机防盗锁止系统由以下元件组成,见表 2-2-5 所示。其基本结构如图 2-2-5 所示,NATS 锁匙天线布置如图 2-2-6 所示。

表 2-2-5　日产天籁智能防盗系统元件图

点火钥匙（不带智能钥匙系统）
机械钥匙（带智能钥匙系统）

BCM

拆卸手套箱的视图

ECM　M51

安全指示灯　M19

拆卸手套箱的视图

智能钥匙装置　M31

拆卸转向柱盖的视图

转向锁装置　M21

点火旋钮开关
钥匙开关和锁
螺线管　M20

笔记

续　表

拆卸转向柱盖的视图

NATS 天线
放大器　M22

带智能钥匙的系统

拆卸转向柱盖的视图

NATS 天线
放大器　M22

不带智能钥匙系统

点火钥匙（不带智能钥匙系统）
机械钥匙（带智能钥匙系统）

安全指示灯

ECM

NATS天线放大器

BCM
(NATS IMMU)

带智能钥匙系统

智能钥匙装置

转向锁装置

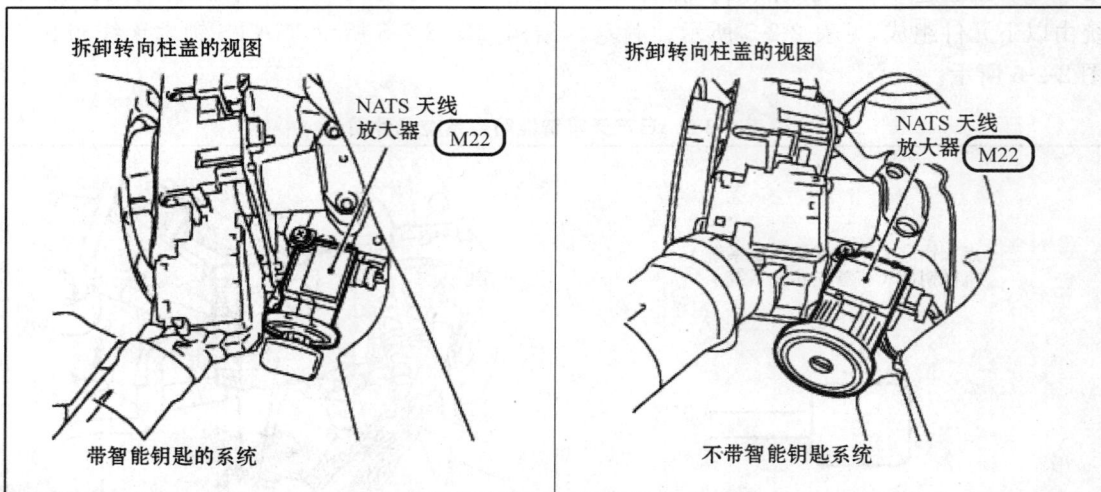

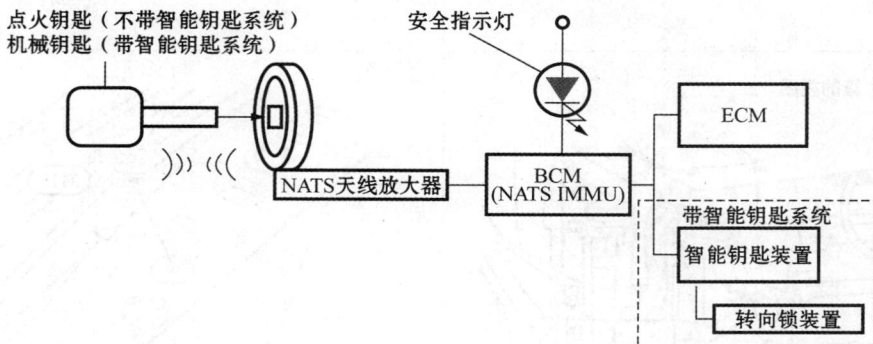

图 2-2-5　NATS 基本结构

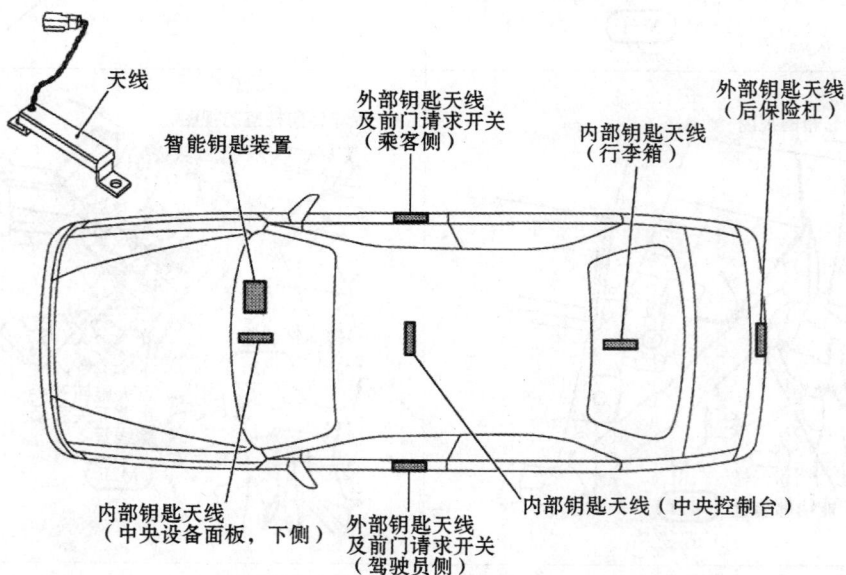

天线

智能钥匙装置

外部钥匙天线
及前门请求开关
（乘客侧）

内部钥匙天线
（行李箱）

外部钥匙天线
（后保险杠）

内部钥匙天线
（中央设备面板，下侧）

外部钥匙天线
及前门请求开关
（驾驶员侧）

内部钥匙天线（中央控制台）

图 2-2-6　NATS 锁匙天线布置图

名词解释：

（1）点火钥匙（没有智能钥匙系统的车型）。

（2）机械钥匙（有智能钥匙系统的车型）。

（3）NATS 天线放大器。

（4）转向锁装置（有智能钥匙系统的车型）。

（5）车身控制模块（BCM）。

（6）智能钥匙单元（有智能钥匙系统的车型）。

（7）发动机控制模块（ECM）。

（8）安全指示灯（嵌入式组合仪表）。

此智能钥匙系统通过使用随身携带的智能钥匙可以开关车门门锁（门锁功能）以及起动发动机（发动机起动功能），智能钥匙和车辆之间使用双向通信，根据电子钥匙 ID 的校验结果来操作。操作智能钥匙的遥控按钮具有和遥控车门系统相同的作用（遥控车门功能）。

作为点火钥匙的一个警告功能，使用请求开关或者操作遥控按钮来锁上或打开车门锁时，危险警示灯将闪烁，并且智能钥匙的警告蜂鸣器鸣响。智能钥匙的电池耗尽时，还可以使用内置于智能钥匙上的机械钥匙来锁上或打开车门锁以及起动发动机。如果智能钥匙丢失了，可以注册一个新的智能钥匙。最多可以注册 4 把智能钥匙。CONSULT-Ⅱ诊断仪可以对系统状况进行诊断，改变功能设置以及注册智能钥匙。

1）日产天籁智能防盗系统锁定功能

（1）发动机电路阻断器表现出高防盗性能，可防止除了车主外其他人起动发动机（注册钥匙：点火钥匙，机械钥匙和智能钥匙）。按下点火旋钮时，智能钥匙控制单元通过内部钥匙天线发送请求信号，智能钥匙将使用双向通信执行钥匙。ID 校验，如果校验通过，向转向锁装置发送解除点火旋钮禁止旋转锁定的信号。转向锁装置解除点火旋钮禁止旋转的锁定（现在可以转动点火旋钮了）。点火旋钮可以转动时，组合仪表上的"KEY"将变成绿色，以此提醒驾驶员可以转动点火旋钮。当点火旋钮不能转动时，组合仪表上的"KEY"警告灯将变成红色。

当钥匙 ID 校验成功，智能钥匙单元将利用 CAN 通信向 BCM 发出允许发动机起动的信号。接收到允许发动机起动的信号时，BCM 通过 CAN 通信向 IPDM E/R 发出起动请求信号。这样，点火旋钮被旋转到 START 位置时发动机将起动。

智能钥匙操作范围是当智能钥匙在车内时可以起动发动机。但是，当智能钥匙放置在仪表盘上、后包裹架上或手套盒内，有时不能起动发动机。

（2）只有在 BCM 和 ECM 中注册过 ID 码的钥匙才能起动发动机，并且显示出高防盗性能，可防止钥匙被复制或偷走。

（3）在没有装智能钥匙系统的车上，除了点火开关在 ON 或 START 位置时，安全指示灯闪烁。

（4）在装有智能钥匙系统的车上，当机械锁拔出（钥匙开关关闭）和点火旋钮在 LOCK 位置时（点火旋钮开关关闭），安全指示灯闪烁。这样，NATS 可以警告车外人员车辆装备了防盗系统。

（5）如果系统检测到了故障，在点火开关处于 ON 位置时打开安全指示灯。

（6）如果车主要求，最多可以注册 5 个机械钥匙 ID 码。

　　(7) 在故障诊断期间或下列零部件已更换时,并且,如果添加了点火钥匙或机械钥匙,需要注册。

　　(8) NATS 故障诊断、系统初始化和注册其他的 NATS 点火钥匙或机械钥匙 ID 码,必须使用 CONSULT-Ⅱ诊断仪和 CONSULT-Ⅱ NATS 软件。当 NATS 初始化完成后,插入点火钥匙 ID 码或机械钥匙 ID 码才能完成。

　　NATS 发动机防盗锁止系统控制电路,如图 2-2-7(a)和图 2-2-7(b)所示。

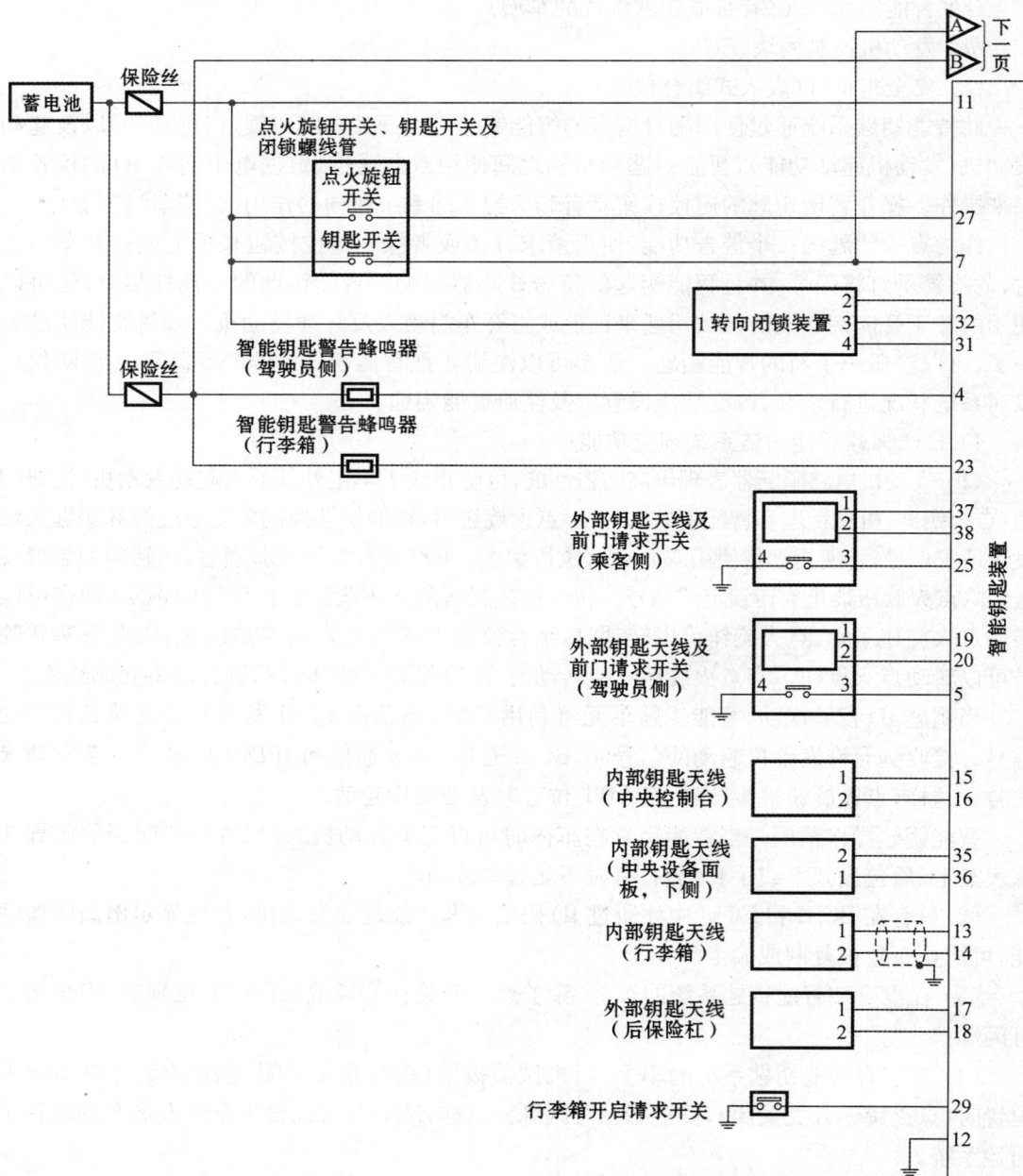

图 2-2-7(a)　NATS 发动机防盗锁止系统控制电路(一)

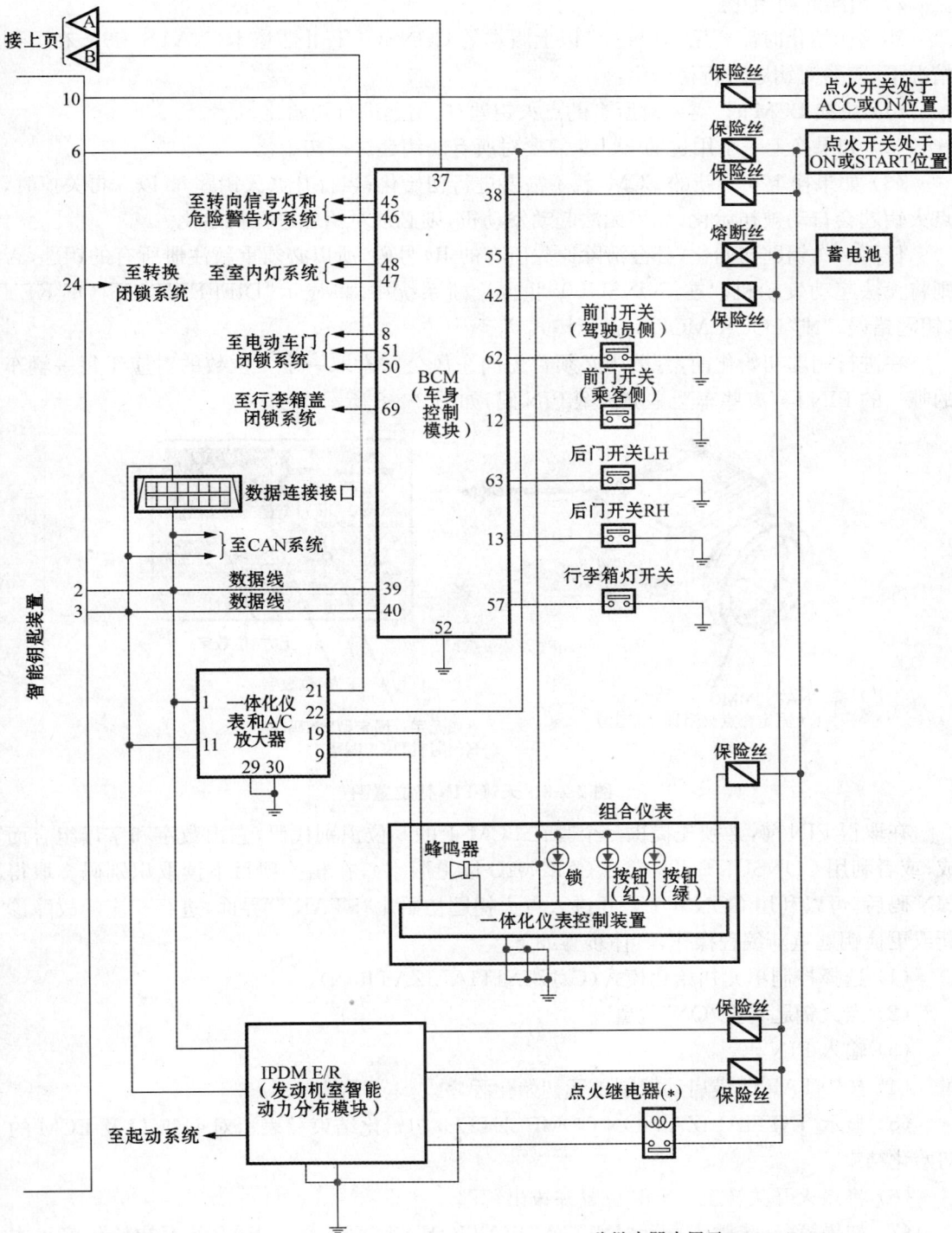

图 2-2-7(b) NATS 发动机防盗锁止系统控制电路(二)

2）钥匙的初始化

钥匙初始化时需要用 AEN02C 以上版本的 CONSULT-Ⅱ防盗卡（NATS 卡）。在下列情况下，需要对钥匙进行初始化：

（1）更换 BCM 时，需要对所有的点火钥匙/门钥匙进行初始化。

（2）如果换上一个用过的 ECM，需要对所有的钥匙进行初始化。

（3）如果换上一个新的 ECM，就不需要进行初始化；当打开点火钥匙 5s 以后再关掉时，点火钥匙会自动被初始化；如果无法起动发动机，则必须对钥匙进行初始化。

任何一次钥匙初始化，都会清除原先所有的 ID 号码，所以必须重新注册所有的钥匙，否则将无法起动发动机。在 CONSULT-Ⅱ自诊断系统中，将显示"DIFFERENCE OF KEY（钥匙错误）"或"LOCK MODE（锁死模式）"。

在进行钥匙初始化前，专营店必须首先向东风公司索取一个 4 位数的对应于每一辆车的唯一的 PIN 码（有些车型是随机型 PIN 码，如图 2-2-8 所示）。

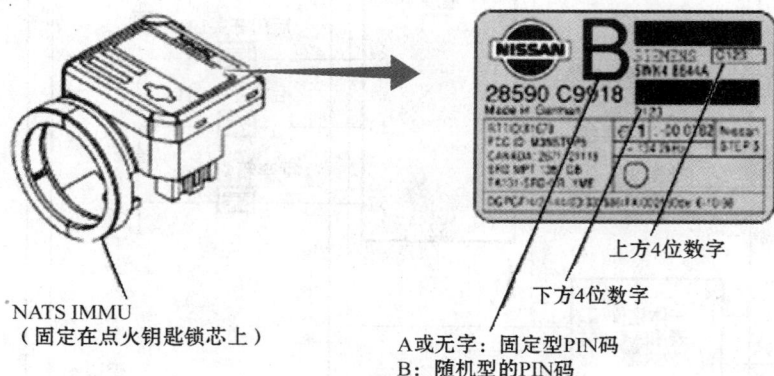

NATS IMMU
（固定在点火钥匙锁芯上）

上方4位数字
下方4位数字

A或无字：固定型PIN码
B：随机型的PIN码

图 2-2-8　天籁 PIN 码位置图

在取得 PIN 前，必须先提供一个写在 BCM 上的 5 位识别代码，它由数字和字母组合而成；或者利用 CONSULT-Ⅱ防盗卡（AEN02C 以上版本），在相关项目下读取识别码。取得 PIN 码后，可以利用 CONSULT-Ⅱ进入点火钥匙初始化"START"界面，进行相应的故障诊断或更换钥匙重新编程操作，具体步骤如下：

（1）选择控制单元初始化模式（C/U INITIALIZATION）。

（2）点火钥匙转至"ON"位置。

（3）输入 PIN 码。

（4）按"START"键启动控制单元初始化程序。

（5）显示"INITIALIZATION COMPLETED（初始化结束）"表示对 IMMU 及 ECM 的初始化结束。

（6）将点火开关转至"OFF"位置并拔出钥匙。

（7）如果第（5）步骤中显示"INITIALIZATION STOPPED 或 FAILED（初始化停止或失败）"，表示使用 CONSULT-Ⅱ进行的初始化没有完成或失败。

（8）将点火开关拧至"OFF"或"ON"位置。

（9）确认"SELF-DIAG RESULTS（自诊结果）"。

（10）如果显示了 IMMU，就更换 IMMU 并再次使用 CONSULT-Ⅱ进行"C/UINTIALIZATION（控制单元初始化）"。

如果显示"NO SELF DIAGNOSTIC FAILURE INDICATED（自诊断未发现任何故障）"，就应再次进行"C/U INITIALIZATION（控制单元初始化）"。

3）点火钥匙的注册

（1）将第 1 把钥匙插入点火开关，并转至"ON"位置保持 5 s 以上，然后将点火钥匙转至"OFF"位置，并拔出点火钥匙。

（2）5 s 以后，当防盗指示灯闪动后，插入第 2 把钥匙，并转至"ON"位置保持 5 s 以上，然后将点火钥匙转至"OFF"位置，并拔出点火钥匙。

（3）重复以上操作，最多可以匹配 5 把钥匙。

（4）打开车门或起动发动机，即可退出钥匙注册程序。

（5）用每一把钥匙（遥控器）起动发动机，以便确认正常。

4）NATS 防盗系统故障码

NATS 防盗系统常见的故障码有：P1610、P1611、P1612、P1614 以及 P1615 等，其具体含义见表 2-2-6。

表 2-2-6　故障码含义

| 故障码代号 | 故障码含义 | 故障码代号 | 故障码含义 |
|---|---|---|---|
| P1610 | 锁死模式（LOCK MODE） | P1614 | IMMU 与 KEY 间的线路故障（CHAIN OF IMMU-KEY），BCM 收不到钥匙 ID 信号 |
| P1611 | IMMU 与 ECM 间的 ID 信号不统一（ID DISCORD, IMMU-ECM），需要进行系统初始化 | P1615 | 钥匙错误（DIFFERENCE OF KEY），BCM 收到的钥匙 ID 信号，经过 BCM 判断，确认为非法 ID 信号 |
| P1612 | ECM 与 IMMU 间的 NATS 通信线路故障（CHAIN OF ECM-IMMU） | | |

当使用未注册或注册无效的钥匙连续起动发动机达 5 次以上时，NATS 系统将进入锁死模式，这时即使用正确的钥匙也无法正常地起动发动机，要解除锁死模式，就必须重新对系统进行初始化。如果检测到的故障码与发动机系统有关，相关的故障码也可以显示在ECM 中。在删除 NATS 自诊断系统的记忆故障前，必须先检查发动机系统的故障代码，因为在删除 NATS 系统自诊断代码的同时，也会删除"发动机"自诊断系统中记忆的内容。

5）智能防盗系统各单元端口的电压参考值

转向锁单元端口电压参考值见表 2-2-7。

表 2-2-7　转向锁单元端口电压参考值

| 端口 | 电线颜色 | 信号诊断 | 状态 | | 电压/V（近似值） |
| | | | 点火旋钮位置 | 操作或者状况 | |
|---|---|---|---|---|---|
| 1 | Y/B | 蓄电子池电源 | 闭锁 | — | 蓄电池电压 |
| 2 | L/Y | 转向锁装置电源 | 闭锁 | — | 5 |

**笔记**

续 表

| 端口 | 电线颜色 | 信号诊断 | 状态 | | 电压/V（近似值） |
|---|---|---|---|---|---|
| | | | 点火旋钮位置 | 操作或者状况 | |
| 3 | L/R | 转向锁控制单元通信信号 | 闭锁 | 智能钥匙位于车内时，按下点火旋钮 | SIIA1911J |
| | | | | 其他任何操作 | 5 |
| 4 | G/Y | 转向锁单元接地 | — | — | 0 |

智能钥匙单元的端口参考值见表 2-2-8。

表 2-2-8　智能钥匙单元的端口参考值

| 端口 | 电线颜色 | 项目 | 状态 | | 电压/V（近似值） |
|---|---|---|---|---|---|
| | | | 点火旋钮位置 | 操作或者状态 | |
| 1 | L/Y | 转向锁装置电源 | 闭锁 | — | 5 |
| 2 | L | CAN-H | — | — | — |
| 3 | P | CAN-L | — | — | — |
| 4 | SB | 智能钥匙警告蜂鸣器（驾驶员侧） | 闭锁 | 操作遥控按钮或者车门请求开关　蜂鸣器关闭 | 蓄电池电压 |
| | | | | 声音蜂鸣器 | 0 |
| 5 | B/W | 车门请求开关（驾驶员侧） | — | 车门请求开关的操作：按下（ON） | 0 |
| | | | | 其他任何操作（OFF） | 5 |
| 6 | G | 点火开关（ON） | ON | — | 蓄电池电压 |
| 7 | B/R | 钥匙开关 | 闭锁 | 将机械钥匙插入点火钥匙孔中 | 蓄电池电压 |
| | | | | 将机械钥匙从点火钥匙孔中取出 | 0 |
| 10 | V | 点火开关（ACC） | ACC | — | 蓄电池电压 |
| 11 | Y/B | 电源（保险丝） | — | — | 蓄电池电压 |
| 12 | B | 接地 | — | — | 0 |
| 13 | V/W | 内部钥匙天线（＋）（行李箱） | 闭锁 | 某个车门打开→关闭（车门开关：ON→OFF） | SIIA1910J |
| 14 | W/L | 内部钥匙天线（一）（行李箱） | | | |
| 15 | R/Y | 内部钥匙天线（＋）信号（中央控制台） | 锁止 | 某个车门打开→关闭（车门开关：打开→关闭）点火旋钮开关：ON（按下点火旋钮） | SIIA1910J |
| 16 | R/G | 内部钥匙天线（一）信号（中央控制台） | | | |

续 表

| 端口 | 电线颜色 | 项目 | 状态 | | 电压/V（近似值） |
|------|----------|------|------|------|------|
| | | | 点火旋钮位置 | 操作或者状态 | |
| 17 | W/R | 外部钥匙天线（后保险杠位置）（＋） | 闭锁 | 行李箱开启器请求开关操作（开关：ON） | SIIA1910J |
| 18 | W/B | 外部钥匙天线（后保险杠位置）（－） | | | |
| 19 | P | 外部钥匙天线（驾驶员侧）（＋） | 闭锁 | 驾驶员侧车门请求信号操作（开关：ON） | SIIA1910J |
| 20 | O | 外部钥匙天线（驾驶员侧）（－） | | | |
| 23 | LG/B | 智能钥匙警告蜂鸣器（行李箱内） | 闭锁 | 操作遥控按钮或车门请求开关 蜂鸣器关闭 | 蓄电池电压 |
| | | | | 声音蜂鸣器 | 0 |
| 25 | P/L | 车门请求开关（乘客侧） | — | 车门请求开关的操作：按下（ON） | 0 |
| | | | | 其他任何操作（OFF） | 5 |
| 27 | BR | 点火旋钮开关 | — | 按下点火旋钮 | 12 |
| | | | | 将点火旋钮回复到LOCK位置 | 0 |
| 29 | G/O | 行李箱开启器请求开关 | — | 行李箱开启器请求开关操作：按下（ON） | 0 |
| | | | | 其他任何操作（OFF） | 5 |
| 31 | G/Y | 转向锁单元接地 | — | — | 0 |
| 32 | L/R | 转向锁单元通信 | 闭锁 | 智能钥匙位于车内时，按下点火旋钮 | SIIA1911J |
| | | | | 其他任何操作 | 5 |
| 35 | L/W | 内部钥匙天线（＋）信号（仪表中间的下方） | 闭锁 | 某个车门打开→关闭（车门开关：ON→OFF） 点火旋钮开关：ON（按下点火旋钮） | SIIA1910J |
| 36 | R/W | 内部钥匙天线（－）信号（仪表中间的下方） | | | |
| 37 | GR | 外部钥匙天线（乘客侧）（＋） | 闭锁 | 乘客侧车门请求开关操作（开关：ON） | SIIA1910J |
| 38 | LG | 外部钥匙天线（乘客侧）（－） | | | |

**笔记**

BCM 单元端口电压参考值见表 2-2-9。

表 2-2-9　BCM 单元端口电压参考值

| 端口 | 电线颜色 | 项　目 | 状　态 | 电压/V（近似值） |
|---|---|---|---|---|
| 8 | LG/R | 车门开锁传感器 | 车门闭锁→开锁 | 5→0 |
| 12 | R/L | 前车门开关（乘客侧） | 车门打开(ON)→关闭(OFF) | 0→蓄电池电压 |
| 13 | R/B | 后车门开关（右侧） | 车门打开(ON)→关闭(OFF) | 0→蓄电池电压 |
| 37 | B/R | 钥匙开关 | 将机械钥匙插入点火钥匙孔中 | 蓄电池电压 |
|  |  |  | 将机械钥匙从点火钥匙孔中拔出 | 0 |
| 38 | R | 点火开关 | 点火开关处于 ON 或 START 位置 | 蓄电池电压 |
| 39 | L | CAN-H | — | — |
| 40 | P | CAN-L | — | — |
| 42 | Y/R | 蓄电池电源（保险丝） | — | 蓄电池电压 |
| 52 | B | 接地 | — | 0 |
| 55 | W/B | 蓄电池电源（熔丝线） | — | 蓄电池电压 |
| 57 | V/W | 行李箱灯开关 | 行李箱盖打开(ON)→关闭(OFF) | 0→蓄电池电压 |
| 62 | SB | 前车门开关（驾驶员侧） | 车门打开(ON)→关闭(OFF) | 0→蓄电池电压 |
| 63 | R/W | 后车门开关（左侧） | 车门打开(ON)→关闭(OFF) | 0→蓄电池电压 |

## 三、制订检修计划

（1）检查汽车故障症状并仔细听取顾客的要求与描述。
（2）了解系统的控制原理。
（3）查阅维修手册，熟悉原车防盗检修规范。
（4）写出故障检修流程图。
（5）列出详细的检修步骤。

## 四、实施维修作业

原车防盗检修如表 2-2-10 所示。

表 2-2-10　原车防盗系统检修任务书

| 1. 根据实习设备，结合教学实际情况和教材，收集相关信息<br>2. 熟悉原车防盗系统结构和电路控制原理<br>3. 会检测防盗系统相关的线路 | | |
|---|---|---|
| 1. 车辆信息描述 | 车辆描述 | |
|  | 车辆防盗系统类型描述 | |
| 大众防盗系统 | 钥匙匹配过程 | 仪器型号：<br><br>匹配过程主要步骤记录： |

续　表

| | 检查项目 | 可能原因 | 检查结果 |
|---|---|---|---|
| 日产智能防盗系统检修 | 当触按车门手柄开关时,车门报警器响起急促的"哗、哗"声 | 智能钥匙遗留在车上或行李箱内;车门或行李箱没有完全关闭 | |
| | 关闭驾驶侧车门时,车门报警器响起急促的"哗、哗"声,同时仪表"LOCK"锁止警告灯以红色闪烁 | 点火钥匙不处于"LOCK"位置 | |
| | 车门报警器响起两下短促的"哗、哗"声,仪表"KEY"系统指示灯及"LOCK"锁止警告灯均以红色闪烁 | 没有将档杆挂在P档 | |
| | 当触按车门手柄开关时,中控门锁系统不动作,所以没有"哗、哗"警告声 | 没有将普通机械钥匙从点火开关中取出 | |
| | 智能钥匙系统警告灯以绿色闪烁 | 智能钥匙(遥控器)电池电压不足 | |

## 五、检验评估

项目二任务 2.2 的检验评估如表 2-2-11 所示。

表 2-2-11　检验评估

| 评价指标 | 检验说明 | 检验记录 |
|---|---|---|
| 检查项目 | ➢ 电控系统是否有故障代码<br>➢ 钥匙是否授权<br>➢ 系统工作是否正常 | |
| 原车防盗系统功能是否正常 | | |

| 评价内容 | 检验指标 | 权重 | 自评 | 互评 | 总评 |
|---|---|---|---|---|---|
| 检查任务完成情况 | 1. 完成任务的情况 | | | | |
| | 2. 任务完成的质量 | | | | |
| | 3. 在小组完成任务过程中所起的作用 | | | | |
| 专业知识 | 1. 能描述原车防盗系统的组成 | | | | |
| | 2. 能描述原车防盗系统的工作原理 | | | | |
| | 3. 能描述原车防盗系统线路的检测方法 | | | | |
| | 4. 会排除原车防盗系统的常见故障 | | | | |
| 职业素养 | 1. 学习态度:积极主动参与学习 | | | | |
| | 2. 团队合作:与小组成员一起分工合作,不影响学习进度 | | | | |
| | 3. 现场管理:服从工位安排、执行实训室"5S"管理规定 | | | | |
| 综合评议与建议 | | | | | |

笔 记

<table>
<tr><td rowspan="2">项目三</td><td></td></tr>
</table>

# 项目三　汽车电动伺服系统检修

| Description 项目描述 | 汽车电动伺服系统是汽车车身电器系统的重要组成部分,电动伺服系统所出现的各种故障也是汽车维修企业经常处理的工作任务。通过本项目学习后,能排除电动伺服系统常见故障 |
|---|---|
| Objects 项目目标 | 1. 收集汽车电动伺服系统相关信息,会制订汽车电动伺服系统检修计划<br>2. 会分析电动车窗控制系统电路控制原理,能排除电动车窗不工作故障<br>3. 会分析电动后视镜控制系统电路控制原理,能排除电动后视镜不工作故障<br>4. 会分析电动座椅控制系统电路控制原理,能排除电动座椅不工作故障 |
| Tasks 项目任务 | 任务 3.1:汽车电动车窗系统检修:通过学习电动门窗系统结构原理—控制电路分析—控制元件检修—线路检修—常见故障排除<br>任务 3.2:汽车电动后视镜系统检修:通过学习电动后视镜系统结构原理—控制电路分析—控制元件检修—线路检修—常见故障排除<br>任务 3.3:汽车电动座椅系统检修:通过学习电动座椅系统结构原理—控制电路分析—控制元件检修—线路检修—常见故障排除 |
| Implementation 项目实施 | 客户报修→维修接待<br>收集信息→信息处理<br>制订计划→制订计划<br>故障排除→实施维修<br>故障检验→实施维修<br>工作考核→检验评估 |

## 任务3.1　汽车电动车窗系统检修

| 任务描述 | 一辆丰田佳美汽车,电动车窗系统驾驶员侧车窗有一个方向不能工作,针对维修接待和车间确认意见,需要检测电动车窗总开关和相关控制线路 |
|---|---|
| 任务目标 | 1. 熟悉汽车电动车窗系统结构原理<br>2. 会检修电动车窗系统控制元件<br>3. 会检修电动车窗控制系统线路<br>4. 能排除电动车窗系统的常见故障 |

# 一、维修接待

按照表 3-1-1 完成待修车辆的维修接待,并准确填写接车问诊表。

**表 3-1-1　维修接待与接车问诊表**

1. 通过与客户面谈了解故障现象
2. 确定故障部位,并识别故障根本原因
3. 填写接车问诊表,确认需要维修项目

接 车 问 诊 表

车牌号: ＿＿＿＿＿＿＿＿＿　车架号: ＿＿＿＿＿＿＿＿＿　行驶里程: ＿＿＿＿＿＿＿＿＿ (km)

用户名: ＿＿＿＿＿＿＿＿　电　话: ＿＿＿＿＿＿＿＿＿　来店时间: ＿＿＿＿＿ / ＿＿＿＿＿

用户陈述及故障发生时的状况:**一辆丰田佳美汽车,电动车窗系统驾驶员侧车窗有一个方向不能工作,进入维修厂进行维修**

故障发生时的状况提示:**行驶速度、发动机状态、发生频率、发生时间、部位、天气、路面状况、声音描述**

接车员检测确认建议:**需要进行综合维修**

车间检测确认结果及主要故障零部件:**需要进行综合故障诊断与排除,必要时还需要更换相应部件**

车间检查确认者: ＿＿＿＿＿＿＿＿＿

外观确认:

功能确认:(工作正常√　不正常×)
- □音响系统　□门锁(防盗器)　□全车灯光　□工具
- □后视镜　□顶窗　□座椅　□点烟器
- □玻璃升降器　□玻璃

物品确认:(有√　无×)
- □贵重物品提示
- □工具　□备胎　□灭火器
- □其他(＿＿＿＿＿＿)
- 旧件是否交还用户　□是　□否
- 用户是否需要洗车　□是　□否

F

E

(请在有缺陷部位作标识)

- 检测费说明:本次检测的故障如用户在本店维修,检测费包含在修理费用内;如用户不在本店维修,请您支付检测费。本次检测费: ¥＿＿＿＿＿＿＿元。
- 贵重物品:在将车辆交给我店检查修理前,已提示将车内贵重物品自行收起并保存好,如有遗失恕不负责。

接车员: ＿＿＿＿＿＿＿＿＿　　　用户确认: ＿＿＿＿＿＿＿＿＿

# 二、信息收集与处理

按照表 3-1-2 完成任务 3.1 的信息收集与处理。

表 3-1-2　信息收集与处理

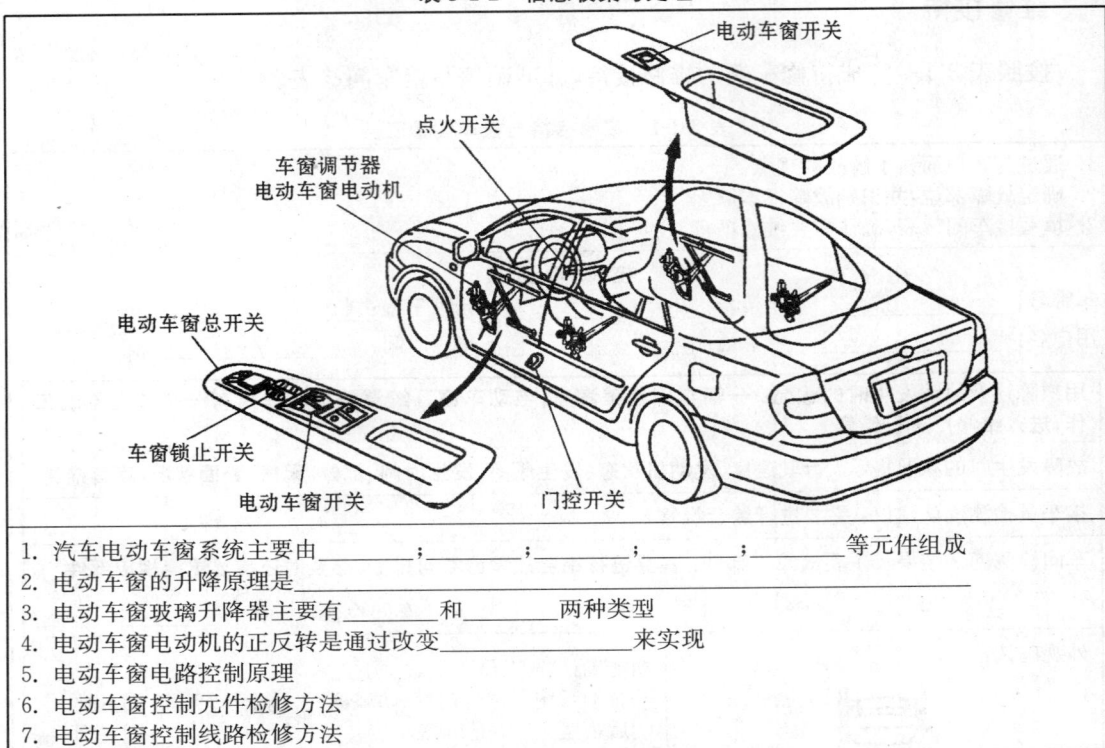

1. 汽车电动车窗系统主要由_____；_____；_____；_____；_____等元件组成
2. 电动车窗的升降原理是_____
3. 电动车窗玻璃升降器主要有_____和_____两种类型
4. 电动车窗电动机的正反转是通过改变_____来实现
5. 电动车窗电路控制原理
6. 电动车窗控制元件检修方法
7. 电动车窗控制线路检修方法

## 1．电动车窗系统的结构

汽车电动车窗系统是指在驾驶室用开关就能自动升降车门玻璃，使驾车者在行车过程中，也能安全方便地开关车窗。汽车电动车窗系统通常由机械部件和控制电路两部分组成。机械部件负责玻璃升降，电路控制部份是改变电动车窗电动机的工作电流方向从而改变电动机旋转方向。在每个车门内设置一个可变换运转方向的直流串激电动机，通过转换开关，使电动机运转，经安装在电动机主轴上蜗轮减速后，通过转筒和钢丝使玻璃平行地上下滑动。

### 1）机械部件

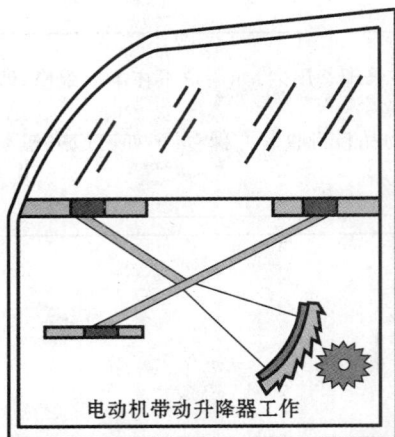

图 3-1-1　交臂式门窗玻璃升降器

汽车电动门窗系统机械部件主要是玻璃升降器，电动门窗玻璃升降器有油压式和机械式两大类。机械式升降器的结构形式有交臂式、绳轮式和齿轮齿条式。

（1）交臂式车窗玻璃升降器如图 3-1-1 所示。常见的交臂式（或称 XU 交臂式）车窗玻璃升降器，主要由扇形齿板、玻璃导轨及调节器等组成。它的工作原理是：扇形齿板利用驱动电动机的棘轮进行转动，带动 X 臂运动，从而使车窗玻璃做上下移动。

（2）绳轮式车窗玻璃升降器如图 3-1-2 所示。绳轮式车窗玻璃升降器由滑轮、钢丝绳、张力器、张力滑轮等组成。它通过驱动电动机拉钢丝绳来控制门窗玻璃的升降,电动机的输出部分是一个塑料绳轮,绳轮上绕上钢丝绳,钢丝绳上装有滑块,电动机驱动绳轮,带动钢丝绳卷绕,钢丝绳上的滑块带动玻璃,使之沿导轨做上下运动。

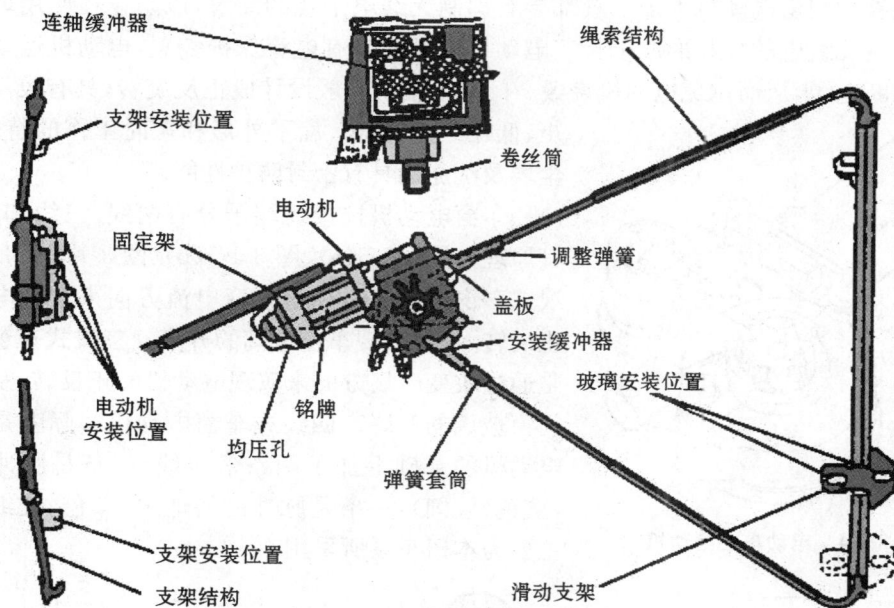

图 3-1-2　绳轮式车窗玻璃升降器

（3）齿轮齿条式玻璃升降器如图 3-1-3 所示。齿轮齿条式玻璃升降器由齿轮、齿条、凸片等元器件组成。齿轮齿条式玻璃升降器的工作原理是利电动机的驱动齿轮来带动齿条运动,从而实现玻璃的升降。

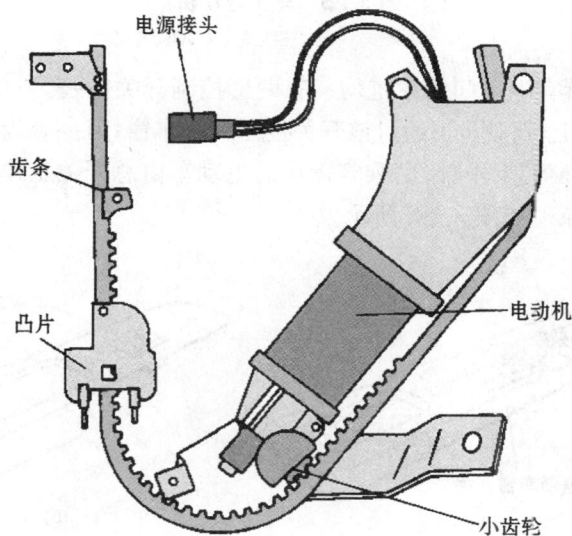

图 3-1-3　齿轮齿条式玻璃升降器

**笔 记**

2）电路控制元件

（1）车窗电动机。车窗电动机是一种永磁直流电动机，如图 3-1-4 所示，电动机内部装有减速装置。门窗电动机内部一般都装有抑制无线电干扰的装置，以防止在使用玻璃升降器时对车内无线电的接收形成干扰。电动机内部还装有电流保护装置，电动机运动受阻时能自动切断电源，从而避免电动机烧毁。门窗电动机一般设计成正反旋转，具有较高输出转矩、低噪声、小体积、扁平外形和短时工作的特性，并对尘埃及洗涤剂具有密封防护性能。

车窗电动机按接线端子分有两线、三线和四线式，其原理如图 3-1-5（a）、图 3-1-5（b）、图 3-1-5（c）所示。两线式车窗电动机是通过改变电流方向来实现电动机的正反转，从而实现车窗玻璃的升降。三线式车窗电动机是通过改变磁场方向来实现电动机的正反转，从而实现门窗玻璃的升降。四线式车窗电动机实际上是在两线电动机的基础上加了两条信号线，一条是脉冲正极线（蓝色、较细），一条是脉冲的搭地线（黑色、较细），目前主要为本田车系所采用。

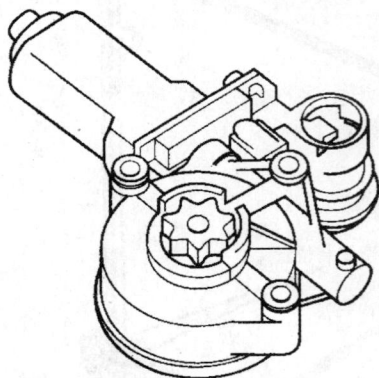

图 3-1-4　电动车窗电动机

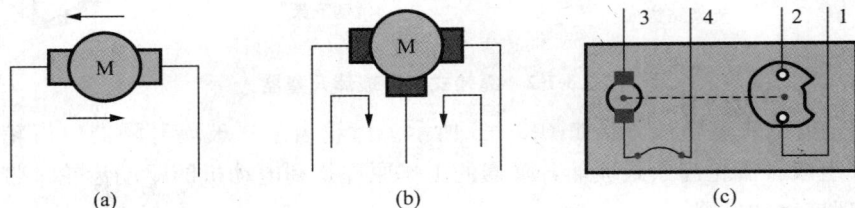

图 3-1-5　车窗电动机
（a）两线式　（b）三线式　（c）四线式

（2）控制开关。所有电动门窗系统均装有两套控制开关：一套为总开关如图 3-1-6（a）所示，装在驾驶员侧车门上，驾驶员可通过该开关控制每个车窗；另一套为分开关，如图 3-1-6（b）所示，分别装在每个车窗的下中部，由乘客操控。电动车窗总开关工作原理如图 3-1-7 所示，电动车窗分开关工作原理如图 3-1-8 所示。

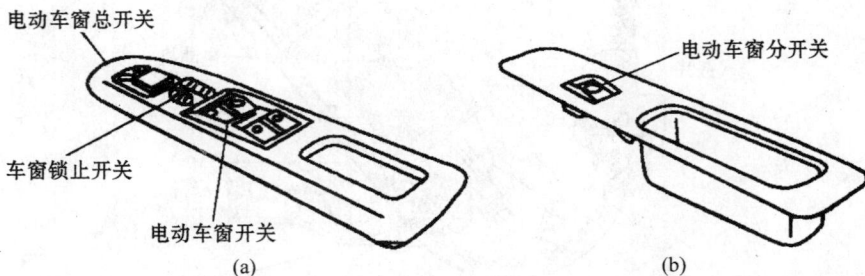

图 3-1-6　电动车窗
（a）总开关　（b）分开关

笔记

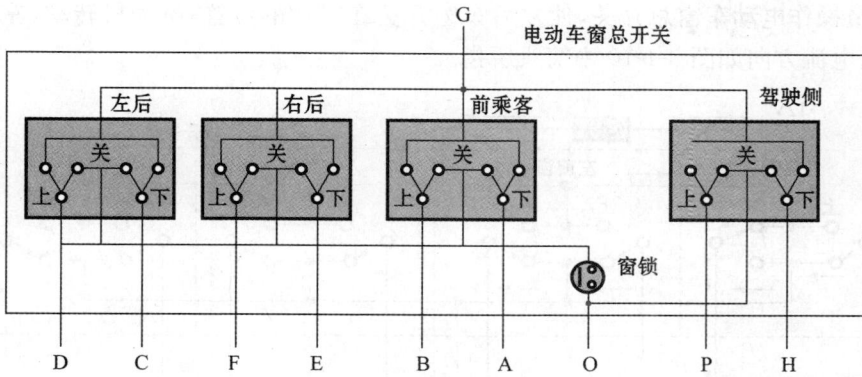

图 3-1-7    电动车窗总开关工作原理图

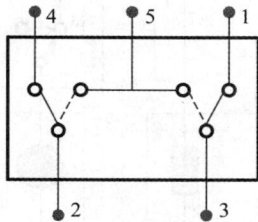

图 3-1-8    电动车窗分开关工作原理图

2. 电动车窗系统控制电路

1）普通型电动车窗系统控制电路

如图 3-1-9 所示为丰田佳美电动车窗系统控制电路。

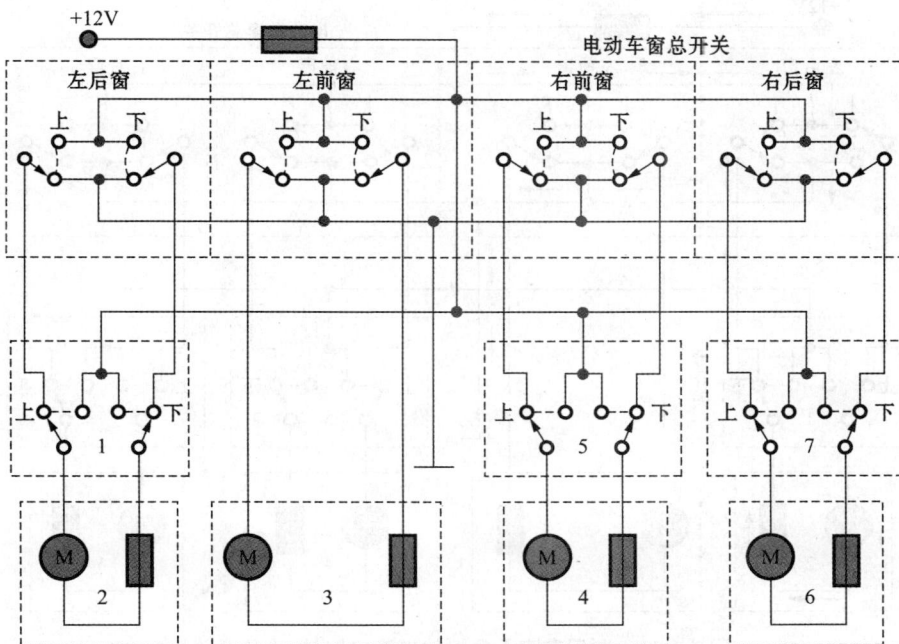

图 3-1-9    丰田佳美电动车窗系统控制电路

**笔记**

驾驶员操作电动车窗总开关,使左后车窗开关在"下"的位置,电动机转动,左后车窗向下运动,其电流方向如图 3-1-10 中箭头所指。

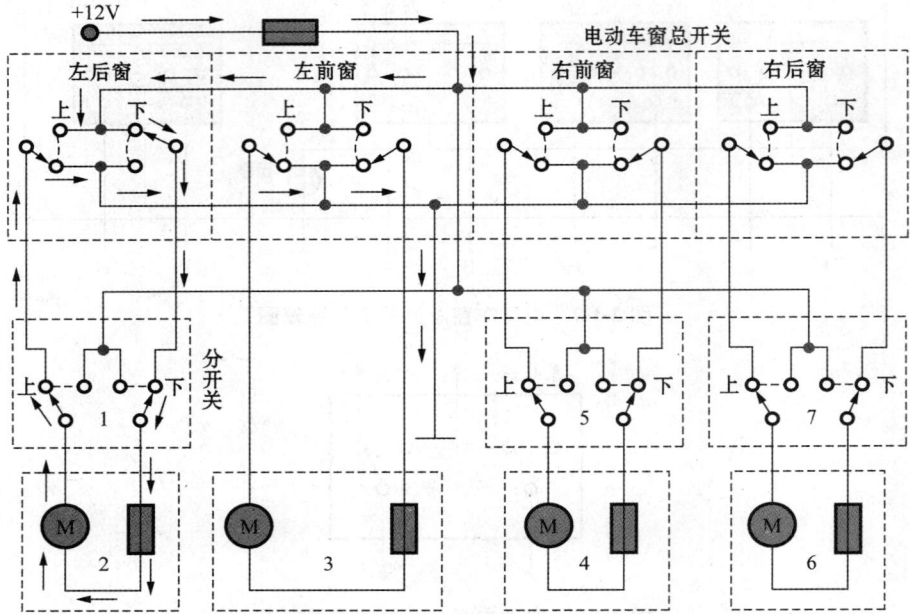

**图 3-1-10　左后车窗下降时的电流方向(操作总开关)**

驾驶员操作总开关,使左后车窗开关在"上"的位置,电动机转动。左后车窗上升时的电流方向如图 3-1-11 中箭头所指。

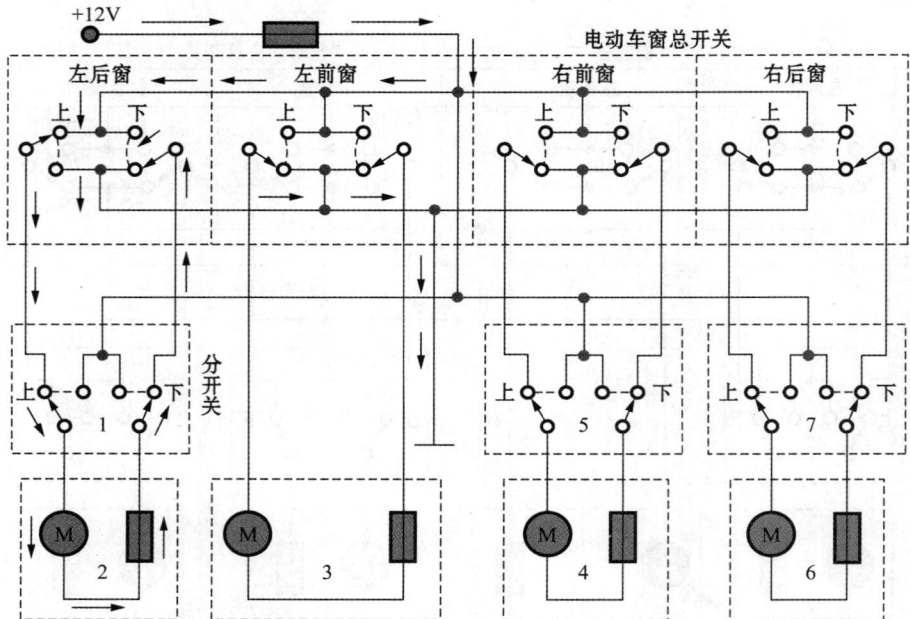

**图 3-1-11　左后车窗上升时的电流方向(操作总开关)**

<<<< -----------------------------------------

乘客操作左后车窗开关，使其在"下"的位置，电动机转动，车窗下降时的电流方向如图3-1-12 中箭头所指。

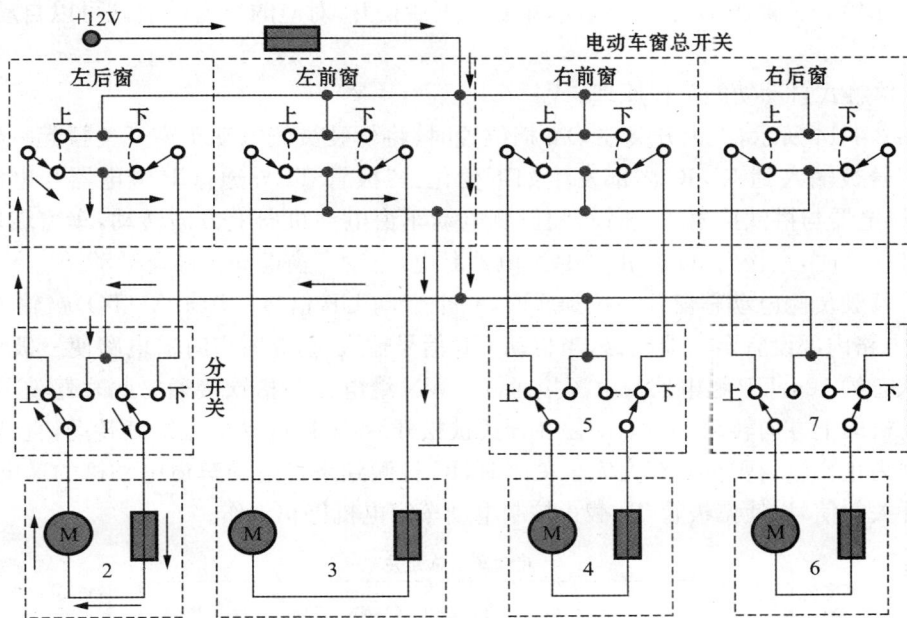

**图 3-1-12    左后车窗下降时的电流方向（操作分开关）**

乘客操作左后车窗开关，使其在"上"的位置，电动机转动，车窗上升时的电流方向如图3-1-13 中箭头所指。

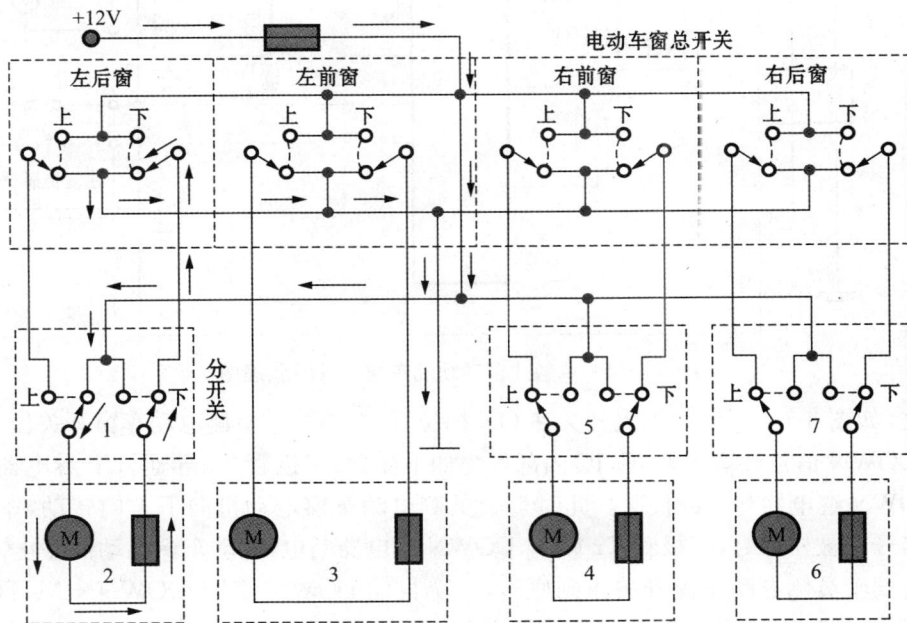

**图 3-1-13    左后车窗上升时的电流方向（操作分开关）**

2）带自动功能的电动车窗控制电路

随着电子技术在汽车上的广泛应用，现代汽车电动车窗系统都具有单触式自动功能。即当电动车窗开关被压下或拉起到底，单触一下后松开，对应的车窗玻璃就可以自动上升或下降。

（1）单触式自动功能工作原理。

如图 3-1-14 所示，点火开关在 ON 档位置时，将驾驶员侧电动车窗开关拉起一半，手动的 UP 信号被输入到 IC，IC 内部发生如下变化：三极管 Tr 导通，UP 继电器与电源接通，DOWN 继电器与搭铁接通。此时驾驶员侧电动车窗电动机向上方向转动，车窗玻璃上升。当开关被松开时，三极管 Tr 截止，UP 继电器断电，电动车窗电动机停止转动。

当将驾驶员侧电动车窗开关拉到底时，一个自动 UP 信号（UP＋AUTO）被输入到 IC。因为 IC 电路内部设有定时器电路，当自动 UP 信号输入时，此时定时器电路使三极管 Tr 保持导通状态约 10s，UP 继电器与电源接通，DOWN 继电器与搭铁接通。此时驾驶员侧电动车窗电动机向上方向转动。所以即使在开关被松开后，车窗电动机也继续转动，直到玻璃上升到顶部为止。当驾驶员侧车窗完全关闭时，IC 检测到来自电动车窗电动机的速度传感器和限位开关的信号，使三极管 Tr 截止控制电动车窗电机停止工作。

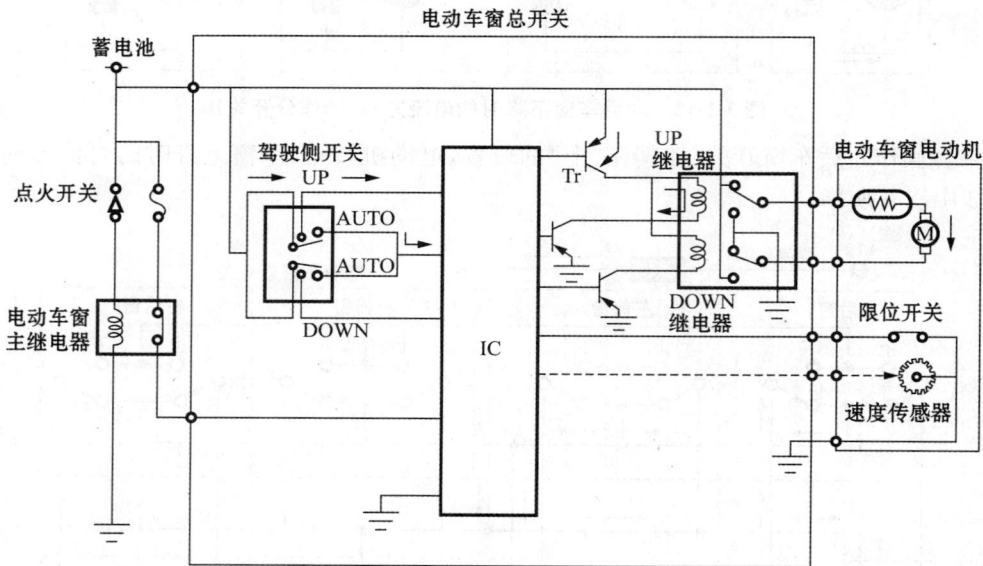

**图 3-1-14　单触式自动功能车窗上升时原理图**

反之，如图 3-1-15 所示，点火开关在 ON 档位置时，将驾驶员侧电动车窗开关压下一半，手动的 DOWN 信号被输入到 IC，IC 内部发生如下变化：三极管 Tr 导通，UP 继电器与搭铁接通，DOWN 继电器与电源接通。此时驾驶员侧电动车窗电动机向下方向转动，车窗玻璃下降。当开关被松开时，三极管 Tr 截止，DOWN 继电器断电，电动车窗电动机停止转动。

当将驾驶员侧电动车窗开关压到底时，一个自动 DOWN 信号（DOWN＋AUTO）被输入到 IC。也因为 IC 电路内部设有定时器电路，当自动 DOWN 信号输入时，此时定时器电路将使三极管 Tr 保持导通状态约 10s，UP 继电器与搭铁接通，DOWN 继电器与电源接通。

此时驾驶员侧电动车窗电动机向下方向转动。所以即使在开关被松开后,车窗电动机也继续转动,直到玻璃下降到底部为止。当驾驶员侧车窗完全下降到底部时,IC检测到来自电动车窗电动机的速度传感器和限位开关的信号,使三极管 Tr 截止控制电动车窗电机停止工作。

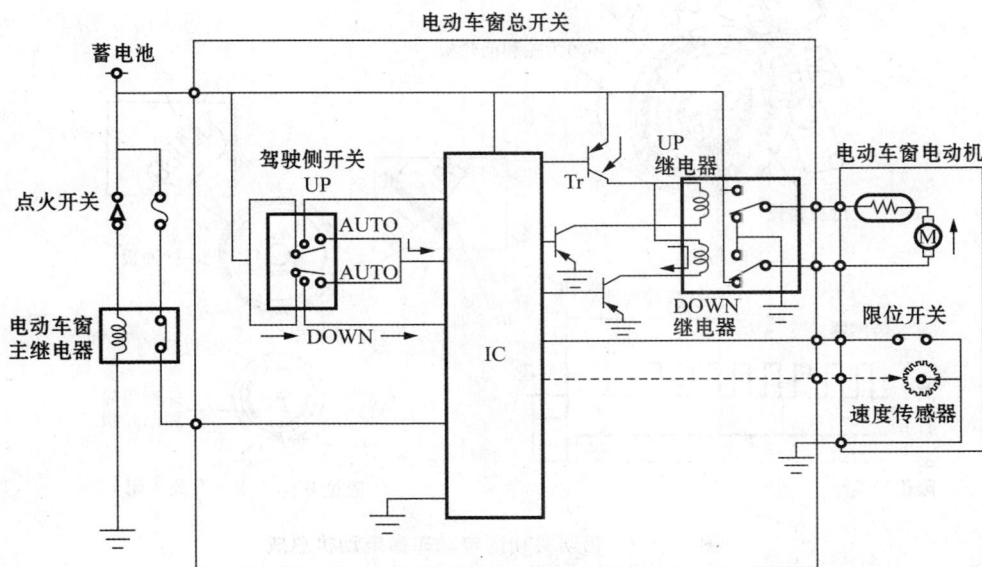

**图 3-1-15　单触式自动功能车窗下降时原理图**

(2) 电动车窗防夹功能。

电动车窗防夹功能如图 3-1-16 所示,是指具有单触式自动功能的电动车窗,如果在车窗玻璃上升过程中有异物卡在窗内,可使电动车窗停止自动功能,此时并将车窗玻璃向下移动约 50 mm,以防止人被夹伤或造成车窗玻璃损坏。

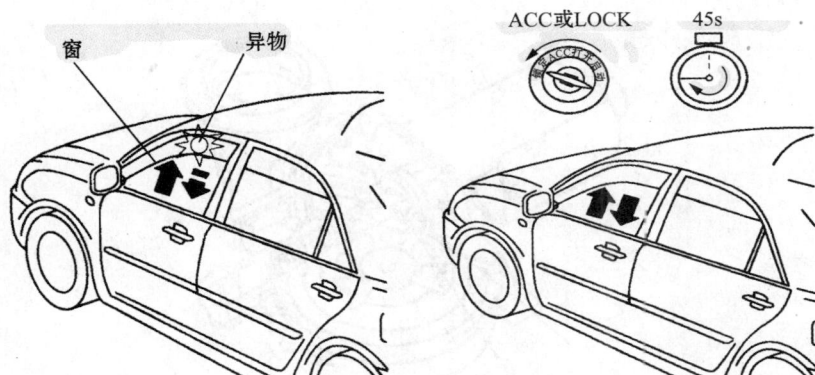

**图 3-1-16　电动车窗防夹功能示意图**

防夹功能的工作原理,主要是通过两个部件检测车窗是否被卡住,分别是电动车窗电动机总成中的限位开关和速度传感器,如图 3-1-17 所示。限位开关是根据齿圈的空段来判断是卡住情况下的脉冲信号波长改变,还是车窗已经完全关闭情况下的脉冲信号波长改变。

笔记

笔记

速度传感器是根据电动机转速发出一个脉冲信号,从脉冲波长的变化可以检测出车窗是否卡住。

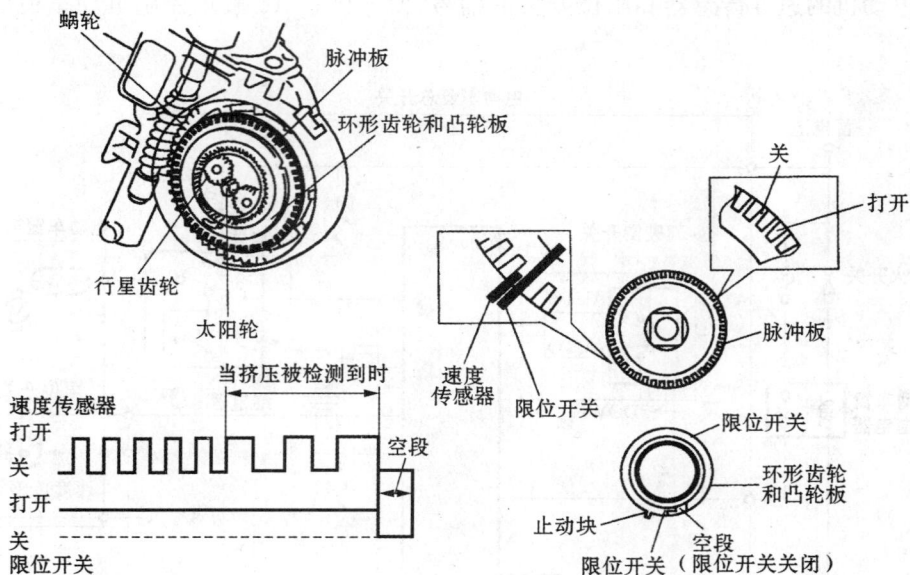

**图 3-1-17    带防夹功能电动车窗电动机总成**

如图 3-1-14 所示,当电动车窗开关从电动车窗电动机收到卡住信号时,关掉 UP 继电器,打开 DOWN 继电器大约 1 s,以退回车窗玻璃大约 50 mm,以防止车窗玻璃进一步关闭。

如图 3-1-18 是不带限位开关防夹功能的电动机总成,它由车窗电动机和 2 个霍尔 IC 传感器组成。当电动车窗电动机工作时,电动机内的两个霍尔传感器产生两个脉冲信号,当车窗开关 IC 识别到图 3-1-19(a)信号时,车窗玻璃为下降;当车窗开关 IC 识别到图 3-1-19(b)信号时,车窗玻璃为上升。

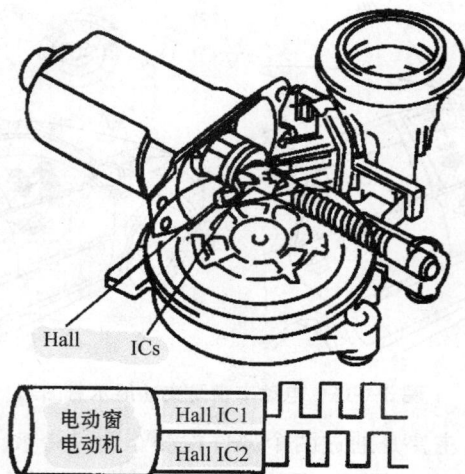

**图 3-1-18    不带限位开关电动车窗电动机总成**

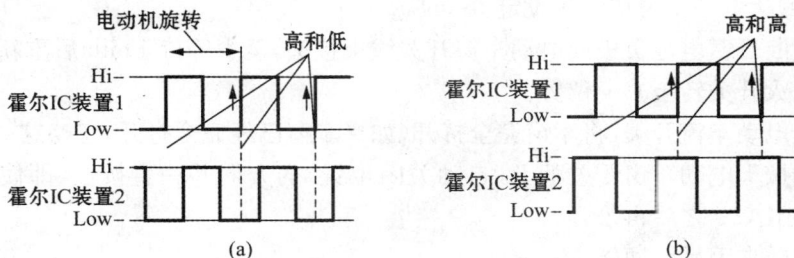

**图 3-1-19 电动车窗电动机升降识别**

(a) 电动门窗下降识别 (b) 电动门窗上升识别

如图 3-1-20 所示,当点火开关处于 ON 档,且电动车窗开关被拉到 UP 档或 AUTO 档时,一个车窗玻璃上升的信号被输入到 IC。因为 IC 有定时器电路且当车窗玻璃上升信号被输入时,此定时器电路将保持 ON 的情况最多 10 s,如果驾驶员车窗完全关闭,并且霍尔 IC 传感器输入转速信号到电动车窗 IC 时,定时电路关闭,电动车窗电动机停止转动。当车窗玻璃向上移动,霍尔 IC 传感器监测它的工作情况;如果车窗玻璃电脑接收到的信号,还没有识别到车窗玻璃上升到顶位时,而此时遇到有异物卡在窗内,此功能自动停止,同时电动车窗将向下移动大约 50 mm。

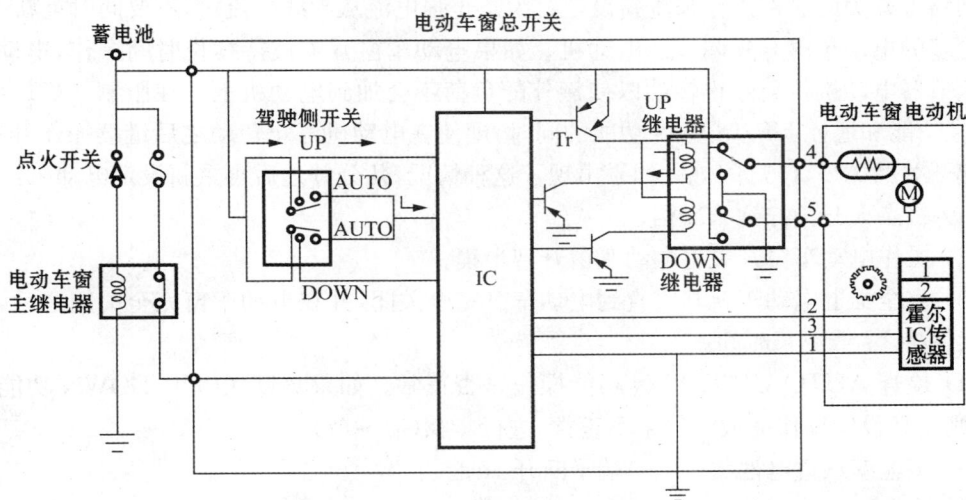

**图 3-1-20 不带限位开关防夹功能原理图**

### 3. 电动车窗防夹功能的初始化设定

具有防夹功能的电动窗系统,当发生以下情况时,需要对系统进行初始化设定:

(1) 切断供电。

(2) 自动向上操作不能执行。

(3) 分开关线束插头。

(4) 升降器总成的拆除和安装。

(5) 作为独立设备进行升降器总成的操作。

(6) 车门玻璃的拆除和安装。

1) 日产颐达电动车窗初始化设定

(1) 暂时断开蓄电池负极或电动车窗开关线束接头,至少等待 1 min 后重新接上。

(2) 将点火开关转至 ON 位置。

(3) 操作电动车窗开关,将车窗完全打开(如果车窗已经完全打开,忽略这一步)。

(4) 完全按下电动车窗开关朝上(自动关闭位置)的方向并一直按住,即使车窗完全关闭也要一直按住,3 s 之后再松开。

(5) 检查防夹手系统功能。

注意:不断的开关操作可能会取消初始化。在这种情况下,请重新初始化系统。

2) 丰田新皇冠电动车窗初始化设定

当出现下列情况之一时,有必要重新设定电动车窗电动机操作(初始化脉冲传感器)。

(1) 电缆从蓄电池负极(一)端子断开。

(2) 更换或拆下/安装多路传输网络主开关、多路传输网络开关、多路传输网络车门 ECU、线束、电动车窗升降调节器或电动车窗电动机。

(3) 更换与电动车窗控制系统相关的熔丝或继电器,除非重新设定电动机,否则多路传输网络主开关的 AUTO 操作功能,即防夹伤功能和遥控器操作功能将不起作用。

用各自的多路传输网络开关重新设定电动车窗升降调节器电动机,电动机不能用多路传输网络主开关的遥控操作来重新设定。为防止强电流从导线中流过,不要同时重新设定 2 个或更多的电动车窗升降调节器电动机。如果电动车窗开关被持续长时间操作,电动车窗升降调节器电动机将会停止转动以使额外的负荷不会加到电动机上。在限制 AUTO UP/ DOWN 功能和遥控 UP/DOWN 功能的同时,即使在电动机停止转动之后继续操作开关,也会引起开关的 AUTO 灯闪烁。如果出现了这种情况,几分钟过后再重新设定电动机:

(1) 将点火开关拧到 ON 档。

(2) 操作电动车窗开关将电动车窗升到半程。

(3) 完全推上电动车窗开关直到电动车窗完全关闭,并在电动车窗完全关闭之后,将开关继续保持 1 s 或更长时间。

(4) 检查 AUTO UP/DOWN 功能操作是否正常。如果 AUTO UP/DOWN 功能运行正常,则重新设定操作完成。如果不正常,进行步骤(5)~(7)。

(5) 将电缆从蓄电池负极(一)端子断开 10 s。

(6) 将电缆连接到蓄电池负极(一)端子上。

(7) 再进行步骤(1)~(4)。如果 AUTO UP/DOWN 功能运行正常,则重新设定操作完成。如果不正常,进行步骤(8)~(11)。

(8) 将点火开关拧到 ON 档。

(9) 用电动车窗开关将电动车窗升到半程。

(10) 完全推上开关直到电动窗完全关闭,并在电动窗完全关闭之后将开关继续保持 12 s。

(11) 检查 AUTO UP/DOWN 功能是否正常。

3) 本田电动车窗初始化设定

(1) 将点火开关拧到 ON 档。

(2) 用驾驶员侧电动车窗开关将驾驶侧车窗直接降下,按住驾驶侧车窗开关的 DOWN

档2s。

（3）用驾驶员侧电动车窗开关将驾驶侧车窗一直不停地升起，当车窗玻璃升到最高位置时，按住驾驶员侧开关的UP档2s。

如果车窗在AUTO模式下仍然不能工作，则执行多路集成控制系统测试模式。

4）大众波罗电动车窗初始化设定

（1）完全关闭所有车窗和车门。

（2）从车外通过驾驶员侧或前乘客侧车门锁住车辆。

（3）车辆接触联锁。

（4）重新从车外通过驾驶员侧或前乘客侧车门锁住车辆，同时将车钥匙保持在上锁位置至少1s。

（5）驾驶员侧和前乘客侧车窗的自动升高和降低功能重新被激活。

（6）如果电动车窗升降器有一个故障，驾驶员侧和前乘客侧车门以及后车门的开关灯会闪烁。

（7）点火开关打开后，车门饰板内的所有灯会闪烁15s。

5）上海通用林荫大道电动车窗初始设定

按住电动车窗开关保持直到车窗玻璃完全降下，继续按住电动车窗开关约3s，然后按住电动车窗开关并保持直到车窗玻璃完全升起，继续按住电动车窗开关约3s，这时电动车窗玻璃升降器电动机已完成快速功能编程。再对所有电动车窗重复上述过程。

4. 电动车窗系统故障检测

1）某个车窗玻璃升降器只能向一个方向运动

诊断方法：先操作相应的电动车窗总开关（或分开关），若车窗玻璃升降器不是两个方向都能运动，则说明电动车窗分开关（或总开关）接触不良；若调整后车窗玻璃升降器仍只能向一个方向运动，则可能是电动车窗分开关至总开关之间的控制导线断路或车窗玻璃升降器有故障。

2）某个门窗玻璃升降器不能动作

诊断方法：先操作相应的电动车窗总开关（或分开关），若车窗玻璃升降器运动不正常，则说明电动车窗分开关（或相应的总开关）损坏；若调整后车窗玻璃升降器仍不动作，可能是分开关上的电源线断脱、电动机的连线断脱、电动机有故障、升降器有故障等。

3）所有门窗玻璃升降器均不能运动

诊断方法：应先检查电源线和搭铁线，然后检查电动车窗继电器等。故障的原因可能是：电动车窗总开关搭铁线断脱，总电源线断脱，电动车窗继电器的触点接触不良、损坏或线圈断路，锁定开关（若装有）接触不良或未关闭等。

4）玻璃升降器工作时有异常声响

故障原因：安装时没有调整好，卷丝筒内钢丝绳跳槽，滑动支架内的传动钢丝夹转动，电动机盖板或固定架与玻璃碰擦。

排除方法：重新调整升降器的安装螺钉，重新调整卷丝筒内的钢丝绳位置，检查安装支架弧度是否正确。

5）电动机正常，升降器不工作

故障原因：钢丝绳断，滑动支架断或支架内的传动钢丝夹转动。

笔记

排除方法：更换钢丝绳，重新铆接钢丝夹。

6）玻璃升降器工作时发卡、阻力大

故障原因：导轨凹部有异物，导轨损坏或变形，电动机损坏，钢丝绳腐蚀、磨损。

排除方法：排除异物，修理或更换损坏的零部件。

7）电动车窗开关的检测

根据电路的工作原理，用万用表检查开关在不同工作状况时，各接线脚之间的导通性，从而判断是否有故障，然后作相应的修理。

8）电动车窗继电器的检测

首先用万用表 R×1 档检测继电器线圈。若线圈断路，一般应更换继电器，然后检查触点是否良好，若触点烧蚀可用砂纸打磨，烧蚀严重应更换继电器。

## 三、制订检修计划

(1) 检查故障并听取客户的要求。

(2) 查阅相关使用技巧与安全事项。

(3) 了解电动车窗系统结构、原理等。

(4) 日常维修作业规范。

(5) 根据故障现象查阅维修资料或维修站信息系统，做出解决方案。

(6) 电动车窗系统电源保险丝检查。

(7) 电动车窗总开关检查。

(8) 电动车窗分开关检查。

## 四、实施维修作业

电动车窗系统检修如表 3-1-3 所示。

表 3-1-3　电动车窗系统检修作业任务书

| 1. 根据教师提供的实习设备，结合教学实际情况和教材，收集相关信息 2. 熟悉电动车窗系统结构和电路控制原理 3. 会检测电动车窗系统相关控制元件和线路 | | | | | |
|---|---|---|---|---|---|
| 1. 车辆信息描述 | 车辆描述 | | | | |
| | 车辆电动车窗系统类型描述 | | | | |
| 2. 检查电动车窗系统电源保险丝 | 保险丝位置 保险丝额定电流 是否正常 | | | | |
| 3. 电动车窗分开关检测（参照图 3-1-8）将检测结果填入右表中 | 端子 / 开关位置 | 1 | 2 | 3 | 4 | 5 |
| | UP | | | | |
| | OFF | | | | |
| | DOWN | | | | |
| | 检测结果分析： | | | | |

续 表

| 车窗工作状态 | | 前 | | | | 后 | | | |
|---|---|---|---|---|---|---|---|---|---|
| | | 驾驶员侧 | | 乘客侧 | | 右侧 | | 左侧 | |
| 开关位置 | 端子 | G | H P | O A | B | E | F | C | D |
| 车窗未锁 | 上 | | | | | | | | |
| | OFF | | | | | | | | |
| | 下 | | | | | | | | |
| 车窗锁紧 | 上 | | | | | | | | |
| | OFF | | | | | | | | |
| | 下 | | | | | | | | |

**4. 电动车窗总开关检测**(参照图 3-1-7)将检测结果填入右表中

检测结果分析：

**5. 电动车窗电动机检测**

电动机电阻测量（Ω）　　通电试验（是否正常转动）

**6. 电动车窗继电器检测**

线圈电阻测量（Ω）　　线圈通电后触点电阻测量（Ω）

**7. 电动车窗系统保养**

电动门窗系统的机械装置并不复杂，供油是保养的主体。但是由于机械装置位于车门内部，需要把内饰板取下。固定内饰板的螺丝隐蔽在车门把手的凹部内侧。使用齿轮、钢索的升降装置以臂支点和滑块部分为加油的中心。内盖下面盖有防水用的塑料，将其恢复原状非常重要

## 五、检验评估

项目三任务 3.1 的检验评估如表 3-1-4 所示。

表 3-1-4　评估检验

| 评价指标 | 检验说明 | 检验记录 |
|---|---|---|
| 检查项目 | ➢ 电动车窗总开关<br>➢ 电动车窗分开关<br>➢ 电动车窗电动机<br>➢ 电动车窗系统线路 | |

**笔记**

电动车窗系统工作情况

| 评价内容 | 检验指标 | 权重 | 自评 | 互评 | 总评 |
|---|---|---|---|---|---|
| 检查任务<br>完成情况 | 1. 完成任务的情况 | | | | |
| | 2. 任务完成的质量 | | | | |
| | 3. 在小组完成任务过程中所起的作用 | | | | |
| 专业知识 | 1. 能描述电动车窗系统的组成 | | | | |
| | 2. 能描述电动车窗系统的工作原理 | | | | |
| | 3. 能描述电动车窗系统控制元件的检修方法 | | | | |
| | 4. 会根据检修作业任务书检测故障 | | | | |
| 职业素养 | 1. 学习态度：积极主动参与学习 | | | | |
| | 2. 团队合作：与小组成员一起分工合作，不影响学习进度 | | | | |
| | 3. 现场管理：服从工位安排、执行实训室"5S"管理规定 | | | | |
| 综合评议<br>与建议 | | | | | |

笔记

## 任务 3.2　汽车电动后视镜系统检修

| 任务描述 | 有一辆丰田皇冠3.0汽车,电动后视镜有一个方向不能调整,进入维修厂进行维修。请根据任务3.2的相关资料对该车故障进行检修,直到排除故障 |
|---|---|
| 任务目标 | 1. 熟悉汽车电动后视镜系统的结构原理<br>2. 会检修电动后视镜控制系统的线路<br>3. 能排除电动后视镜系统的常见故障 |

## 一、维修接待

按照表 3-2-1 完成任务 3.2 待修车辆的维修接待,并准确填写接车问诊表。

**表 3-2-1　维修接待与接车问诊表**

1. 通过与客户面谈了解故障现象
2. 确定故障部位,并识别故障的根本原因
3. 填写接车问诊表,确认需要的维修项目

接 车 问 诊 表

车牌号:＿＿＿＿＿　车架号:＿＿＿＿＿　行驶里程:＿＿＿＿＿(km)
用户名:＿＿＿＿＿　电　话:＿＿＿＿＿　来店时间:＿＿＿/＿＿＿

用户陈述及故障发生时的状况:**电动后视镜有一个方向不能调整**

故障发生时的状况提示:**行驶速度、发动机状态、发生频率、发生时间、部位、天气、路面状况、声音描述**

接车员检测确认建议:**需要进行综合维修**

车间检测确认结果及主要故障零部件:**需要进行综合故障诊断与排除,必要时还需要更换相应部件**

车间检查确认者:＿＿＿＿＿

外观确认:

（请在有缺陷部位作标识）

功能确认:(工作正常√　不正常×)
□音响系统　□门锁(防盗器)　□全车灯光　□工具
□后视镜　□顶窗　□座椅　□点烟器
□玻璃升降器　□玻璃

物品确认:(有√　无×)
□贵重物品提示
□工具　□备胎　□灭火器
□其他(　　　　)
旧件是否交还用户　□是　□否
用户是否需要洗车　□是　□否

F

E

· 检测费说明:本次检测的故障如用户在本店维修,检测费包含在修理费用内;如用户不在本店维修,请您支付检测费。本次检测费:￥＿＿＿元。

续 表

·贵重物品：在将车辆交给我店检查修理前,已提示将车内贵重物品自行收起并保存好,如有遗失恕不负责。

接车员：_____      用户确认：_____

## 二、信息收集与处理

按照表 3-2-2 完成任务 3.2 的信息收集与处理。

表 3-2-2　信息收集与处理

1. 汽车电动后视镜系统主要由_____;_____;_____;_____等元件组成
2. 电动后视镜的工作原理是_____
3. 汽车后视镜通常分为_____和_____两种形式
4. 电动后视镜的正反转是通过改变_____来实现的
5. 电动后视镜电路控制原理
6. 电动后视镜控制元件检修方法
7. 电动后视镜控制线路检修方法

### 1. 电动后视镜构造与原理

汽车后视镜俗称倒车镜,通常分为车外和车内两种。对于外后视镜,一般汽车左右两侧都有,其功用主要是让驾驶员观察汽车左右两侧的行人、车辆以及其他障碍物的情况,确保行车或倒车安全。内后视镜主要供驾驶员观察和注视车内乘员、物品以及车后路面的情况。内后视镜还具有在夜间防止后随车辆的前照灯光线所引起眩目功能。

电动后视镜是由永磁电动机来调整后视镜镜面的位置,而驾驶员座在驾驶位置上只需操纵一下永磁电动机的控制开关,就可获得理想的后视镜的位置。对于非电动后视镜,驾驶员调整其位置,一般来讲比较困难,特别是车右侧的后视镜,驾驶员调整就更加困难,因此现代汽车基本都采用电动后视镜。

电动后视镜电控系统是在每个后视镜的背后都装有两个可逆的永磁电动机和驱动器,可操纵其左右及上下运动。其中一个电动机控制镜面垂直方向的倾斜运动;另一个电机控制镜面水平方向的倾斜运动。

### 2. 皇冠 3.0 电动后视镜系统

皇冠 3.0 电动后视镜电控系统主要由电动镜开关、控制继电器、电动镜、点火开关等元件组成。皇冠 3.0 电动后视镜电控系统各元件在车上的布置如图 3-2-1 所示。

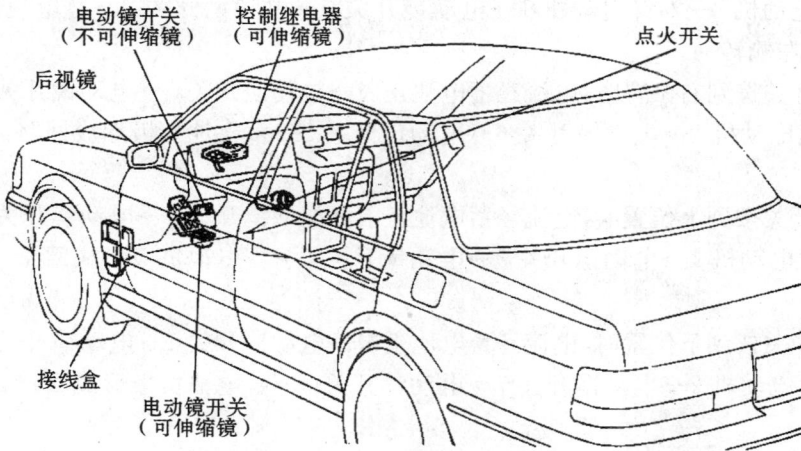

**图 3-2-1 皇冠 3.0 电动后视镜电控系统元件图**

1）皇冠 3.0 电动后视镜控制电路图

图 3-2-2 所示为皇冠 3.0 电动后视镜控制电路图。当需要调整左侧后视镜时，将左/右调整开关置于左侧，然后再按控制开关。

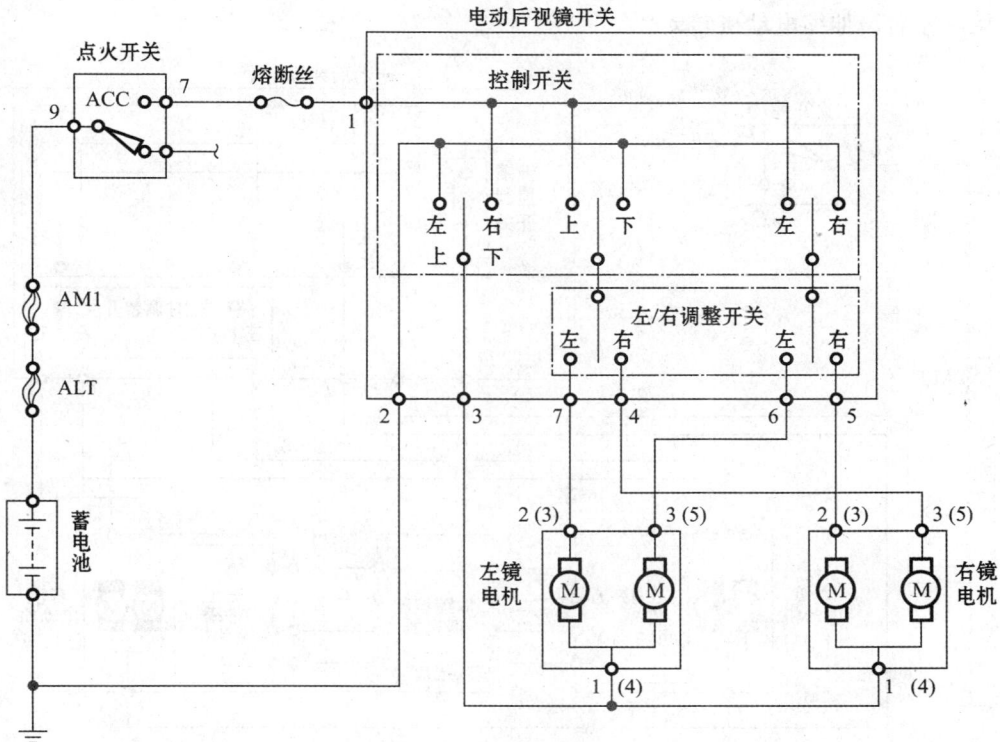

**图 3-2-2 皇冠 3.0 电动后视镜电路图（不可伸缩）**

若控制开关按到左位置时,电流经蓄电池正极→电动镜开关1→电动镜开关6→左镜(左后视镜)电动机3→左镜电动机1→电动镜开关3→电动镜开关2→蓄电池负极形成回路,后视镜向左侧转动。

若控制开关按到右位置时,电流经蓄电池正极→电动镜开关1→电动镜开关3→左镜电动机1→左镜电动机3→电动镜开关6→电动镜开关2→蓄电池负极形成回路,后视镜向右侧转动。

若控制开关按到上位置时,电流经蓄电池正极→电动镜开关1→电动镜开关→7左镜电动机2→左镜电动机1→电动镜开关3→电动镜开关2→蓄电池负极形成回路,后视镜向上侧转动。

若控制开关按到下位置时,电流经蓄电池正极→电动镜开关1→电动镜开关3→左镜电动机1→左镜电动机2→电动镜开关7→电动镜开关2→蓄电池负极形成回路,后视镜向下侧转动。

当需要调整右后视镜时,将左/右调整开关置于右侧,然后再按控制开关。工作过程与左镜工作过程相同。

图3-2-3所示为皇冠3.0电动后视镜控制电路图(可伸缩),该电路的控制是在不可伸缩控制的基础上增加了伸缩控制开关、伸缩控制继电器和伸缩电动机。当电动后视镜需伸出或缩回,驾驶员可通过操作伸缩控制开关控制,当伸缩控制继电器检测到伸缩开关接通时,就会控制左右镜伸缩电动机转动。

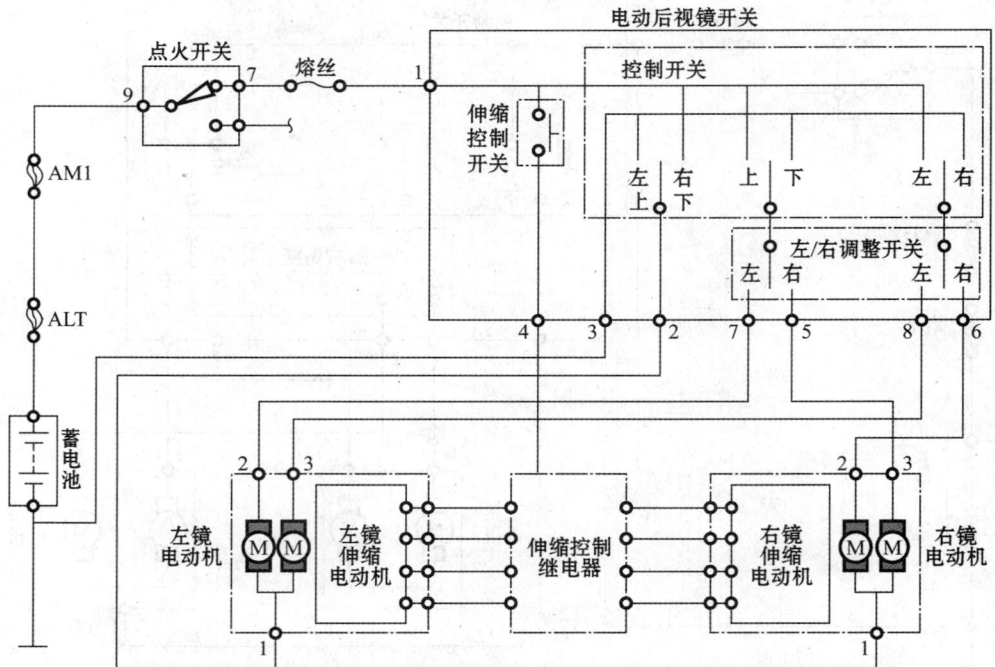

图3-2-3 皇冠3.0电动后视镜电路图(可伸缩)

2)皇冠3.0电动后视镜主要元件的检测

(1)后视镜开关的检测。检测时从后视镜开关上拔下开关侧的连接器,连接器端子排列如图 3-2-4 所示。用万用表检测其导通情况是否符合表 3-2-3 的规定,如不符合规定,需更换开关。

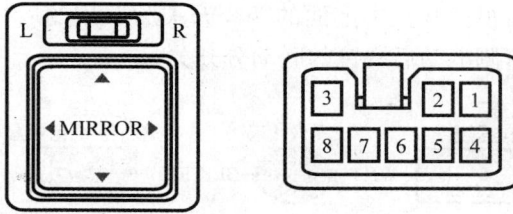

**图 3-2-4  电动后视镜开关和连接器图**

**表 3-2-3  后视镜开关工作导通表**

| 左/右调整开关位置 | | 左侧 | | | | | 关 | | | 右侧 | | | | |
|---|---|---|---|---|---|---|---|---|---|---|---|---|---|---|
| 控制开关位置 | 接头 | 1 | 2 | 3 | 7 | 8 | 1 | 2 | 3 | 1 | 2 | 3 | 5 | 6 |
| 关 | | | | | | | | | | | | | | |
| 上 | | ○ | ○ | ○ | ○ | | ○ | ○ | | ○ | ○ | ○ | ○ | |
| 下 | | ○ | ○ | ○ | ○ | | ○ | ○ | | ○ | ○ | ○ | ○ | |
| 左 | | ○ | ○ | ○ | | ○ | ○ | | ○ | ○ | ○ | ○ | | ○ |
| 右 | | ○ | ○ | ○ | | ○ | ○ | ○ | | ○ | ○ | ○ | | ○ |

(2)后视镜电动机的检测。

将蓄电池正极(+)接到后视镜电动机连接器端子 3,负极(-)接到端子 1,如图 3-2-5 所示,后视镜应转向左侧。

将蓄电池正极(+)接到后视镜电动机连接器端子 1,负极(-)接到端子 3,后视镜应转向右侧。

将蓄电池正极(+)接到后视镜电动机连接器端子 1,负极(-)接到端子 2,如图 3-2-6 所示,后视镜应向下转。

将蓄电池正极(+)接到后视镜电动机连接器端子 2,负极(-)接到端子 1,后视镜应向上转。

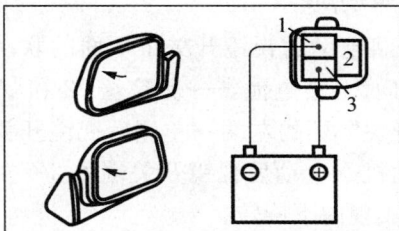

**图 3-2-5  后视镜电动机左右转动检测**

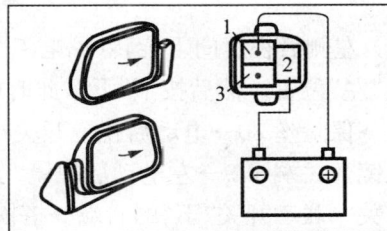

**图 3-2-6  后视镜电动机上下转动检测**

3. 本田雅阁电动后视镜系统电路

如图 3-2-7 所示为本田雅阁轿车电动后视镜的控制电路,下面以左侧后视镜为例简单分析其工作过程。此电动后视镜开关中上面的四个开关为共用的后视镜方向调节开关,下面两个开关为控制左侧或右侧电动后视镜的联动分开关。

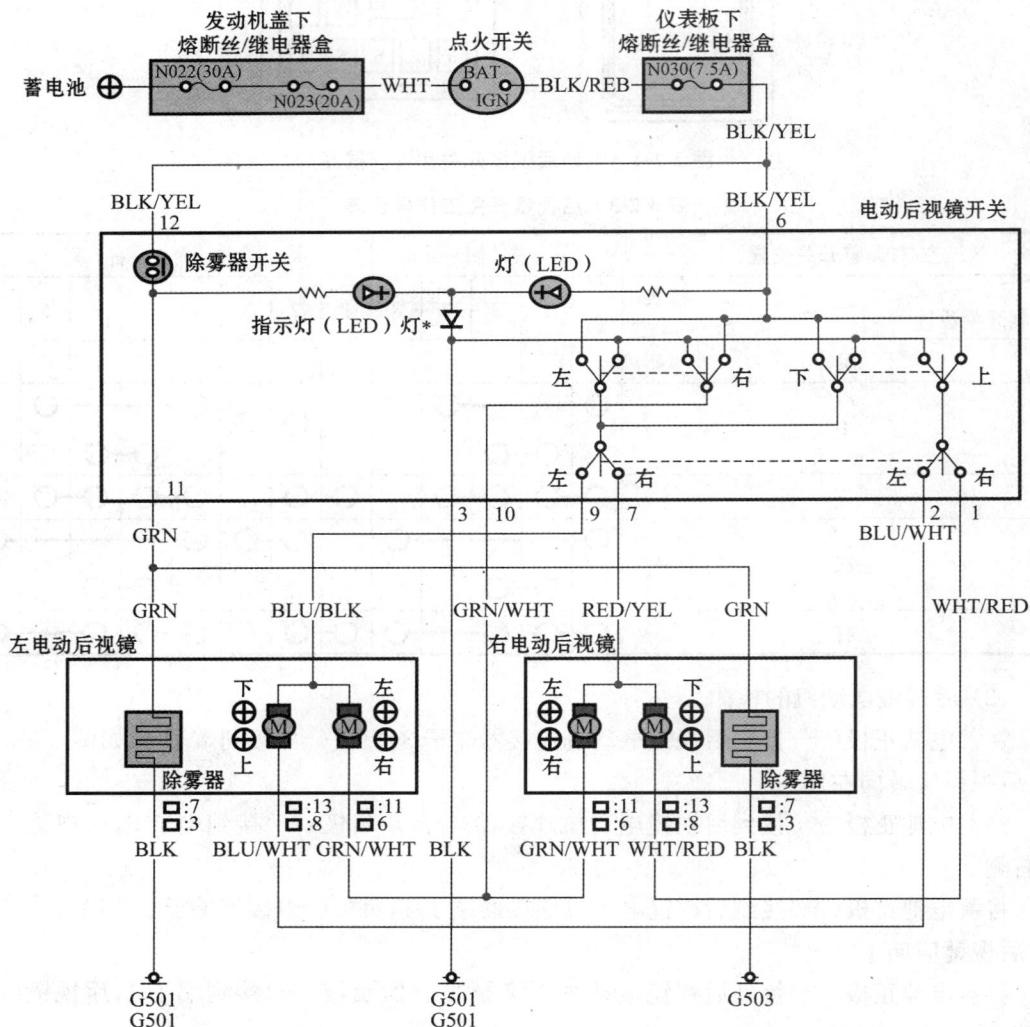

图 3-2-7　本田雅阁电动后视镜系统电路

(1) 左侧后视镜向下旋转(见电路图 3-2-7),首先将电动后视镜开关中下面的联动分开关按至"左"位置。然后按下"下",此时电路的电流方向为:蓄电池＋→保险丝 22 和 23→点火开关→保险丝 30→电动后视镜开关端子 6→联动开关"下"的左端→左侧后视镜开关→电动后视镜开关端子 9→左电动后视镜"上下"调节电动机→电动后视镜开关端子 2→左侧后视镜开关→联动开关"下"的右端→搭铁,左侧后视镜实现向下旋转。

(2) 左侧电动后视镜向上旋转此时,电动后视镜开关中下面的联动开关依然在"左"的位置,按下"上",电流的流向为:蓄电池＋→保险丝 22 和 23→点火开关→保险丝 30→电动后视镜开关端子 6→联动开关"上"的右端→左侧后视镜开关→电动后视镜开关端子 2→左电动后视镜"上下"调节电动机→电动后视镜开关端子 9→左侧后视镜开关→联动开关"上"的右端→搭铁,左侧后视镜实现向上旋转。

电动后视镜的左右运动的电路分析与此类似,此处不再赘述。

4. 电动后视镜解体与安装

1) 电动后视镜解体

(1) 将所有的端口从接头中拔出(注意:拔出端口之前,注意接头端口的排列)。

(2) 向上转动后视镜玻璃面。

(3) 给外壳加上保护胶带 A。

(4) 在后视镜架①与动力单元②之间的凹缝中插入一把平头螺丝刀 B,推起镜架上的簧舌③(2 个位置),如图 3-2-8 所示,脱开镜架的下部,然后拆卸后视镜总成(注意:在推簧舌时,请勿只用力推 1 个凹缝,而是要用力推 2 个凹缝)。

(5) 从后视镜壳总成②上拆下镜体①,如图 3-2-9 所示。

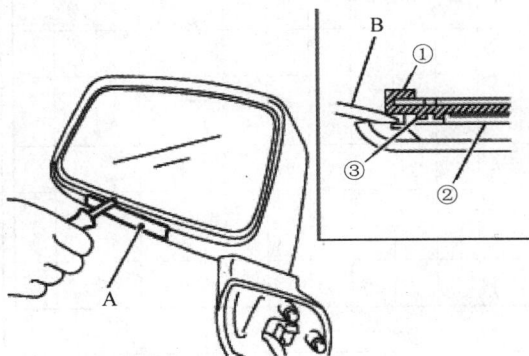

图 3-2-8  后视镜总成分解

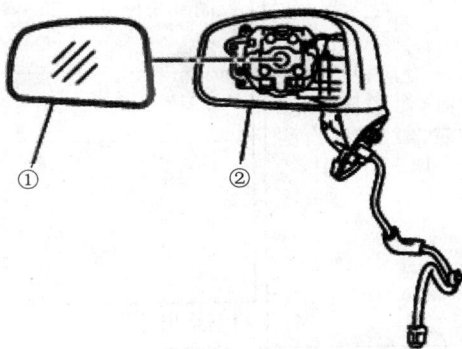

图 3-2-9  后视镜体分解

2) 电动后视镜安装

(1) 使用螺丝刀从车内将塑胶板固定螺丝钉拆下。

(2) 移开塑胶板即可看到后视镜与车门的固定螺钉,使用螺丝刀将螺钉卸下。

(3) 将新的后视镜由窗外装入,并将电源线接好。

(4) 锁上车门固定螺钉,再将塑胶板移至原位,锁上螺钉即可。

## 三、制订检修计划

(1) 检查故障并听取客户的要求。

(2) 查阅相关使用技巧与安全事项。

(3) 了解电动后视镜系统结构、原理等。

(4) 日常维修作业规范。

(5) 根据故障现象查阅维修资料或维修站信息系统,做出解决方案。

(6) 电动后视镜系统电源保险丝检查。

(7) 电动后视镜开关检查。

## 四、实施维修作业

电动后视镜系统检修如表 3-2-4 所示。

表 3-2-4　电动后视镜系统检修作业任务书

| 1. 根据教师提供的实习设备,结合教学实际情况和教材,收集相关信息<br>2. 熟悉电动后视镜系统结构和电路控制原理<br>3. 会检测电动后视镜系统相关控制元件和线路 |||
|---|---|---|

| 1. 车辆信息描述 | 车辆描述 | |
|---|---|---|
| | 车辆电动后视镜系统类型描述 | |

| 2. 检查电动后视镜系统电源保险丝 | 保险丝位置<br>保险丝额定电流<br>是否正常 | |
|---|---|---|

3. 电动后视镜开关检测(参照图 3-2-4 和表 3-2-3)将检测结果填入右表中

| 左/右调整开关位置 | | 左　侧 | | | | | 关 | | | 右　侧 | | | |
|---|---|---|---|---|---|---|---|---|---|---|---|---|---|
| 控制开关位置 | 接头 | 1 | 2 | 3 | 7 | 8 | 1 | 2 | 3 | 1 | 2 | 3 | 5 | 6 |
| 关 | | | | | | | | | | | | | | |
| 上 | | | | | | | | | | | | | | |
| 下 | | | | | | | | | | | | | | |
| 左 | | | | | | | | | | | | | | |
| 右 | | | | | | | | | | | | | | |

检测结果分析:

4. 电动后视镜电动机检测

电动机左右方向转动是否正常　　　　电动机上下方向转动是否正常

## 五、检验评估

项目三任务 3.2 的检验评估如表 3-2-5 所示。

表 3-2-5　评估检验

| 评价指标 | 检验说明 | 检验记录 |
|---|---|---|
| 检查项目 | ➢ 电动后视镜开关<br>➢ 电动后视镜电动机<br>➢ 电动后视镜系统线路 | |

续 表

笔 记

| 电动后视镜系统工作情况 | | | | | |
|---|---|---|---|---|---|
| 评价内容 | 检验指标 | 权重 | 自评 | 互评 | 总评 |
| 检查任务完成情况 | 1. 完成任务的情况 | | | | |
| | 2. 任务完成的质量 | | | | |
| | 3. 在小组完成任务过程中所起的作用 | | | | |
| 专业知识 | 1. 能描述电动后视镜系统的组成 | | | | |
| | 2. 能描述电动后视镜系统的工作原理 | | | | |
| | 3. 能描述电动后视镜系统控制元件检修方法 | | | | |
| | 4. 会根据检修作业任务书检测故障 | | | | |
| 职业素养 | 1. 学习态度:积极主动参与学习 | | | | |
| | 2. 团队合作:与小组成员一起分工合作,不影响学习进度 | | | | |
| | 3. 现场管理:服从工位安排、执行实训室"5S"管理规定 | | | | |
| 综合评议与建议 | | | | | |

**笔记**

## 任务3.3 汽车电动座椅系统检修

| 任务描述 | 有一辆丰田皇冠3.0汽车,电动座椅不能调整,进入维修厂进行维修。请根据任务3.3的相关资料对该车故障进行检修,直到排除故障 |
|---|---|
| 任务目标 | 1. 熟悉汽车电动座椅系统结构原理<br>2. 会检修电动座椅控制系统线路<br>3. 能排除电动座椅系统的常见故障 |

### 一、维修接待

按照表3-3-1完成任务3.3待修车辆的维修接待,并准确填写接车问诊表。

表 3-3-1  维修接待与接车问诊表

1. 通过与客户面谈了解故障现象
2. 确定故障部位,并识别故障的根本原因
3. 填写接车问诊表,确认需要维修项目

**接 车 问 诊 表**

车牌号:＿＿＿＿＿＿  车架号:＿＿＿＿＿＿  行驶里程:＿＿＿＿＿＿(km)

用户名:＿＿＿＿＿＿  电 话:＿＿＿＿＿＿  来店时间:＿＿＿＿＿ / ＿＿＿＿

用户陈述及故障发生时的状况:**电动座椅不能调节**

故障发生时的状况提示:**行驶速度、发动机状态、发生频率、发生时间、部位、天气、路面状况、声音描述**

接车员检测确认建议:**需要进行综合维修**

车间检测确认结果及主要故障零部件:**需要进行综合故障诊断与排除,必要时还需要更换相应部件**

车间检查确认者:＿＿＿＿＿＿

外观确认:

(请在有缺陷部位作标识)

功能确认:(工作正常√  不正常×)
□音响系统  □门锁(防盗器)  □全车灯光  □工具
□后视镜  □顶窗  □座椅  □点烟器
□玻璃升降器  □玻璃

物品确认:(有√  无×)
□贵重物品提示
□工具  □备胎  □灭火器
□其他(          )
旧件是否交还用户  □是  □否
用户是否需要洗车  □是  □否

· 检测费说明:本次检测的故障如用户在本店维修,检测费包含在修理费用内;如用户不在本店维修,请您支付检测费。本次检测费:￥＿＿＿＿元。

笔记

> • 贵重物品：在将车辆交给我店检查修理前，已提示将车内贵重物品自行收起并保存好，如有遗失恕不
> 负责。
> 接车员：＿＿＿＿＿＿＿＿＿＿＿＿＿　　　用户确认：＿＿＿＿＿＿＿＿＿＿＿＿＿＿＿＿＿

## 二、信息收集与处理

按照表 3-3-2 完成任务 3.3 的信息收集与处理。

表 3-3-2　信息收集与处理

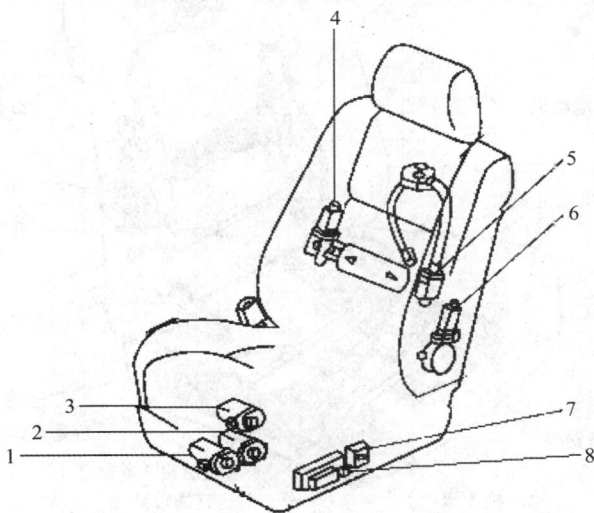

1. 写出上图中座椅元件名称,1 ＿＿＿＿＿电动机;2 ＿＿＿＿＿电动机;3 ＿＿＿＿＿电动机;4 ＿＿＿＿＿电动机;5 ＿＿＿＿＿电动机;6 ＿＿＿＿＿电动机;7 ＿＿＿＿＿开关;8 ＿＿＿＿＿开关
2. 汽车电动座椅系统主要由＿＿＿＿＿;＿＿＿＿＿;＿＿＿＿＿;＿＿＿＿＿等元件组成
3. 电动调整座椅,按座椅移动方式可分为＿＿＿＿＿方向、＿＿＿＿＿方向、＿＿＿＿＿方向
4. 电动座椅电路控制原理
5. 电动座椅控制元件检修方法
6. 电动座椅控制线路检修方法

### 1. 电动座椅系统概述

电动座椅系统由双向座椅电动机、传动机构、电子控制装置、座椅调节器、座椅控制开关等组成。座椅电动机的数量取决于电动座椅的类型,通常有 2 个、4 个、6 个、8 个等几种。一般电动座椅使用永磁型电动机,通过装在左座侧板上或左门扶手的肘节的控制开关控制电流路线,实现各种功能。

电动调整座椅系统,按座椅移动的方向可划分为:

（1）两方向移动座椅。只能往前和往后移动座椅。

（2）四方向移动座椅。可以往前、往后、往上和往下移动座椅。

（3）六方向移动座椅。可以往前、往后、往上、往下、前俯和后仰调整座椅。

新式的六方向电动调整座椅,使用一台可逆的、永磁式三电枢的电动机,电动机通过齿轮带动齿条,或通过蜗杆带动蜗轮。

## 2. 电动座椅的结构及工作原理

汽车座椅空间位置的调整由电力执行，实现座椅的滑动、前垂直、后垂直、倾斜、头枕和腰垫等位置变化，以满足不同驾驶者的需要，提高汽车的乘座舒适性。电动座椅元器件在座椅上的布置如图 3-3-1 所示。

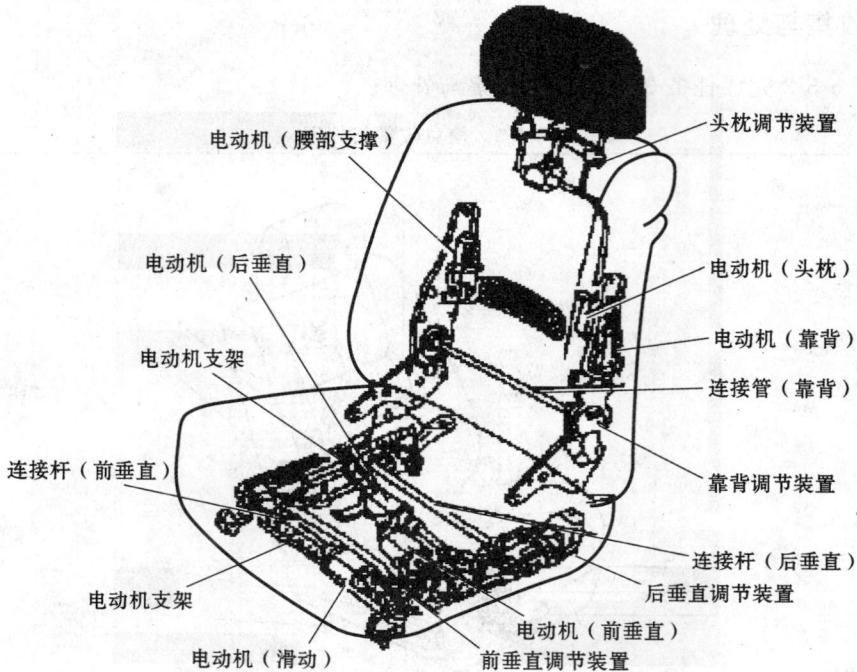

**图 3-3-1 六方向移动电动座椅各装置(或总成)在座椅上的布置**

1）座椅电动机

电动座椅用的电动机为双向式，可实现正反转。常见的形式有永磁式和串励式，前者通过改变流过电枢线圈的电流方向，实现电动机旋转方向的变化。为防止电动机过载，在电动机的内部装有断路器，双向传递动力。根据电动座椅的功能，配置不同数目的电动机，最少有一个电动机，最多可达 12 个电动机。

电动座椅根据电动机的旋转运动，通过传动机构改变座椅的空间位置。

2）传动机构

（1）高度调整机构。如图 3-3-2 所示，高度调整机构由蜗杆轴、蜗轮、芯轴等元器件组成。调整时蜗杆轴在电动机的驱动下，带动蜗轮转动，从而保证芯轴旋进或旋出，实现座椅的上升与下降。

（2）纵向调整机构。如图 3-3-3 所示，纵向调整机构由蜗杆、蜗轮、齿条、导轨等元器件组成。齿条装在导轨上，调整时，电动机转矩传至两侧的蜗轮，通过齿轮，经导轨上的齿条，带动座椅前后移动。

（3）靠背倾斜调整机构。如图 3-3-4 所示，靠背倾斜调节机构的主要部件是铰链销钉、链轮、内齿轮、外齿轮、电动机等。铰链销钉有一个偏心凸轮，凸轮中间轴 A 与安装在座垫侧的外齿轮同轴;铰链销钉的中间轴 B 与安装在座椅靠背侧的链轮同轴,并与内齿轮同轴转动。

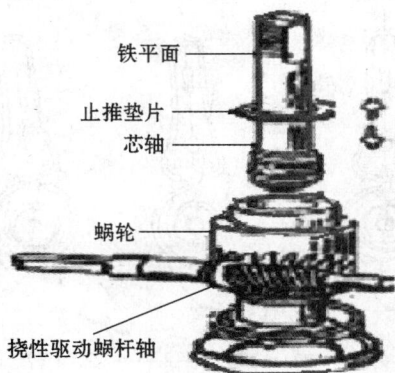

图 3-3-2 高度调整机构

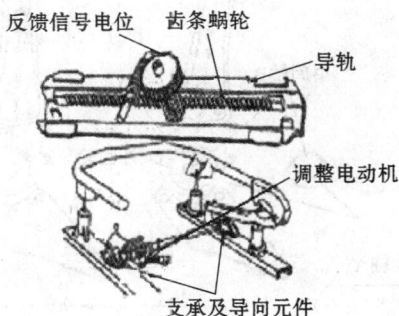

图 3-3-3 纵向调整机构

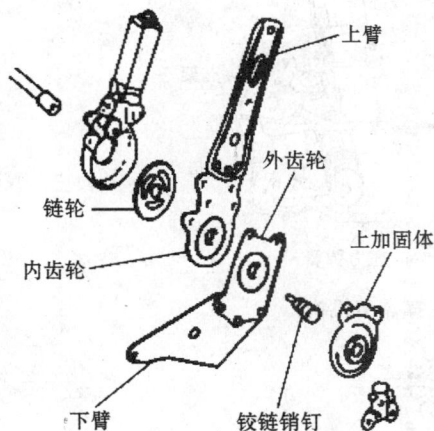

图 3-3-4 靠背倾斜调整机构

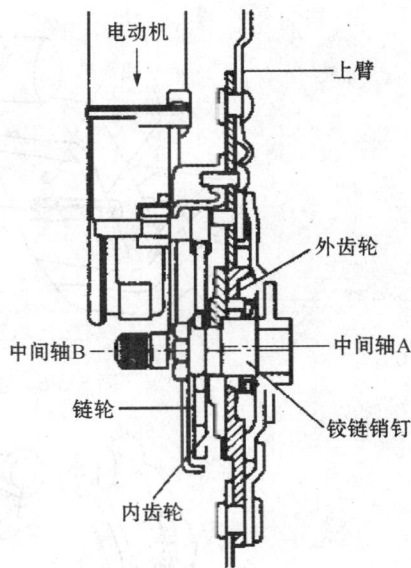

其工作情况如图 3-3-5 所示,当靠背与头枕调节开关置于 A 或 B 方向时,靠背调节用的电动机运转,并带动链轮转动,安装在链轮上的铰链销钉也以同样的转向一起转动。由于外齿轮安装在座垫侧,因而铰链销钉的中间轴 B 围绕着带偏心凸轮的中间轴 A 旋转。这样,内齿轮就与外齿轮啮合,铰链销钉每转一圈,所啮合的齿轮转动 12°。

(4) 腰部支撑调节机构。如图 3-3-6 所示,该调节机构主要由电动机、螺母、扭力弹簧、压板等组成。其工作情况如图 3-3-7 所示,当把腰部支撑调节开关推向 A 时,电动机即开始运转,并使螺母朝下方向移动,扭力弹簧则向支点 $P$(即 $b$)方向移动,以增加腰部支撑的压力;而当腰部支撑调节开关推向 B 时,电动机、螺母及扭力弹簧的工作情况与此相反,其结果是减小腰部支撑的压力。

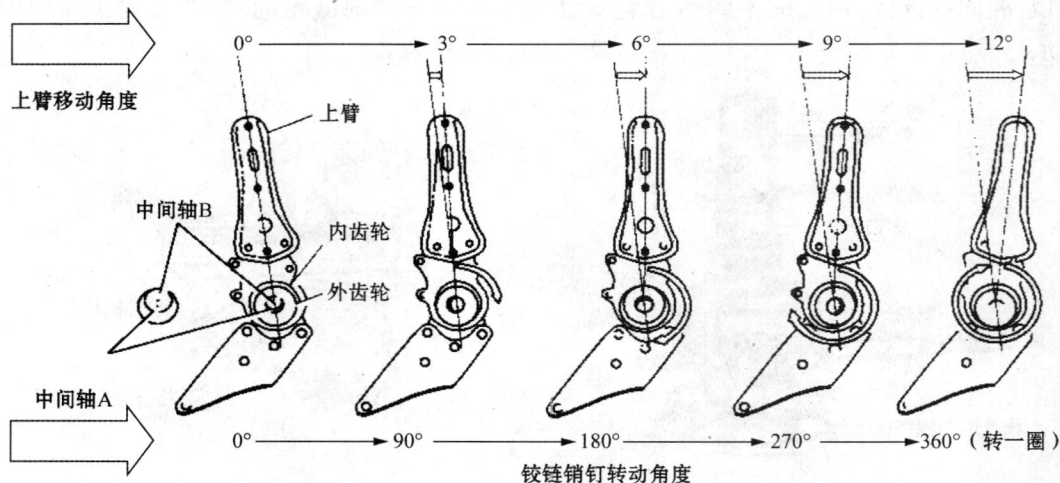

图 3-3-5　靠背倾斜调整情况示意

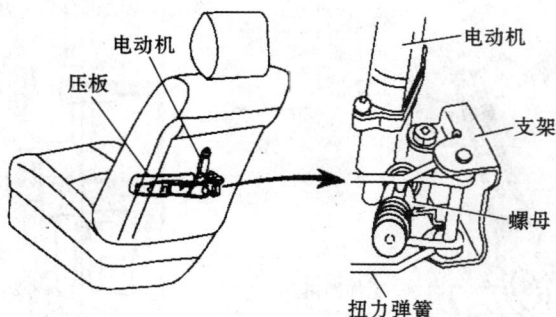

图 3-3-6　腰部支撑调节机构

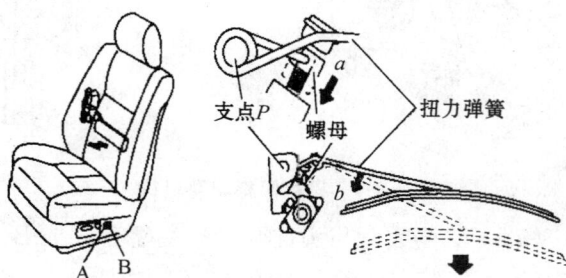

图 3-3-7　腰部支撑调节情况示意

（5）头枕高度调节机构（仅限于带自动调节系统的车辆）。如图 3-3-8 所示,该调节机构主要由电动机、外壳、螺杆以及固装在靠背框架上的轴等组成。工作时,当靠背与头枕调节开关扳向 A 方向,电动机即运转,经钢索、外壳带动螺杆转动,与螺杆啮合的塑料螺母即沿螺杆向 A（实箭头）方向移动,使头枕升高;当靠背与头枕调节开关打向 B 方向时,其工作过程与上述相反,结果使头枕降低。

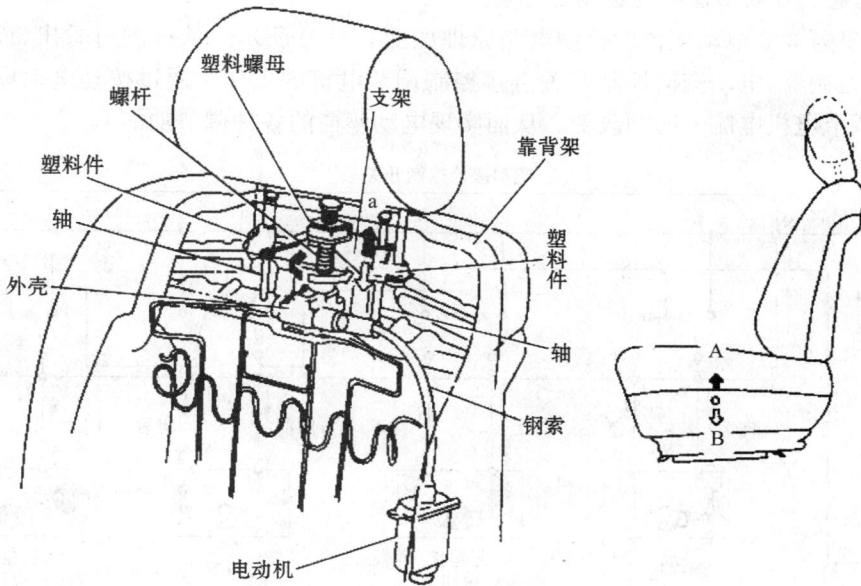

**图 3-3-8 头枕高度调节机构**

3）电动座椅控制开关

典型的电动座椅控制开关如图 3-3-9 所示。主要指以下三种开关:滑动与垂直调节开关,靠背与头枕调节开关,腰部支撑调节开关。

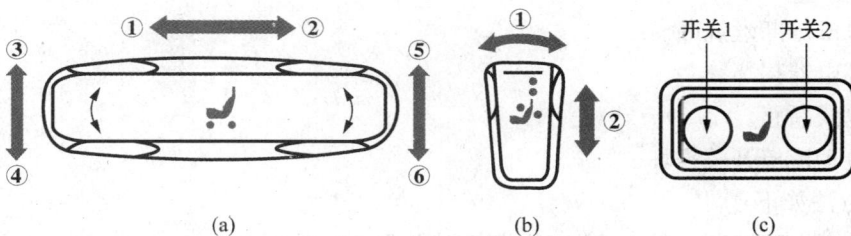

**图 3-3-9 典型的电动座椅开关**
(a) 滑动与垂直调节开关　(b) 靠背与头枕调节开关　(c) 腰部支撑调节开关

（1）滑动与垂直调节开关。由图 3-3-9(a)可见,当此开关置向①或②方向时,座椅就向前或向后移动;当此开关向③或④方向转动时,座椅前端的高度即可改变;向⑤或⑥方向移动时,座椅后端的高度亦可调节。当此开关整个拉出或压下时,便可进行整个座椅的垂直(高度)调节,也即座椅前、后垂直调节的电动机同时工作。

（2）靠背与头枕调节开关。由图 3-3-9(b)可见,当此开关按照①方向工作时,即可改变座椅靠背的角度;当此开关按②方向滑动时,可调节头枕的高度(只限带自动调节系统的车辆)。

（3）腰部支撑调节开关。由图 3-3-9(c)所示,压下开关 1 可增加腰部的支撑力,压下开关 2 则能减小腰部的支撑力(仅限驾驶员座椅)。

3. 皇冠3.0电动座椅的控制电路图

丰田皇冠3.0电动座椅的控制电路原理如图3-3-10所示。从该图可看出,该车型电动座椅不带控制器,电动座椅控制开关直接控制调节电机的工作。通过按动电动座椅控制开关,实现调节电机电流方向的改变。从而实现电动座椅的各种调节功能。

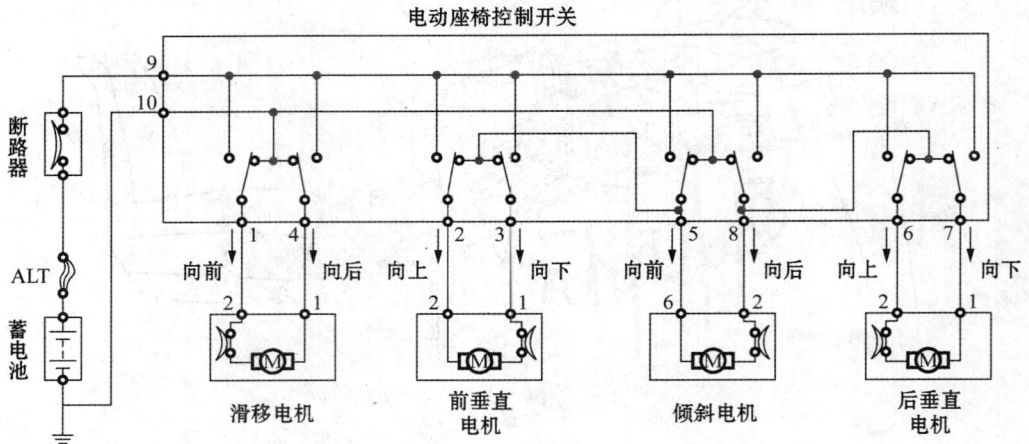

**图3-3-10  CROWN 3.0电动座椅的控制线路原理图**

4. 电动座椅常见故障检修

1) 故障现象:电动座椅不动作

故障原因分析:

(1) 电源熔断丝烧断。

(2) 继电器损坏。

(3) 电线断路。

(4) 电动座椅开关损坏。

诊断方法如下:

(1) 检查电源熔断丝是否烧断,若烧断则应更换熔断丝。

(2) 检查继电器是否损坏,电线是否存在断路故障。

(3) 检查电动座椅开关的性能:将线束从开关上拔出,用欧姆表检查开关在各操作位置的导通情况。

2) 故障现象:电子控制电动座椅不动作

故障原因分析:

(1) 系统熔断丝烧断。

(2) 系统无工作电源。

(3) 座椅控制器搭铁不良。

(4) 电动座椅开关损坏。

诊断方法如下:

(1) 用试灯检查系统熔断丝是否损坏、系统有无工作电源。

(2) 用欧姆表检查控制开关是否损坏。

（3）用欧姆表测量电动座椅电动机的电阻值，同时还需对电动座椅电动机进行通电，以准确检查电动座椅电动机是否损坏。

（4）检查电动座椅控制器搭铁是否良好。

5. 日产天籁气动式按摩座椅

1）前气动式按摩座椅

日产天籁前气动式按摩座椅控制电路如图 3-3-11 所示。（驾驶员侧）座椅的工作如下：当点火开关在 ON 或 START 位置时，电源接通，通过 15 A 保险丝[15 号，位于保险盒上（J/B）]，到气动式按摩座椅控制单元（驾驶员侧）端子 43，到前气动式按摩座椅开关（驾驶员侧）端子 1。接地通过气动式按摩座椅控制单元（驾驶员侧）端子 46，通过车身接地点 B16 和 B17。

当前气动式按摩座椅开关（驾驶员侧）在 LOW 位置时，电源接通通过前气动式按摩座椅开关（驾驶员侧）端子 2，到气动式按摩座椅控制单元（驾驶员侧）端子 44，接着，前气动式按摩座椅（驾驶员侧）LOW 功能启动。

当前气动式按摩座椅开关（驾驶员侧）在 HIGH 位置时，电源接通通过前气动式按摩座椅开关（驾驶员侧）端子 3，到气动式按摩座椅控制单元（驾驶员侧）端子 45，接着，前气动式按摩座椅（驾驶员侧）HIGH 功能启动。

前气动式按摩座椅（乘客侧）的工作如下，当点火开关在 ON 或 START 位置时，电源接通，通过 15 A 保险丝[15 号，位于保险盒上（J/B）]，到气动式按摩座椅控制单元（乘客侧）端子 19，到前气动式按摩座椅开关（乘客侧）端子 1。接地通过气动式按摩座椅控制单元（乘客侧）端子 18，通过车身接地点 B214 和 B217。

当前气动式按摩座椅开关（乘客侧）在 LOW 位置时，电源接通通过前气动式按摩座椅开关（乘客侧）端子 2，到气动式按摩座椅控制单元（乘客侧）端子 16，接着，前气动式按摩座椅（乘客侧）LOW 功能启动。

当前气动式按摩座椅开关（乘客侧）在 HIGH 位置时，电源接通通过前气动式按摩座椅开关（乘客侧）端子 3，到气动式按摩座椅控制单元（乘客侧）端子 17，接着，前气动式按摩座椅（乘客侧）HIGH 功能启动。

2）后气动式按摩座椅

日产天籁后气动式按摩座椅控制电路如图 3-3-12 所示。后气动式按摩座椅（左）的工作如下：当点火开关在 ON 或 START 位置时，电源接通，通过 15 A 保险丝[15 号，位于保险盒上（J/B）]，到气动式按摩座椅控制单元（左）端子 1，到后气动式按摩座椅开关（左）端子 1。接地通过气动式按摩座椅控制单元（左）端子 4，通过车身接地 B16 和 B17。

当气动式按摩座椅开关（左）在 ON 位置时，电源接通，通过气动式按摩座椅开关（左）端子 3，到气动式按摩座椅控制单元（左）端子 3，接着，后气动式按摩座椅（左侧）ON 功能启动。

后气动式按摩座椅（右）的工作如下，当点火开关在 ON 或 START 位置时，电源接通，通过 15 A 保险丝[15 号，位于保险盒上（J/B）]，到气动式按摩座椅控制单元（右）端子 1，到后气动式按摩座椅开关（右）端子 1。接地通过气动式按摩座椅控制单元（右）端子 4，通过车身接地点 B16 和 B17。

当气动式按摩座椅开关（右）在 ON 位置时，电源接通，通过气动式按摩座椅开关（右）端子 7，到气动式按摩座椅控制单元（右）端子 3，接着，后气动式按摩座椅（右）ON 功能启动。

笔记

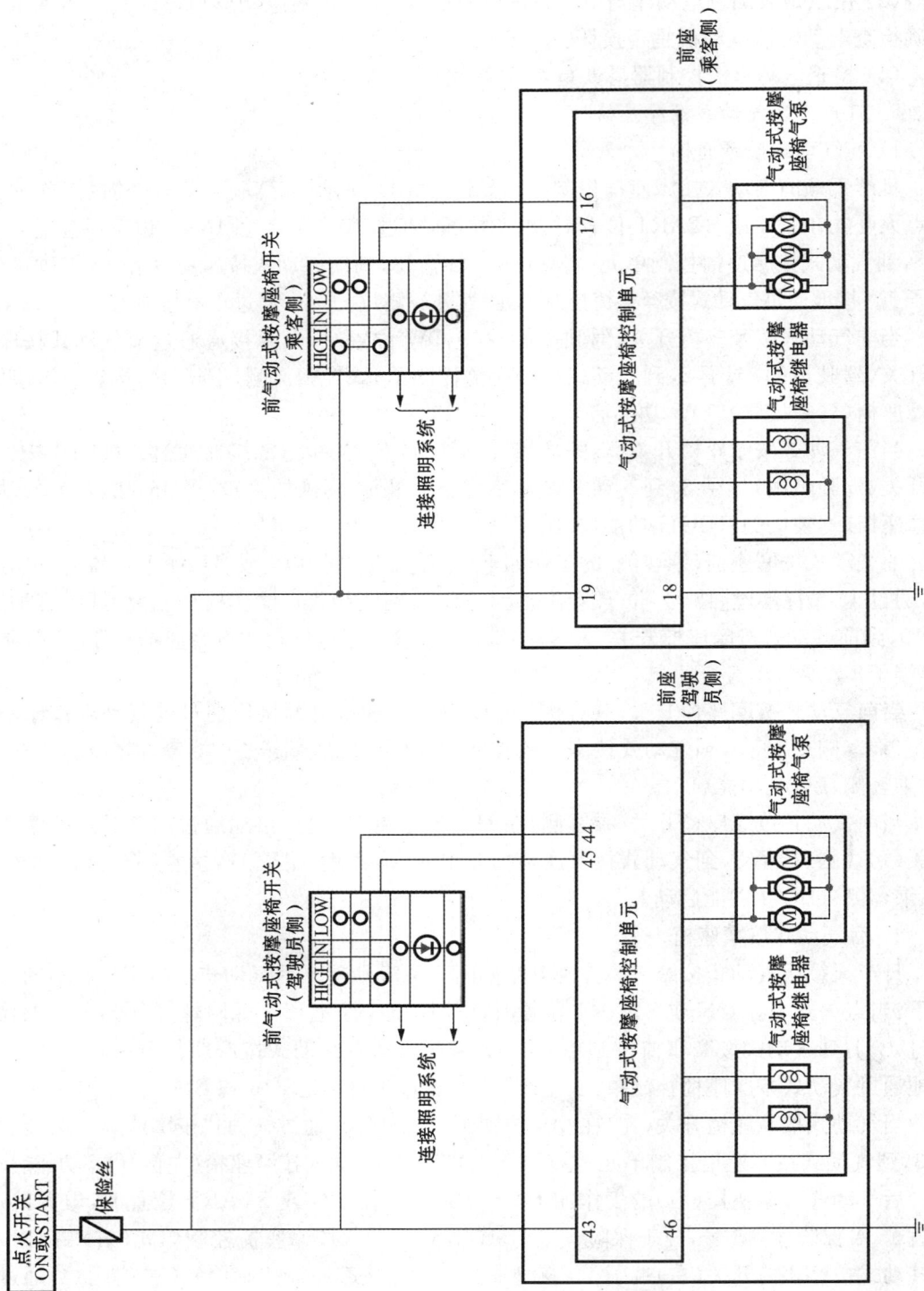

笔 记

图 3-3-11 日产天籁前气动式按摩座椅电路图

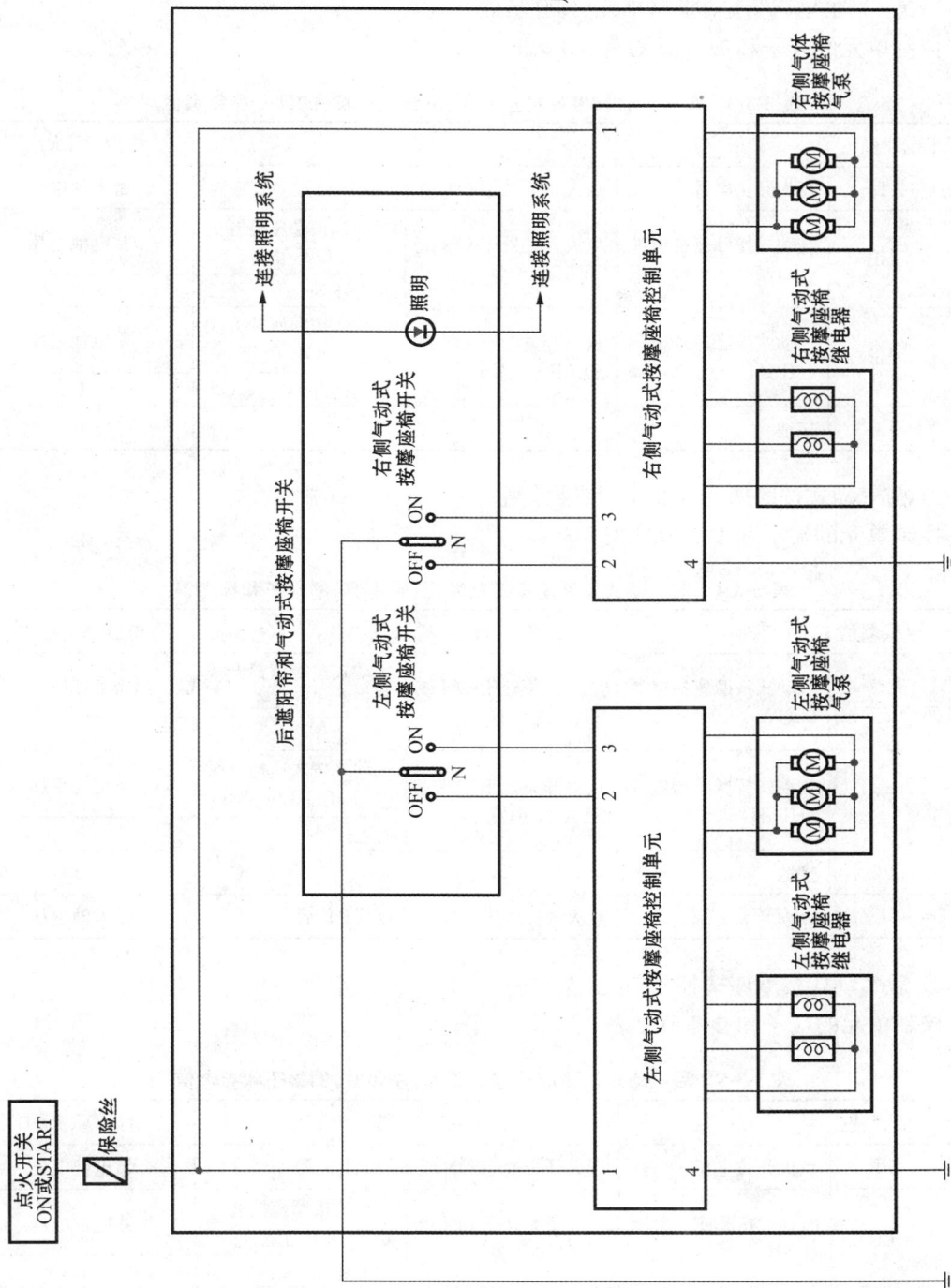

图 3-3-12 日产天籁后气动式按摩座椅电路图

**笔记**

6. 日产天籁气动式按摩座椅电路检测

1）前气动式按摩座椅控制单元（驾驶员侧）

控制单元的端子和参考值见表 3-3-3。

表 3-3-3　前气动式按摩座椅控制单元（驾驶员侧）的端子和参考值

| 端子 | 电线颜色 | 项　目 | 状　态 | | 电压/V（大约） |
|---|---|---|---|---|---|
| 43 | L | 点火开关电源 | 点火开关处于 ON 或 START 位置 | | 蓄电池电压 |
| 44 | GR | 气动式按摩座椅电源（LOW） | 点火开关处于 ON 或 START 位置 | 气动式按摩座椅开关处于 LOW 位置 | 蓄电池电压 |
| | | | | 除上述外 | 0 |
| 45 | BR | 气动式按摩座椅电源（HIGH） | 点火开关处于 ON 或 START 位置 | 气动式按摩座椅开关处于 HIGH 位置 | 蓄电池电压 |
| | | | | 除上述外 | 0 |
| 46 | LG | 接地 | — | | 0 |

2）前气动式按摩座椅控制单元（乘客侧）

控制单元的端子和参考值见表 3-3-4。

表 3-3-4　前气动式按摩座椅控制单元（乘客侧）的端子和参考值

| 端子 | 电线颜色 | 项　目 | 状　态 | | 电压/V（大约） |
|---|---|---|---|---|---|
| 16 | GR | 气动式按摩座椅电源（LOW） | 点火开关处于 ON 或 START 位置 | 气动式按摩座椅开关处于 LOW 位置 | 蓄电池电压 |
| | | | | 除上述外 | 0 |
| 17 | BR | 气动式按摩座椅电源（HIGH） | 点火开关处于 ON 或 START 位置 | 气动式按摩座椅开关处于 HIGH 位置 | 蓄电池电压 |
| | | | | 除上述外 | 0 |
| 18 | LG | 接地 | — | | 0 |
| 19 | L | 点火开关电源 | 点火开关处于 ON 或 START 位置 | | 蓄电池电压 |

3）后气动式按摩座椅控制单元（左和右）

控制单元的端子和参考值见表 3-3-5。

表 3-3-5　后气动式按摩座椅控制单元（左和右）的端子和参考值

| 端子 | 电线颜色 | 项　目 | 状　态 | | 电压/V（大约） |
|---|---|---|---|---|---|
| 1 | GR | 点火开关电源 | 点火开关处于 ON 或 START 位置 | | 蓄电池电压 |
| 2 | BR | 气动式按摩座椅电源（OFF） | 点火开关处于 ON 或 START 位置 | 气动式按摩座椅开关处于 OFF 位置 | 蓄电池电压 |
| | | | | 除上述外 | 0 |
| 3 | LG | 气动式按摩座椅电源（ON） | 点火开关处于 ON 或 START 位置 | 气动式按摩座椅开关处于 ON 位置 | 蓄电池电压 |
| | | | | 除上述外 | 0 |
| 4 | B | 接地 | — | | 0 |

笔记

### 三、制订检修计划

（1）检查故障并听取客户的要求。
（2）查阅相关使用技巧与安全事项。
（3）了解电动座椅系统结构、原理等。
（4）日常维修作业规范。
（5）根据故障现象查阅维修资料或维修站信息系统，做出解决方案。
（6）电动座椅系统电源保险丝检查。
（7）电动座椅开关检查。

### 四、实施维修作业

电动座椅系统检修如表 3-3-6 所示。

表 3-3-6  电动座椅系统检修作业任务书

1. 根据教师提供的实习设备，结合教学实际情况和教材，收集相关信息
2. 熟悉电动座椅系统结构和电路控制原理
3. 会检测电动座椅系统相关控制元件和线路

| 1. 车辆信息描述 | 车辆描述 | |
| --- | --- | --- |
| | 车辆电动座椅系统类型描述 | |

| 2. 检查电动座椅系统电源保险丝 | 保险丝位置<br>保险丝额定电流<br>是否正常 |
| --- | --- |

| 3. 电动座椅开关检测（参照图 3-3-10），将检测结果填入右表中 | 开关位置/端子 | 1 | 2 | 3 | 4 | 5 | 6 | 7 | 8 | 9 | 10 |
| --- | --- | --- | --- | --- | --- | --- | --- | --- | --- | --- | --- |
| | 滑移调节开关在向前位置 | | | | | | | | | | |
| | 滑移调节开关在向后位置 | | | | | | | | | | |
| | 倾斜调节开关在向前位置 | | | | | | | | | | |
| | 倾斜调节开关在向后位置 | | | | | | | | | | |
| | 前垂直调节开关在向上位置 | | | | | | | | | | |
| | 前垂直调节开关在向下位置 | | | | | | | | | | |
| | 后垂直调节开关在向上位置 | | | | | | | | | | |
| | 后垂直调节开关在向下位置 | | | | | | | | | | |

4. 日产天籁气动式按摩座椅故障检测

| 症  状 | 诊断步骤 | 诊断记录 |
| --- | --- | --- |
| 前气动式按摩座椅的所有功能均不执行 | 气动式按摩座椅控制单元电源检查 | |
| 前气动式按摩座椅（驾驶员侧）不能变动位置 | （1）气动式按摩座椅控制单元（驾驶员侧）电源和接地电路检查<br>（2）前气动式按摩座椅开关（驾驶员侧）电路检查<br>（3）检查气囊、气泵和气管<br>（4）如果以上系统正常，更换气动式按摩座椅控制单元（驾驶员侧） | |

续　表

| 症　状 | 诊断步骤 | 诊断记录 |
|---|---|---|
| 前气动式按摩座椅（驾驶员侧）High 功能不能执行 | （1）前气动式按摩座椅开关（驾驶员侧）电路检测（开关：HIGH 位置）<br>（2）前气动式按摩座椅开关（驾驶员侧）电路检测（HIGH 位置电路）<br>（3）检查气囊、气泵和气管<br>（4）如果以上系统正常，更换气动式按摩座椅控制单元（驾驶员侧） | |
| 前气动式按摩座椅（驾驶员侧）Low 功能不能执行 | （1）前气动式按摩座椅开关（驾驶员侧）电路检测（开关：LOW 位置）<br>（2）前气动式按摩座椅开关（驾驶员侧）电路检测（LOW 位置电路）<br>（3）检查气囊、气泵和气管<br>（4）如果以上系统正常，更换气动式按摩座椅控制单元（驾驶员侧） | |
| 前气动式按摩座椅（乘客侧）不能变动位置 | （1）气动式按摩座椅控制单元（乘客侧）电源和接地电路检查<br>（2）前气动式按摩座椅开关（乘客侧）电路检测<br>（3）检查气囊、气泵和气管<br>（4）如果以上系统正常，更换气动式按摩座椅控制单元（乘客侧） | |
| 前气动式按摩座椅（乘客侧）High 功能不执行 | （1）前气动式按摩座椅开关（乘客侧）电路检测（开关：HIGH 位置）<br>（2）前气动式按摩座椅开关（乘客侧）电路检测（HIGH 位置电路）<br>（3）检查气囊、气泵和气管<br>（4）如果以上系统正常，更换气动式按摩座椅控制单元（乘客侧） | |
| 前气动式按摩座椅（乘客侧）Low 功能不能执行 | （1）前气动式按摩座椅开关（乘客侧）电路检测（开关：LOW 位置）<br>（2）前气动式按摩座椅开关（乘客侧）电路检测（LOW 位置电路）<br>（3）检查气囊、气泵和气管<br>（4）如果以上系统正常，更换气动式按摩座椅控制单元（乘客侧） | |
| 前气动式按摩座椅（左）ON 功能不执行 | （1）气动式按摩座椅开关（左）电路检查（开关：ON 位置）<br>（2）气动式按摩座椅开关（左）电路检查（ON 位置电路）<br>（3）检查气囊、气泵和气管<br>（4）如果以上系统正常，更换气动式按摩座椅控制单元（左） | |
| 前气动式按摩座椅（左侧）不能变动位置 | （1）气动式按摩座椅控制单元（左）电源和接地电路检查<br>（2）气动式按摩座椅开关（左）电路检查<br>（3）检查气囊、气泵和气管<br>（4）如果以上系统正常，更换气动式按摩座椅控制单元（左） | |
| 后气动式按摩座椅（右）不能变动位置 | （1）气动式按摩座椅控制单元（右）电源和接地电路检查<br>（2）气动式按摩座椅开关（右）电路检查<br>（3）检查气囊、气泵和气管<br>（4）如果以上系统正常，更换气动式按摩座椅控制单元（右） | |
| 前气动式按摩座椅（右）ON 功能不能执行 | （1）气动式按摩座椅开关（右）电路检查（开关：ON 位置）<br>（2）气动式按摩座椅开关（右）电路检查（ON 位置电路）<br>（3）检查气囊、气泵和气管<br>（4）如果以上系统正常，更换气动式按摩座椅控制单元（右） | |

## 五、检验评估

项目三任务 3.3 的检验评估如表 3-3-7 所示。

笔 记

表 3-3-7 评估检验

| 评价指标 | 检验说明 | 检验记录 |
|---|---|---|
| 检查项目 | ➢ 电动座椅开关<br>➢ 电动座椅传动机构<br>➢ 电动后座椅系统线路 | |
| 电动座椅系统工作情况 | | |

| 评价内容 | 检验指标 | 权重 | 自评 | 互评 | 总评 |
|---|---|---|---|---|---|
| 检查任务<br>完成情况 | 1. 完成任务的情况 | | | | |
| | 2. 任务完成的质量 | | | | |
| | 3. 在小组完成任务过程中所起的作用 | | | | |
| 专业知识 | 1. 能描述电动座椅系统的组成 | | | | |
| | 2. 能描述电动座椅系统的工作原理 | | | | |
| | 3. 能描述电动座椅系统控制元件的检修方法 | | | | |
| | 4. 会根据检修作业任务书检测故障 | | | | |
| 职业素养 | 1. 学习态度：积极主动参与学习 | | | | |
| | 2. 团队合作：与小组成员一起分工合作，不影响学习进度 | | | | |
| | 3. 现场管理：服从工位安排、执行实训室"5S"管理规定 | | | | |
| 综合评议<br>与建议 | | | | | |

| 项目四 | 汽车安全气囊系统检修 |

| | |
|---|---|
| Description<br>项目描述 | 一辆广州本田轿车,当点火开关拧到 ON 档,安全气囊系统 SRS 指示灯常亮。进入维修厂进行维修,请根据任务 4.1 的相关资料对该车故障进行检修,直到排除故障 |
| Objects<br>项目目标 | 1. 收集汽车安全气囊系统相关信息,会制订汽车安全气囊系统检修计划<br>2. 熟悉汽车安全气囊元器件结构及工作原理,会判断元器件的好坏<br>3. 会分析安全气囊系统电路控制原理<br>4. 能根据安全气囊系统作业规范,实施维护作业<br>5. 能排除安全气囊系统常见故障 |
| Tasks<br>项目任务 | 安全气囊系统检修:通过学习安全气囊系统结构原理—控制电路分析—控制元件检修—线路检修—常见故障排除 |
| Implementation<br>项目实施 | |

| | |
|---|---|
| 任务描述 | 一辆广州本田轿车,当点火开关拧到 ON 档,安全气囊系统 SRS 指示灯常亮。进入维修厂进行维修 |
| 任务目标 | 1. 熟悉汽车安全气囊元器件结构及工作原理<br>2. 会判别安全气囊系统元器件的好坏<br>3. 会检测安全气囊系统线路<br>4. 能排除安全气囊系统的常见故障 |

# 一、维修接待

按照表 4-1-1 完成待修车辆的维修接待,并准确填写接车问诊表。

**表 4-1-1 维修接待与接车问诊表**

1. 通过与客户面谈了解故障现象
2. 确定故障部位,并识别故障的根本原因
3. 填写接车问诊表,确认需要维修项目

### 接 车 问 诊 表

车牌号:_____  车架号:_____  行驶里程:_____ (km)

用户名:_____  电 话:_____  来店时间:_____ / _____

用户陈述及故障发生时的状况:**一辆广州本田轿车,当点火开关拧到 ON 档,安全气囊系统 SRS 指示灯常亮。进入维修厂进行维修**

故障发生时的状况提示:**行驶速度、发动机状态、发生频率、发生时间、部位、天气、路面状况、声音描述**

接车员检测确认建议:**需要进行综合维修**

车间检测确认结果及主要故障零部件:**需要进行综合故障诊断与排除,必要时还需要更换相应部件**

车间检查确认者:_____

外观确认:

(请在有缺陷部位作标识)

功能确认:(工作正常√ 不正常×)
- □音响系统　□门锁(防盗器)　□全车灯光　□工具
- □后视镜　□顶窗　□座椅　□点烟器
- □玻璃升降器　□玻璃

物品确认:(有√ 无×)
- □贵重物品提示
- □工具 □备胎 □灭火器
- □其他( )
- 旧件是否交还用户 □是 □否
- 用户是否需要洗车 □是 □否

F

E

- 检测费说明:本次检测的故障如用户在本店维修,检测费包含在修理费用内;如用户不在本店维修,请您支付检测费。本次检测费:¥_____元。
- 贵重物品:在将车辆交给我店检查修理前,已提示将车内贵重物品自行收起并保存好,如有遗失恕不负责。

接车员:_____  用户确认:_____

# 二、信息收集与处理

按照表 4-1-2 完成任务的信息收集与处理。

表 4-1-2　信息收集与处理

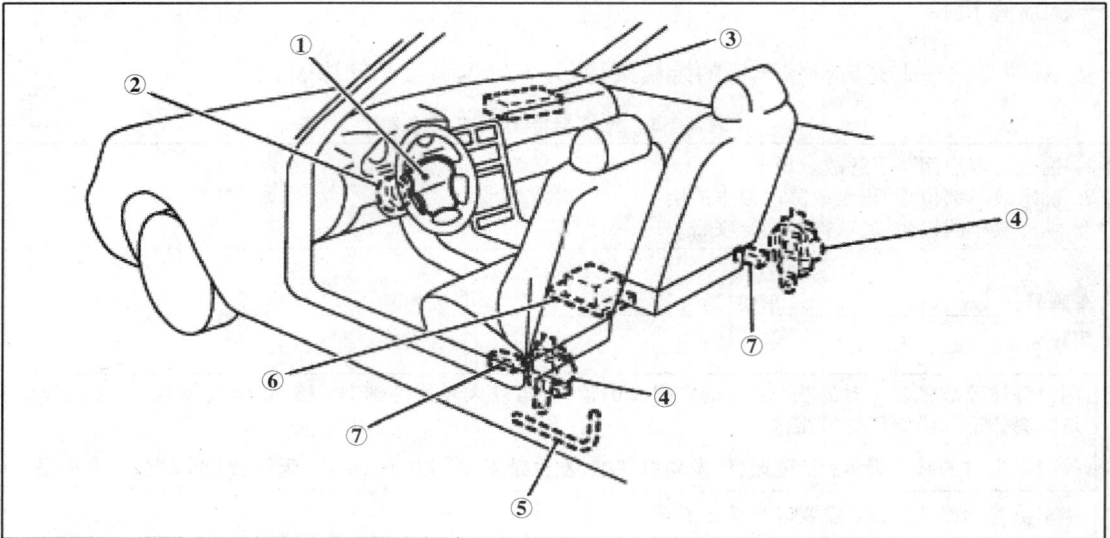

1. 写出上图安全气囊系统零件名称：
① ＿＿＿＿＿＿＿＿＿；② ＿＿＿＿＿＿＿＿＿＿；③ ＿＿＿＿＿＿＿＿＿＿；④ 安全带预张紧器1；
⑤ 安全带预张紧器2；⑥ ＿＿＿＿＿＿＿＿＿；⑦ 侧气囊传感器
2. 汽车安全气囊系统碰撞传感器主要有＿＿＿＿＿；＿＿＿＿＿；＿＿＿＿＿；＿＿＿＿＿；＿＿＿＿＿形式
3. 在检修安全气囊系统前需断开蓄电池负极电缆＿＿＿＿分钟后，才能进行检测
4. 安全气囊系统工作原理
5. 安全气囊系统检修注意事项
6. 安全气囊系统自诊断故障码读取方法

　　汽车安全气囊系统（Supplemental Restraint System，SRS）是轿车上的一种辅助保护系统，与座椅安全带配合使用，可以为乘员提供十分有效的防撞保护。目前按照安装气囊数量可分为单气囊系统（只装在驾驶员侧）、双气囊系统（驾驶员侧和副驾驶员侧各有一个安全气囊），和多气囊系统（前排气囊、后排气囊、侧面安全气囊）。三者的工作原理基本是相同的。

　　1. 安全气囊系统的组成

　　电子式安全气囊系统的组成部件分布在汽车不同位置。虽然各型汽车安全气囊系统采用部件的结构和数量有所差异，但是其基本组成和工作原理都大致相同。

　　安全气囊系统的基本结构如图 4-1-1 所示，主要由碰撞传感器（包括左前碰撞传感器 4 和右前碰撞传感器 5）、安全气囊系统指示灯（SRS 指示灯）3、带防护碰撞传感器的安全气囊系统控制组件（SRS 控制组件，简称 SRS 电脑）1 和安全气囊组件（SRS 气囊组件）2 这四部分组成。气囊组件主要由 SRS 气囊、气体发生器和点火器等组成。

　　2. 安全气囊系统工作原理

　　当汽车遭受正面碰撞或侧面碰撞时，其安全气囊系统工作原理基本相同。现以如图 4-1-2 所示的正面碰撞为例，说明安全气囊系统工作原理。

　　当汽车速度在 30 km/h 以上受到正面碰撞（碰撞角度与汽车中轴线成 30°角度之内）或侧面碰撞时，安装在汽车前部或侧面的碰撞传感器利用碰撞时产生的惯性力，检测到碰撞作用的时间、汽车减速度即碰撞强度。SRS 的 ECU 将碰撞传感器送来的碰撞信号与 ECU 内

笔记

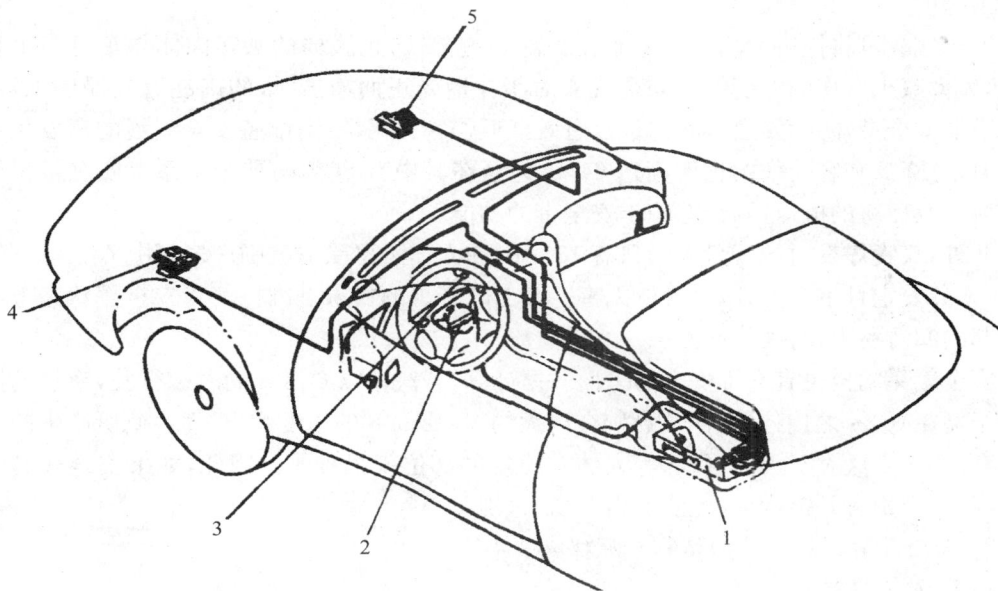

**图 4-1-1 安全气囊元件安装图**

1—带安全防护碰撞传感器的 SRS 电脑　2—SRS 气囊组件
3—SRS 指示灯　4—左碰撞传感器　5—右碰撞传感器

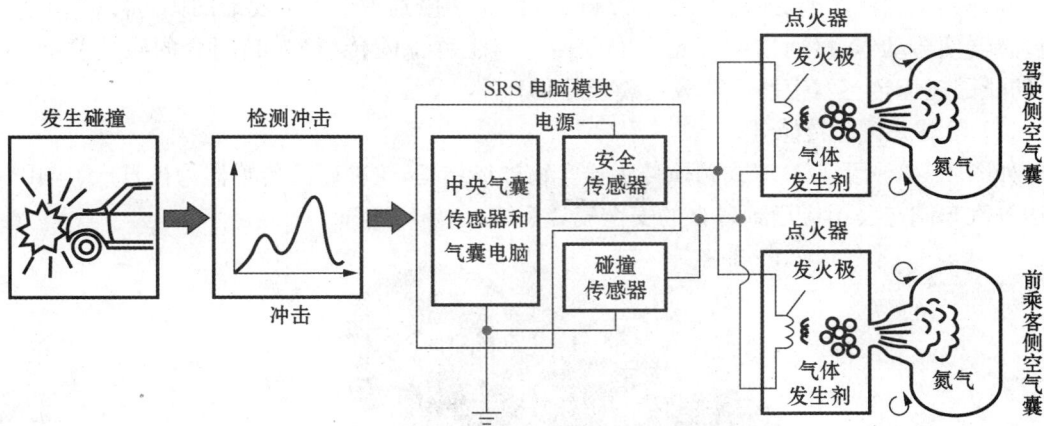

**图 4-1-2 安全气囊系统工作原理图**

储存的碰撞触发数据进行比较,如果判定碰撞强度达到或超过其规定值,则指令接通安全气囊引爆管的工作电路,引爆管迅速爆炸燃烧,并引燃气体发生器内的气体发生剂。气体发生剂的燃烧十分剧烈,在瞬间产生并释放出大量气体,经过滤冷却后充入折叠的安全气囊,使气囊在极短的时间内突破衬垫迅速膨胀展开成扁球状。在驾驶员或乘员头部、胸部或身体因碰撞时的反冲力向前或向侧面冲去时,鼓起的气囊在驾驶员或乘员的前部或侧面车身硬件间形成弹性缓冲气垫,利用气体本身的阻尼作用或气囊背面排气孔排气节流的阻尼作用,吸收并分散驾驶员和乘员的冲击能量。气囊鼓起后很快就从气囊背面的小孔排出部分气体而变瘪,柔软的气囊表面就能有效地保护人体头部、胸部和身体其他部分免受冲击伤害或减轻伤害程度。

安全气囊可将撞击力均匀地分布在头部和胸部,防止脆弱的乘客肉体与车身产生直接碰撞,大大减少受伤的可能性。安全气囊对于在遭受正面撞击时,的确能有效保护乘客,即使未系上安全带,防撞安全气囊仍足以有效减低伤害。据统计,配备安全气囊的车发生正面碰撞时,可降低乘客受伤的程度高达64%,甚至在其中有80%的乘客未系上安全带!至于来自侧方及后座的碰撞,则仍有赖于安全带的功能。

此外,气囊爆发时的音量大约只有130 dB,在人体可忍受的范围。气囊中78%的气体是氮气,十分安定且不含毒性,对人体无害。爆出时带出的粉末是维持气囊在折叠状态下不粘在一起的润滑粉末,对人体亦无害。

安全气囊同样也有它不安全的一面。据计算,若汽车以60 km的时速行驶,突然的撞击会令车辆在0.2 s之内停下,而气囊则会以大约300 km/h的速度弹出,而由此所产生的撞击力约有180 kg,这对于头部、颈部等人体较脆弱的部位就很难承。因此,如果安全气囊弹出的角度、力度稍有差错,就有可能酿出一场"悲剧"。

3. 安全气囊系统部件的结构与原理

1）气囊传感器

气囊传感器用于检测、判断汽车发生事故时的撞击信号,以便及时启动安全气囊,并提供足够的电能或机械能点燃气体发生器。传感器按其功能可分为碰撞传感器和安全传感器两种。碰撞传感器负责检测碰撞的激烈程度,如果汽车以40 km/h的车速撞到一辆正在停放的同样大小的汽车上,或以不低于22 km/h的车速撞到一个不可变形的固定障碍物上,碰撞传感器便会动作,接通搭铁回路。安全传感器也称保险传感器,其闭合的减速度要小一些,防止因碰撞传感器短路而造成气囊意外膨开。

（1）滚球式碰撞传感器。

如图4-1-3所示为滚球式碰撞传感器实物外形结构,这种碰撞传感器为被日产、丰田、马自达等汽车制造公司应用到各自的安全气囊系统上。

安装方向标志

**图 4-1-3  滚球式碰撞传感器实物外形结构**

滚球式碰撞传感器的工作原理如图4-1-4所示。当传感器处于静止状态时,在永久磁铁的磁力作用下,导缸内的滚球被吸向磁铁,两个触点未被连通,如图4-1-4(a)所示。

当汽车遭受碰撞,使滚球的惯性力大于永久磁铁的吸力时,惯性力与磁力的合力就会使滚球沿着导缸向左运动,将两个触点接通,如图4-1-4(b)所示,从而接通SRS气囊的搭铁回路。

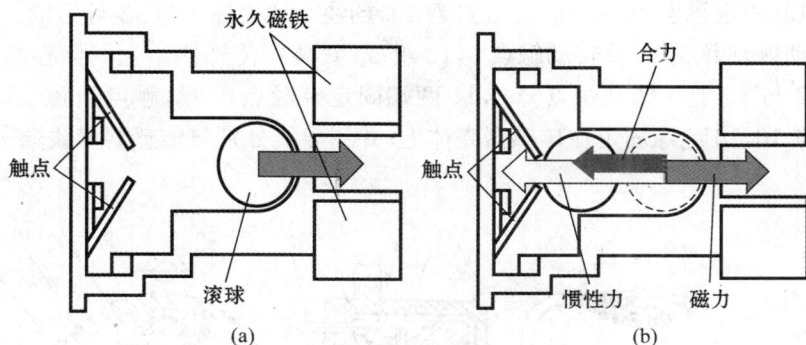

**图 4-1-4　滚球式传感器内部结构**

(a) 静止状态　(b) 碰撞状态

传感器安装要求:传感器体上印制有箭头标记,安装时必须按使用说明书规定方向进行安装。箭头指向与传感器的结构有关,有的规定指向汽车前方(如丰田凌志 LS400 型轿车碰撞传感器),有的规定指向汽车后方。

(2) 滚轴式碰撞传感器。

如图 4-1-5 所示,当传感器处于静止状态时,滚轴在片状弹簧的弹力作用下滚向止动销一侧,滚动触点与固定触点处于断开状态,如图 4-1-5(a)所示。

当汽车遭受碰撞,使滚轴的惯性力大于片状弹簧的弹力时,惯性力就会克服弹簧弹力使滚轴向前滚动,将滚动触点与固定触点接通,如图 4-1-5(b)所示,从而接通 SRS 气囊的搭铁回路。

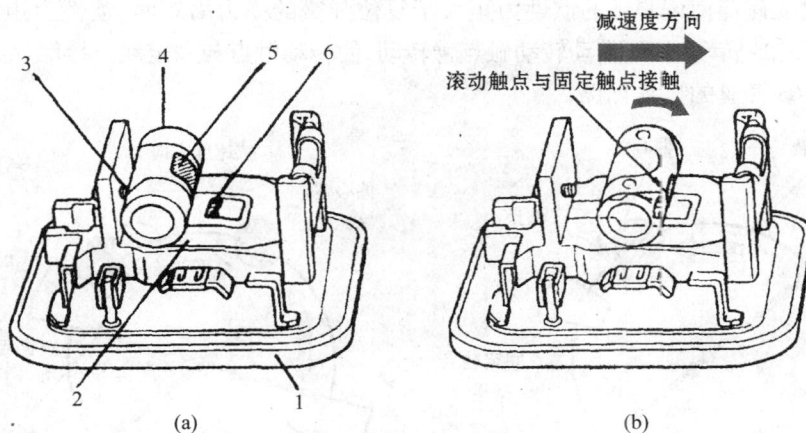

**图 4-1-5　滚轴式碰撞传感器结构原理**

(a) 静止状态　(b) 碰撞状态

1—底座　2—片状弹簧　3—止动销　4—滚轴　5—滚动触点　6—固定触点

(3) 偏心锤式碰撞传感器。

偏心锤式碰撞传感器又称为偏心转子式碰撞传感器,广泛应用于汽车安全气囊系统。偏心锤式碰撞传感器结构如图 4-1-6 所示,主要由偏心锤 1,偏心锤臂 2,转动触点臂 3 及转动触点 6 与 13,固定触点 10 与 16,复位弹簧 19,挡块 9 和壳体 4 与 12 等组成。转子总成由偏心锤 1,转动触点臂 3,11 及转动触点 6,13 组成,安装在传感器轴上。偏心锤 1 偏置安装在偏心锤臂 2 与 15 上。转动触点臂 3,11 两端固定有触点 6,13,触点随触点臂一起转动。两个固定触点 10,16 绝缘固定在传感器壳体上,并用导线分别与传感器接线端子 7,14 与 5,17 连接。

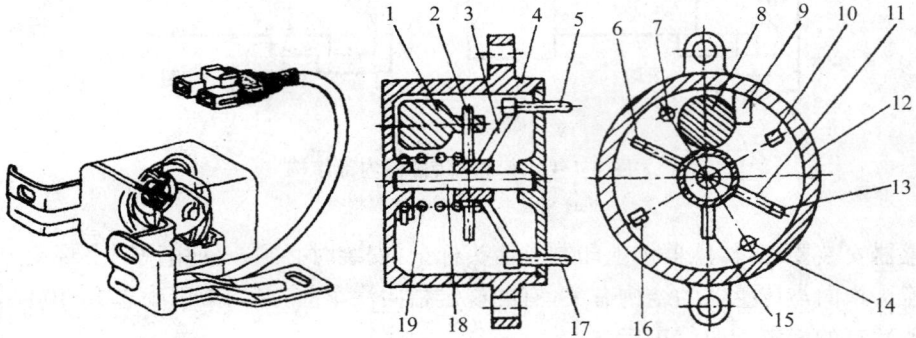

图 4-1-6　偏心锤式碰撞传感器结构

1,8—偏心锤　2,15—锤臂　3,11—转动触点臂　4,12—壳体　5,7,14,17—固定触点引线端子
6,13—转动触点　9—挡块　10,16—固定触点　18—传感器轴　19—复位弹簧

偏心锤式传感器的工作原理如图 4-1-7 所示。当传感器处于静止状态时,在复位弹簧的弹力作用下,偏心锤与挡块保持接触,转子总成处于静止状态,转动触点与固定触点处于断开状态,如图 4-1-7(a)所示。

当汽车遭受碰撞使偏心锤的惯性力矩大于复位弹簧的弹力力矩时,惯性力矩就会克服弹簧力矩使转子总成转动,从而带动转动触点臂转动,使转动触点与固定触点接触,如图 4-1-7(b)所示,接通 SRS 气囊的搭铁回路。

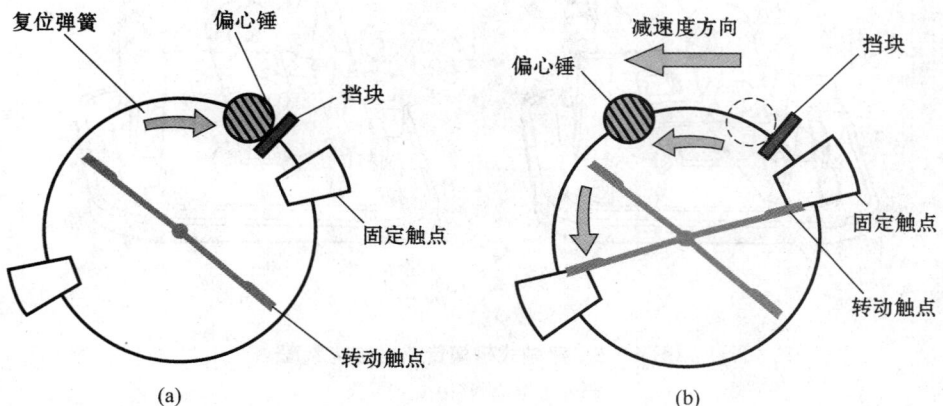

图 4-1-7　偏心锤式碰撞传感器工作原理
(a)静止状态　(b)碰撞状态

（4）水银开关式碰撞传感器。

水银开关式碰撞传感器利用水银导电良好的特性制成。一般用做防护传感器(安全传

感器）。水银开关式传感器的结构及工作过程如图 4-1-8 所示。

　　当汽车发生碰撞时，减速度将使水银产生惯性力。惯性力在水银运动方向上的分力会将水银抛向传感器电极，使两个电极接通，从而接通气囊点火器电路的电源。

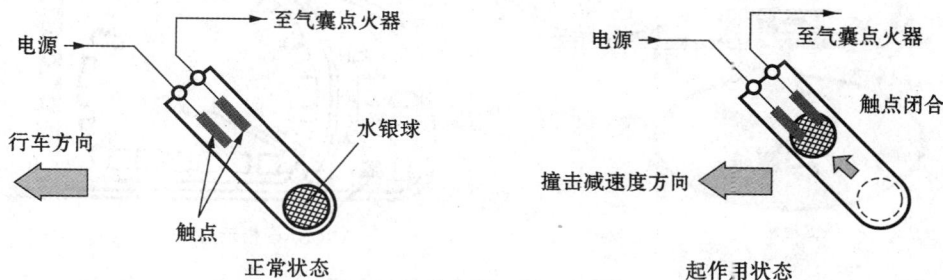

**图 4-1-8　水银开关式传感器工作过程示意图**

　　（5）电阻应变计式碰撞传感器。

　　德国博世公司研制生产的电阻应变计式碰撞传感器的结构、原理及电路如图 4-1-9 所示。

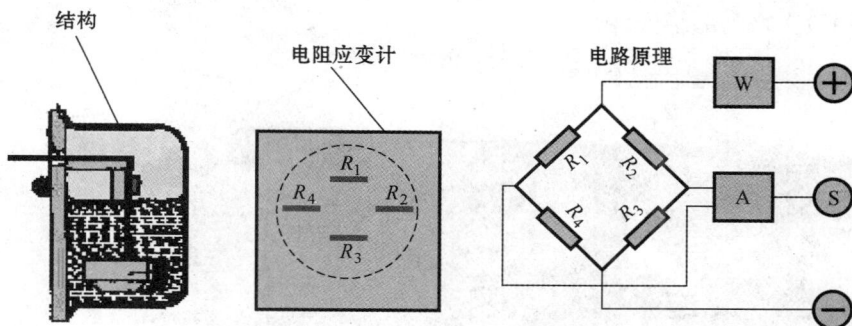

**图 4-1-9　电阻应变计式碰撞传感器的结构、原理及电路**

　　当汽车遭受碰撞时，振动块振动，缓冲介质随之振动，应变计的应变电阻产生变形，阻值随之发生变化，经过信号处理与放大后，传感器 S 端输出的信号电压就会发生变化。SRS 电脑根据电压信号强弱便可判断碰撞的烈度（激烈程度）。如果信号电压超过设定值，SRS 电脑就会立即向点火器发出点火指令引爆点火剂，使充气剂受热分解产生气体给气囊充气。

　　2）安全气囊指示灯

　　安全气囊指示灯是指示安全气囊系统功能是否处于正常状态。当点火开关接通"ON"或"ACC"位置后，如果 SRS 指示灯发亮或闪亮约 6 s（闪 6 下）后自动熄灭，表示安全气囊系统功能正常。如果 SRS 指示灯不亮、一直发亮或在汽车行驶途中突然发亮或闪亮，表示自诊断系统发现安全气囊系统有故障，应及时排除。自诊断系统在控制 SRS 指示灯发亮或闪亮的同时，还会将所发现的故障编成代码存储在存储器中。该指示灯一般安装在组合仪表盘上，并在面膜表面的相应位置制作有图形或 SRS、AIR BAG 字样标识，具体图样见图 4-1-10 所示。

笔记

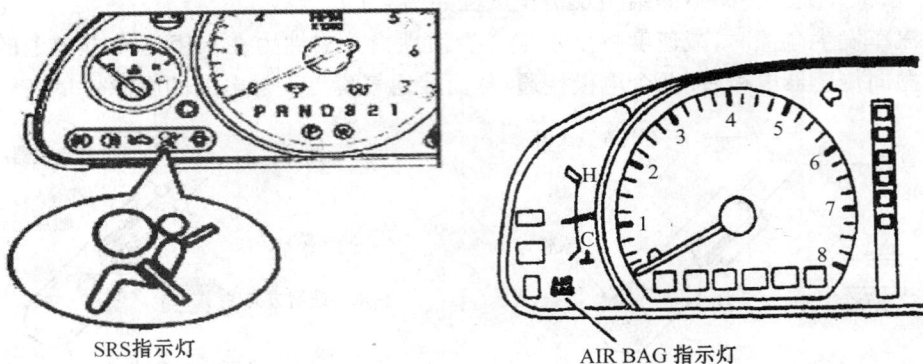

SRS指示灯                              AIR BAG 指示灯

**图 4-1-10    安全气囊指示灯**

3）安全气囊电脑

安全气囊电脑（SRS ECU）它是气囊系统的核心部件，大多车型安装在驾驶舱内中央控制台下面。其功能是接收碰撞传感器输入的信号，判断是否需引爆"引爆装置"，使安全气囊充气，并对安全气囊控制系统进行自诊断等。图 4-1-11 所示为丰田 LS400 轿车安全气囊电脑（SRS ECU）实物内部结构。

蓄电电容器

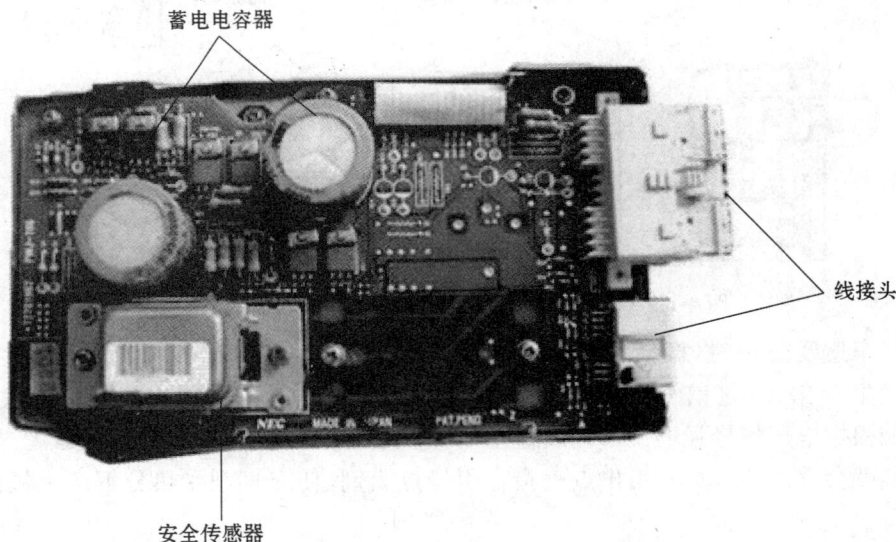

线接头

安全传感器

**图 4-1-11    安全气囊电脑内部结构**

安全气囊电脑由逻辑模块、信号处理电路、备用电源电缆、保护电路和稳压电路等组成，安全传感器一般与安全气囊 ECU 控制单元装在一起。图 4-1-12 所示为 SRS ECU 工作流程示意图。

安全气囊电脑工作过程：在汽车行驶过程中，安全气囊电脑不断接收前碰撞传感器和防护碰撞传感器传来的车速变化信号，经过数学计算和逻辑判断后，确定是否发生碰撞。当判断结果为发生碰撞时，立即运行控制点火的软件程序，并向点火电路发出点火指令引爆点火剂，点火剂引爆时产生大量热量，使充气剂受热分解释放气体给气囊充气。

笔记

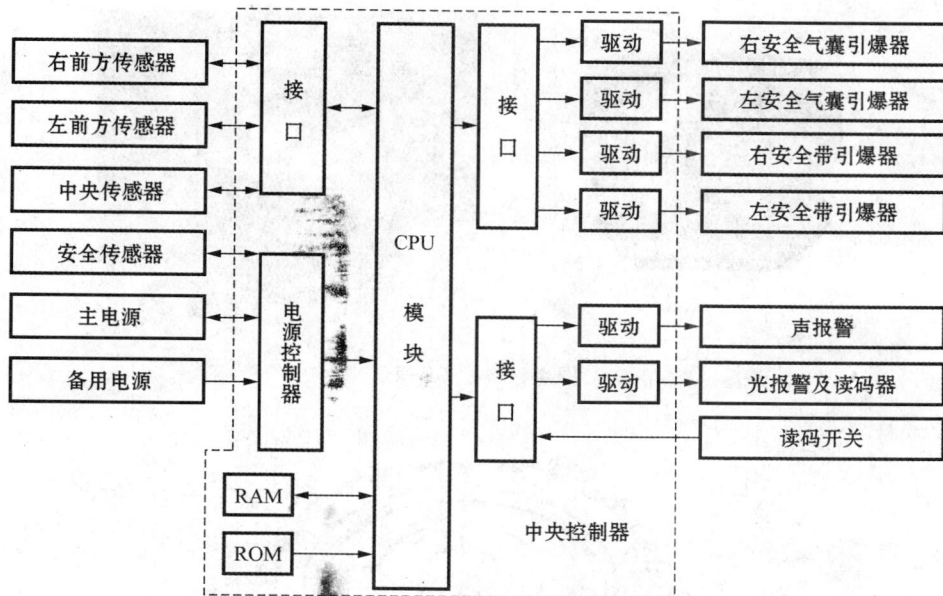

**图 4-1-12  安全气囊电脑工作流程示意图**

除此之外,安全气囊电脑还要对控制组件中关键部件的电路(如传感器电路、备用电源电路、点火电路、SRS 指示灯及其驱动电路)不断进行诊断测试,并通过 SRS 指示灯和存储在存储器中的故障代码来显示测试结果。仪表盘上的 SRS 指示灯可直接向驾驶员提供安全气囊系统的状态信息。电脑存储器中的状态信息和故障代码可用专用仪器或通过特定方式从串行通信接口调出,以供装配检查与设计参考。

气囊爆炸后,在气囊电脑中会存储碰撞数据和故障码,这些故障码用普通仪器无法清除。为了保证气囊工作的可靠性,很多汽车生产厂家建议气囊电脑一次性使用。但是气囊电脑的价格很高,因此很多具有气囊电脑数据修复功能的仪器被开发出来,通过读取并修复碰撞数据,可以实现气囊电脑的再次使用。

4)安全气囊组件

(1) SRS 气囊。

如图 4-1-13 所示,SRS 气囊采用尼龙制成,内层涂有聚氯丁二烯,用以密封气体。气囊静止时被折叠成包安放在气体发生器上部和气囊饰盖之间,气囊饰盖表面模压有浅印,以便气囊充气爆开时撕裂饰盖,并减小冲出饰盖的阻力。气囊背面或顶部设置有排气孔,当驾驶员压在气囊上时,气囊受压后便从排气孔排出。

(2) 气体发生器。

气体发生器功能是在点火器引爆点火剂时,产生气体向气囊充气,使气囊爆开。气囊发生器使用专用螺栓固定在气囊支架上,只有使用专用工具才能进行装配。气体发生器自安装之日起,应 10 年更换 1 次。

为了便于安装,驾驶员气囊气体发生器一般都做成圆形如图 4-1-14 所示。目前,大多数气体发生器都是利用热效应产生氮气充入气囊。

前排乘客气囊的气体发生器为长筒形,其工作原理与驾驶员侧气体发生器相同。

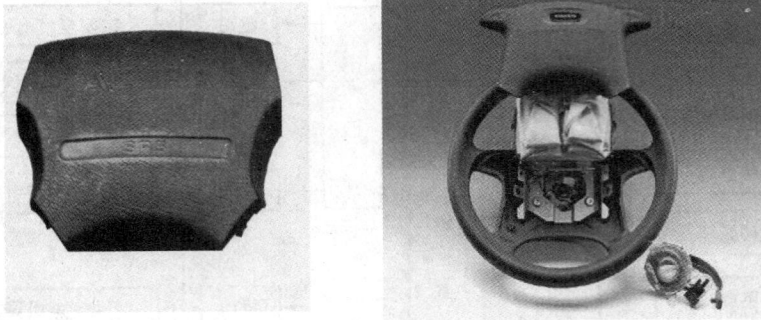

图 4-1-13　SRS 气囊

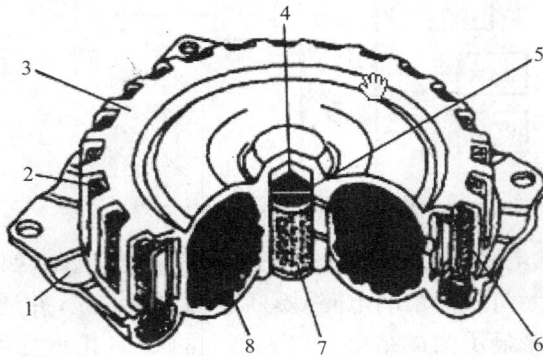

图 4-1-14　电子式气体发生器

1—下盖　2—出气孔　3—上盖　4—引爆雷管　5—电热丝　6—过滤器　7—药筒　8—气体发生剂

（3）点火器。

点火器安装在气体发生器的中央位置,作用是在触发碰撞传感器和防护碰撞传感器将气囊电路接通时,引爆点火剂,产生热量使充气剂分解,如图 4-1-15 所示。

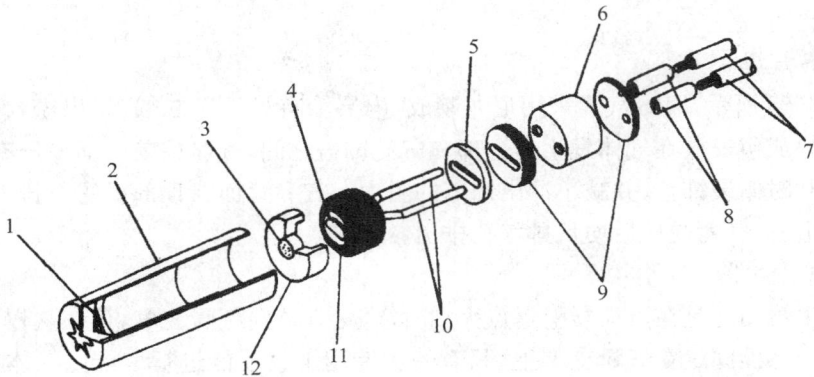

图 4-1-15　点火器结构

1—引爆炸药　2—药筒　3—引药　4—电热丝　5—陶瓷片　6—永久磁铁　7—引出导线
8—绝缘套管　9—绝缘垫片　10—电极　11—电热头　12—药托

**笔记**

### 4. 安全气囊系统线束连接器及保险机构

为了便于将气囊系统线束与其他电气系统线束区别开,目前大多数汽车的气囊系统线束采用黄色连接器,也有采用深蓝色或橘红色连接器。连接器采用了导电性能和耐久性能良好的镀金端子,并设计有防止气囊误爆机构、端子双重锁定机构、连接器双重锁定机构、电路连接诊断机构等保险机构,以保证气囊系统可靠工作。

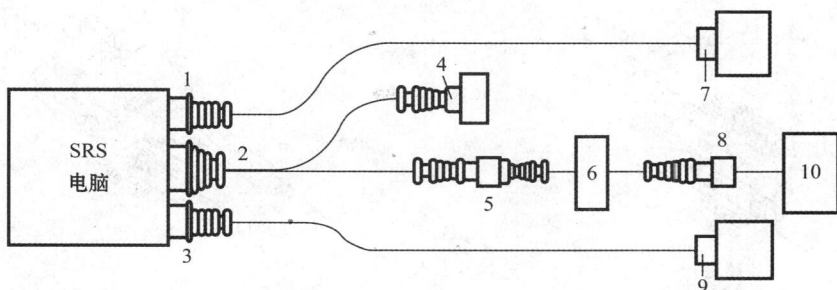

**图 4-1-16　安全气囊系统连接器**

1,2,3—电脑连接器　4—SRS电源连接器　5—中间线束连接器　6—螺旋线束　7—右碰撞传感器连接器
8—SRS气囊组件连接器　9—左碰撞传感器连接器　10—SRS气囊点火器

#### 1) 防止 SRS 气囊误爆机构

如图 4-1-16 所示的线束连接器图中,从 SRS 电脑至 SRS 气囊点火器之间的连接器 2、5、8 均采用了防止气囊误爆的短路片(铜质弹簧片,又称为短路弹簧片)机构。其作用是:当连接器断开(插头拔下或插头与插座未完全结合)时,短路片(弹簧片)自动将靠近 SRS 气囊点火器一侧插头或插座的两个引线端子短接,如图 4-1-17 所示,防止静电或误通电将电热丝电路接通而造成气囊误膨开。

连接器短路片的设置部位各有不同,有的设在插头上(如本田雅阁轿车的驾驶席气囊连接器),有的设在插座上(如本田雅阁轿车的乘员席气囊连接器)。无论设在插头上,还是设在插座上,短路片的设置原则是:必须设在靠近 SRS 气囊点火器一侧的插头或插座上,其作用效果完全相同。在图 4-1-17 中,短路片是设在插座上。当插头与插座正常连接时,插头的绝缘壳体将短路片向上顶起,如图 4-1-17(a)所示,短路片与连接器端子脱开,插头的引线端子与插座的引线端子接触良好,点火器电热丝电路的"＋"端与防护传感器电路接通,"－"端与前碰撞传感器电路接通,电热丝电路处于正常连接状态。

当插头与插座脱开时,短路片自动将气囊点火器一侧插座(或插头)的引线端子短接,使点火器的电热丝与短路片构成回路,如图 4-1-17(b)所示。此时即使将电源加到气囊点火器一侧连接器插座(或插头)上,由于电源被短路片短路,因此点火器不会引爆,从而达到防止 SRS 气囊误爆的目的。

#### 2) 连接器双重锁定机构

安全气囊系统(包括座椅安全带收紧器)在线束的重要连接部位,其连接器(如图 4-1-16 中连接器 5、8)采用了双重锁定机构。连接器双重锁定机构的作用是:锁定连接器插头与插座,防止连接器脱开。连接器双重锁定机构的结构如图 4-1-18 所示。在连接器插头上,设有主锁和两个凸台。在连接器插座上,设有锁柄能够转动的副锁。

**笔 记**

　　连接器双重锁定机构的工作原理是当主锁未锁定时,插头上的两个凸台就会妨碍和阻止副锁锁定,如图 4-1-18(a)所示;当主锁完全锁定时,副锁锁柄方能转动并锁定,如图 4-1-18(b)所示;当主锁与副锁双重锁定后,连接器插头与插座的连接状态如图 4-1-18(c)所示,从而防止连接器插头与插座脱开。

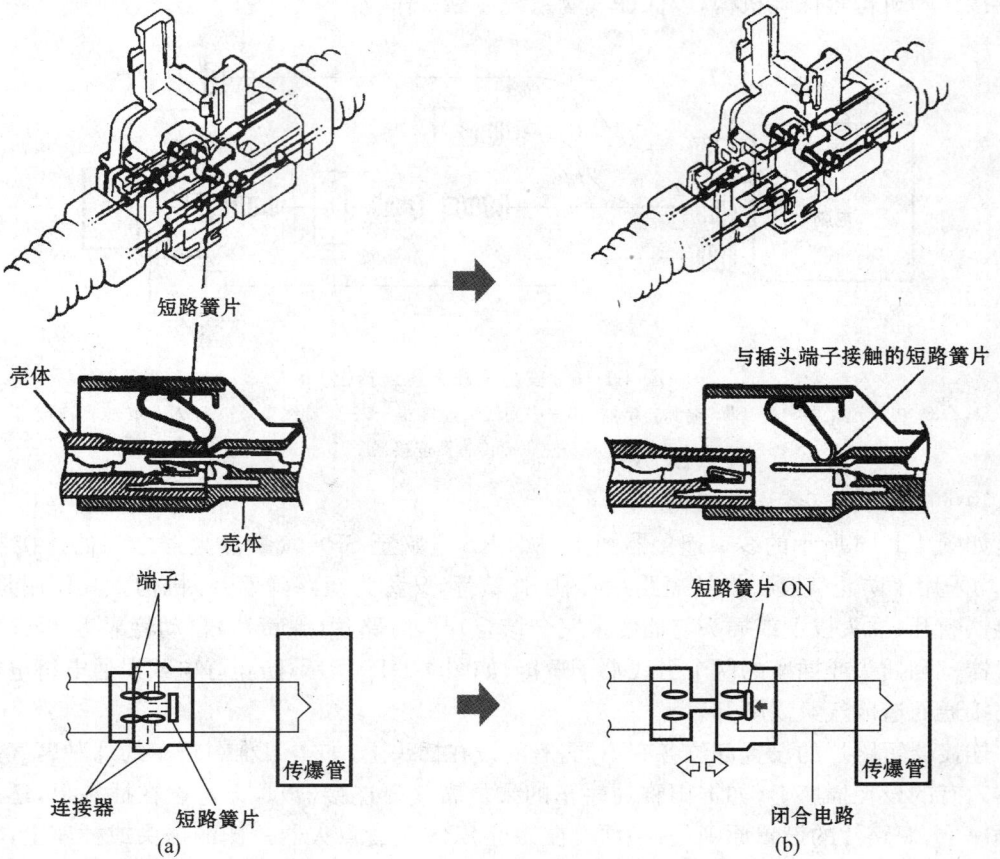

图 4-1-17　防止气囊误爆机构结构原理

(a)连接器连接时　(b)连接器断开时

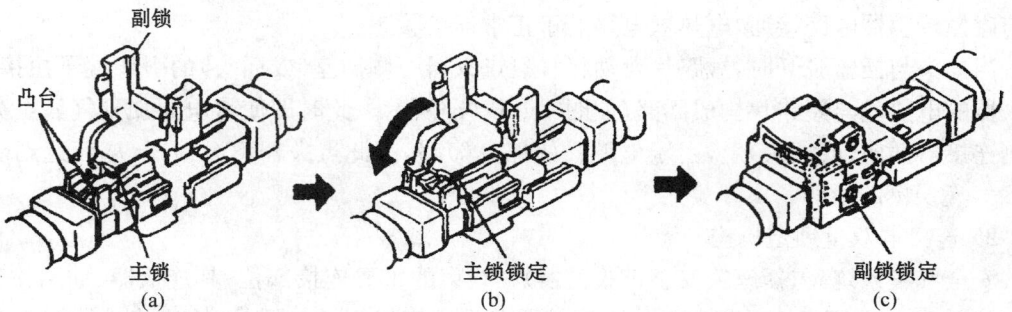

图 4-1-18　连接器双重锁定机构

(a)主锁打开,副锁被挡住　(b)主锁锁定,副锁合上　(c)双重锁定

笔记

3）电路连接诊断机构

电路连接诊断机构的作用是：监测连接器的插头与插座是否可靠连接。前碰撞传感器连接器及其与 SRS 电脑连接的连接器（图 4-1-16 中连接器 1，3，7，9）采用了电路连接诊断机构。电路连接诊断机构的结构如图 4-1-19 所示。在连接器插头（或插座）上，设有一个诊断销。在连接器插座（或插头）上，设制有两个诊断端子，端子上有弹簧片。其中一个诊断端子与碰撞传感器触点的一端相连，另一个诊断端子经过一个电阻（丰田车系为 755～885 Ω）与碰撞传感器触点的一端相连。

前碰撞传感器触点为常开触点，当传感器插头与插座半连接（未可靠连接）时，诊断端子与诊断销尚未接触，如图 4-1-19（a），此时电阻尚未与传感器触点构戒并联电路，连接器引线"+"与"-"之间的电阻为无穷大。因为"+"、"-"引线与 SRS 电脑连接器 1 或 3（参见图 4-1-16）的插头连接，所以，当电脑监测到碰撞传感器的电阻为无穷大时，即诊断为连接器连接不可靠，自诊断电路便控制 SRS 指示灯闪亮报警，同时将故障编成代码储存在存储器中。

当传感器插头与插座可靠连接时，诊断端子与诊断销可靠接触，如图 4-1-19（b）所示，此时电阻与碰撞传感器触点并联。因为传感器触点为常开触点，所以，当 SRS 电脑检测到的阻值为该并联电阻的阻值（丰田车系为 755～885 Ω）时，即诊断为连接器连接可靠。

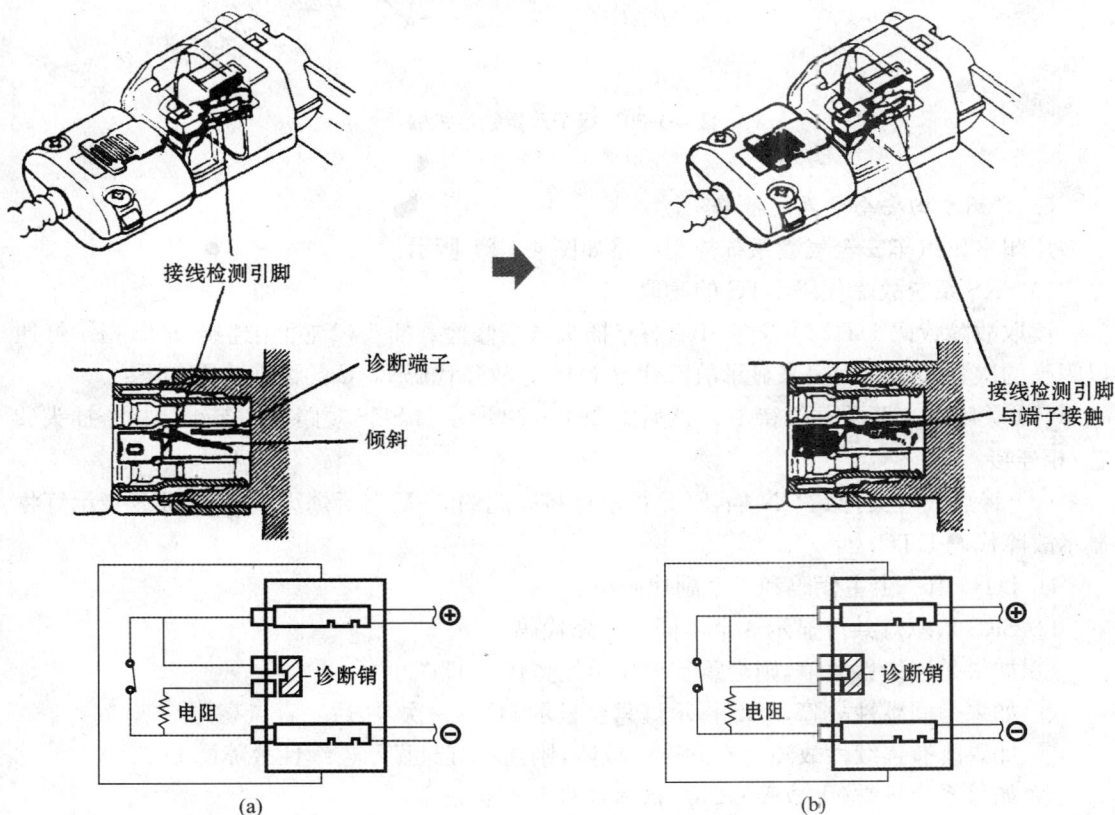

图 4-1-19 电路连接诊断机构
（a）半连接时 （b）可靠连接时

4）端子双重锁定机构

安全气囊系统的每一个连接器都设计有端子双重锁定机构,其作用是防止引线端子出现滑动现象。连接器引线端子双重锁定机构由连接器壳体上的锁柄与分隔片组成,如图4-1-20所示。其中,锁柄为一次锁定机构,可防止端子沿引线轴线方向滑动;分隔片为二次锁定机构.可防止端子沿引线径向移动。

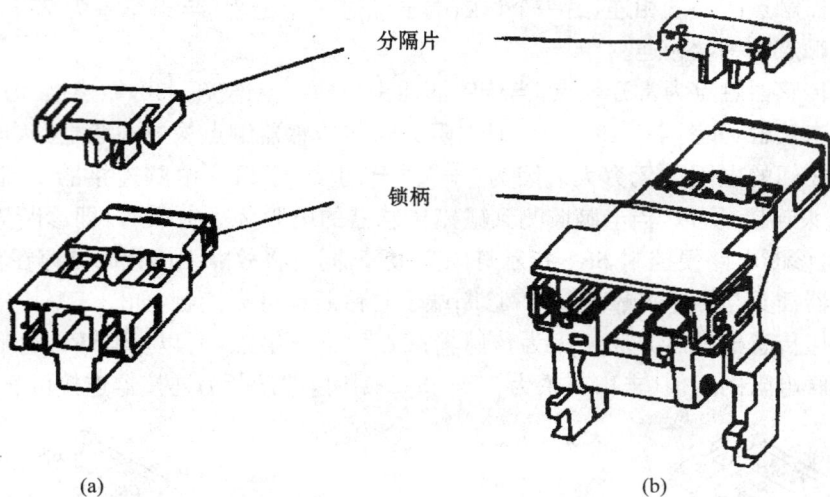

图 4-1-20　端子双重锁定机构

（a）插头　（b）插座

5. 广州本田安全囊系统检修

广州本田汽车安全气囊系统控制电路如图 4-1-21 所示。

1）SRS 系统故障代码 DTC 的读取

读取故障代码 DTC 时需将 SRS 短路插头与维修检查插头（2 芯）相连接,SRS 指示灯便以闪亮的次数和时间间隔来显示故障代码 DTC。故障代码 DTC 的读取步骤如下:

（1）关闭点火开关并等待 10s,然后如图 4-1-22 所示将 SCS 短路插头与维修检查插头（2芯）相连接。

（2）将点火开关拧到 ON 档,SRS 指示灯将亮起约 6s 后自行熄灭。接着 SRS 指示灯将显示故障代码 DTC。

① DTC 由一个主代码和一个副代码组成。

② SRS 指示灯共可显示 3 个不同的故障代码。

③ 如果是连续性故障,则会重复地显示故障代码 DTC。

④ 如果是间歇性故障,SRS 指示灯只会显示 DTC 一次,然后一直点亮。

⑤ 如果既有连续性故障又有间歇性故障,则指示灯只显示连续性故障的 DTC。

⑥ 如果系统正常（无故障）,SRS 指示灯将一直点亮。

（3）读取并纪录故障代码 DTC。

（4）关闭点火开关,并等待 10 min,然后将 SRS 短路插头与维修检查插头（2 芯）断开。

笔记

蓄电池 发动机盖下熔断丝/继电器盒 点火开关 白 黑/黄

驾驶座侧
仪表板下
熔断丝/
继电器盒

No.5 (7.5A)   No.1 (15A)   No.2 (10A)

端子号

插头号

插座

插头

SRS指示灯电路
（在仪表总成中）

SRS指示灯（1.4）

C1    C3
16    9

SRS主线束

前乘客座侧
气囊点火器

驾驶座侧
气囊点火器

D1o
D1i

螺旋导线
线盘

蓝

仪表板线束

C4

C5

P1o
P1i

D1o  2   1
D2i

绿（黄）绿（蓝/黄） 绿（棕）绿（绿）     绿（蓝）      绿（红/黄）绿（黑/白）

黑

Uo 10   14        1    13              6              7       3

SRS装置

Uo 17       16       15       9              18      8

绿（黑[1]）绿（黑[2]）绿（浅绿/红） 绿（红）       绿（黑[1]）绿（浅绿/黑）

C5  3        2                              2       1
C4                                                  SRS主线束

浅/蓝       绿                            存储器清除信号（MES）插头

G501      G801

数据传输插头      维修检查插头（2芯）
（DLC）（3芯）

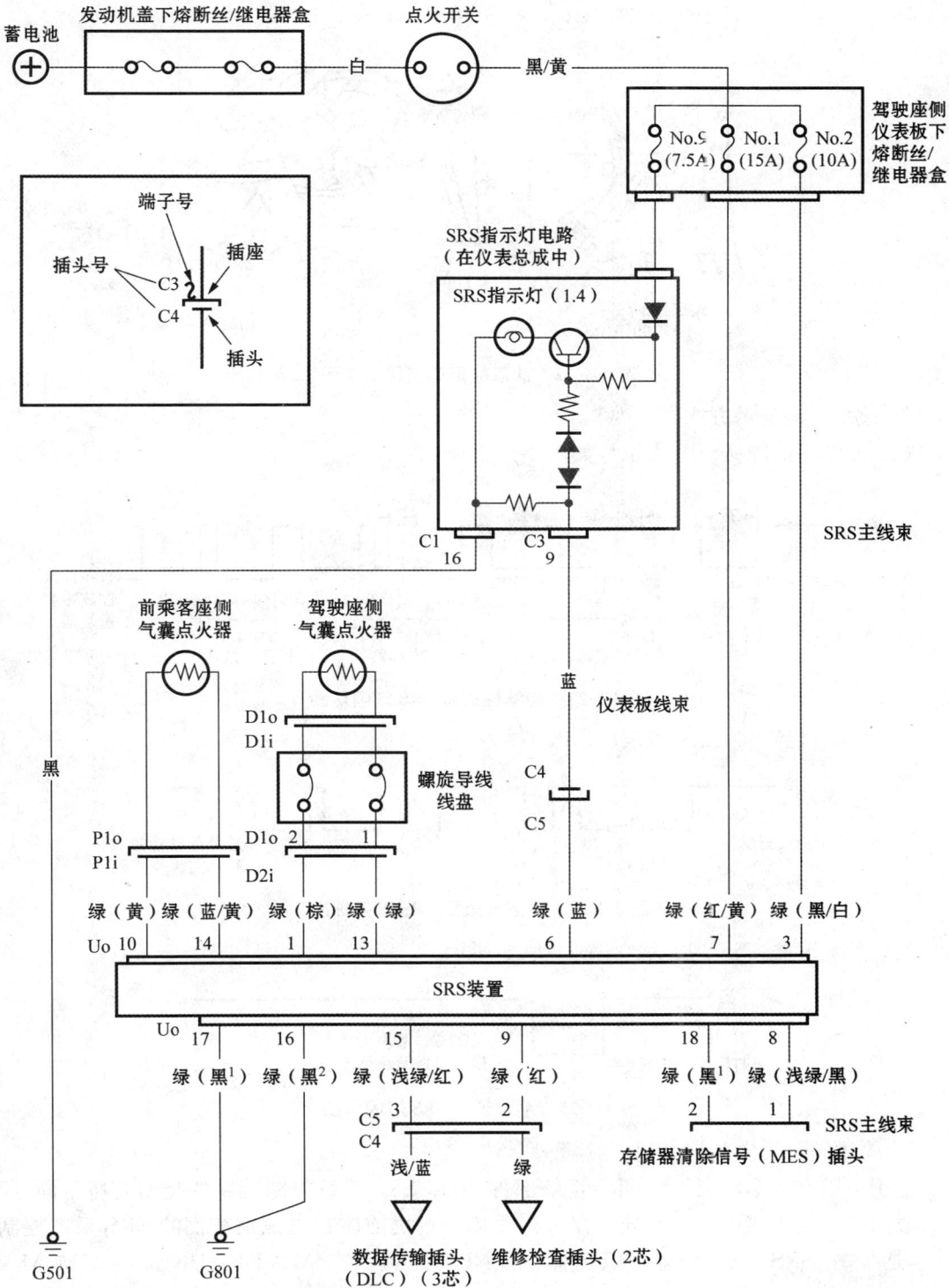

**图 4-1-21 广州本田安全气囊系统控制电路图**

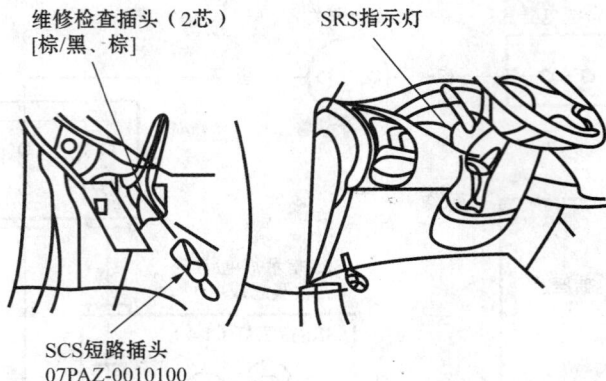

图 4-1-22　读取故障码短接示意图

2）故障代码显示方式

（1）连续性故障。SRS 指示灯如图 4-1-23 所示。

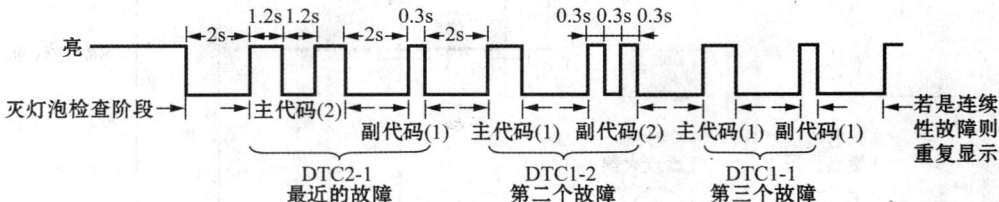

图 4-1-23　连续性故障 SRS 灯闪烁图

（2）间歇性故障。SRS 指示灯如图 4-1-24 所示。

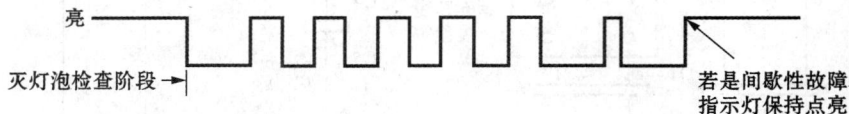

图 4-1-24　间歇性故障 SRS 灯闪烁图

（3）系统正常。SRS 指示灯如图 4-1-25 所示。

图 4-1-25　系统正常 SRS 灯闪烁图

3）故障代码及含义

由于本田有 3 个厂家供应 SRS 系统部件，所以 SRS 系统控制装置的类型有所不同，所以其故障处理的步骤也稍有差异。在进行故障分析之前应首先识别车辆的 SRS 系统控制装置，通常在 SRS 电脑上会有识别标记。NEC 品牌标有 M1，KEIHIN 品牌标有 M2，SIEMENS 品牌标有 M3，不同型号的 SRS 系统控制装置，其故障代码也存在着差异，详细的故障代码说明如表 4-1-3、表 4-1-4 和表 4-1-5 所列。

表 4-1-3　NEC 型 SRS 系统故障代码表

| SRS 指示灯 | 故障代码 DTC | 可能故障原因 | 故障排除步骤 |
|---|---|---|---|
| 不亮 | 无 DTC(不亮) | SRS 指示灯电路故障 | |
| 亮 | 无 DTC(不熄灭) | SRS 指示灯电路故障;SRS 电源故障(VB 线跻) | 故障处理 |
| | 无 DTC(故障自诊断后 SRS 指示灯亮) | SRS 电源故障(VA 线路) | |
| | 1-1 | 驾驶座侧安全气囊点火器线路断路 | |
| | 1-2 | 驾驶座侧安全气囊点火器电阻增大 | |
| | 1-3 | 驾驶座侧安全气囊点火器线路与其他导线短路或电阻变小 | |
| | 1-4 | 驾驶座侧安全气囊点火器线路与电源线短路 | |
| | 1-5 | 驾驶座侧安全气囊点火器线路与地线短路 | |
| | 2-1 | 前乘客座侧安全气囊点火器线路断路 | |
| | 2-2 | 前乘客座侧安全气囊点火器电阻增大 | |
| | 2-3 | 前乘客座侧安全气囊点火器线路与其他导线短路或电阻变小 | |
| | 2-4 | 前乘客座侧安全气囊点火器线路与电源线短路(搭铁) | |
| | 2-5 | 前乘客座侧安全气囊点火器线路与地线短路 | |
| | 5-1 | SRS 系统控制装置内部故障 | 更换 SRS 系统控制装置 |
| | 5-3 | | |
| | 5-4 | | |
| | 6-2 | | |
| | 6-3 | | |
| | 6-4 | | |
| | 1 | | |
| | 2 | | |
| | 3 | | |
| | 8-1 | | |
| | 8-2 | | |
| | 8-6 | | 故障处理 |
| | 9-1[1] | | 更换 SRS 系统控制装置 |
| | 9-2[2] | | |
| | 10-1 | SRS 气囊引爆(SRS 系统控制装置必须更换) | |

注:[1]:在显示间歇性故障 DTC 9-1 的情况下,说明 SRS 系统控制装置存在内部故障或 SRS 指示灯电路故障,应进行间歇性故障的故障处理。

　　[2]:在显示间歇性故障 DTC 9-2 的情况下,说明电源(VB 线路)存在内部故障。

表 4-1-4　KEIHIN 型 SRS 系统故障代码表

| SRS 指示灯 | 故障代码 DTC | 可能故障原因 | 故障排除步骤 |
|---|---|---|---|
| 不亮 | 无 DTC(不亮) | SRS 指示灯电路故障 | |
| 亮 | 无 DTC(不熄灭) | SRS 指示灯电路故障;SRS 电源故障(VB 线路) | 故障处理 |
| | 1-1 | 驾驶座侧安全气囊点火器线路断路 | |
| | 1-2 | 驾驶座侧安全气囊点火器电阻增大 | |
| | 1-3 | 驾驶座侧安全气囊点火器线路与其他导线短路或电阻变小 | |

**笔 记**

| SRS 指示灯 | 故障代码 DTC | 可能故障原因 | 故障排除步骤 |
|---|---|---|---|
| 亮 | 1-4 | 驾驶座侧安全气囊点火器线路与电源线短路 | 故障处理 |
| | 1-5 | 驾驶座侧安全气囊点火器线路与地线短路 | |
| | 2-1 | 前乘客座侧安全气囊点火器线路断路 | |
| | 2-2 | 前乘客座侧安全气囊点火器电阻增大 | |
| | 2-3 | 前乘客座侧安全气囊点火器线路与其他导线短路或电阻变小 | |
| | 2-4 | 前乘客座侧安全气囊点火器线路与电源线短路 | |
| | 2-5 | 前乘客座侧安全气囊点火器线路与地线短路 | 更换 SRS 系统控制装置 |
| | 5-1 | SRS 系统控制装置内部故障 | |
| | 5-2 | | |
| | 5-3 | | |
| | 5-4 | | |
| | 6-1 | | |
| | 6-2 | | |
| | 6-3 | | |
| | 6-4 | | |
| | 1 | | |
| | 2 | | |
| | 3 | | |
| | 8-1 | | |
| | 8-2 | | |
| | 8-6 | | 故障处理 |
| | 9-1[*1] | | 更换 SRS 系统控制装置 |
| | 9-2[*2] | | |
| | 10-1 | SRS 气囊引爆(SRS 系统控制装置必须更换) | |

注:[*1]:在显示间歇性故障 DTC 9-1 的情况下,说明 SRS 系统控制装置存在内部故障或 SRS 指示灯电路故障,应进行间歇性故障的故障处理。

　　[*2]:在显示间歇性故障 DTC 9-2 的情况下,说明电源(VB 线路)存在内部故障。

**表 4-1-5　SIEMENS 型 SRS 系统故障代码表**

| SRS 指示灯 | 故障代码 DTC | 可能故障原因 | 故障排除步骤 |
|---|---|---|---|
| 不亮 | 无 DTC(不亮) | SRS 指示灯电路故障 | 故障处理 |
| 亮 | 无 DTC(不熄灭) | SRS 指示灯电路故障;SRS 电源故障(VB 线路) | |
| | 1-1 | 驾驶座侧安全气囊点火器线路断路 | |
| | 1-2 | 驾驶座侧安全气囊点火器电阻增大 | |
| | 1-3 | 驾驶座侧安全气囊点火器线路与其他导线短路或电阻变小 | |
| | 1-4 | 驾驶座侧安全气囊点火器线路与电源线短路 | |
| | 1-5 | 驾驶座侧安全气囊点火器线路与地线短路 | |
| | 2-1 | 前乘客座侧安全气囊点火器线路断路 | |
| | 2-3 | 前乘客座侧安全气囊点火器线路与其他导线短路或电阻变小 | |
| | 2-4 | 前乘客座侧安全气囊点火器线路与电源线短路(搭铁) | |
| | 2-5 | 前乘客座侧安全气囊点火器线路与地线短路 | |

续 表

| SRS指示灯 | 故障代码DTC | 可能故障原因 | 故障排除步骤 |
|---|---|---|---|
| | 5-1 | | |
| | 5-4 | | |
| | 6-3 | | |
| | 6-4 | | |
| | 1 | | |
| | 2 | SRS系统控制装置内部故障 | 更换SRS系统控制装置 |
| | 3 | | |
| | 8-1 | | |
| | 8-2 | | |
| | 8-6 | | |
| | 9-1*1 | | |
| | 9-2*2 | | |
| | 10-1 | SRS气囊引爆(SRS系统控制装置必须更换) | |

注:*1:在显示间歇性故障DTC 9-1的情况下,说明SRS系统控制装置存在内部故障或SRS指示灯电路故障,应进行间歇性故障的故障处理。

*2:在显示间歇性故障DTC 9-2的情况下,说明电源(VB线路)存在内部故障。

4)故障代码DTC清除方法

按照下述步骤手动清除SRS系统控制装置内存储的故障代码DTC:

(1)关闭点火开关。

(2)如图4-1-26所示,将SCS短路插头与MES插头(2芯)相连接。注意:不要使用跨接线。

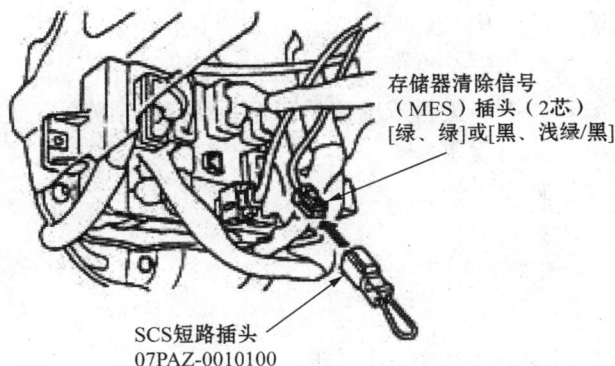

存储器清除信号
(MES)插头(2芯)
[绿、绿]或[黑、浅绿/黑]

SCS短路插头
07PAZ-0010100

图4-1-26 故障码清除短接示意图

(3)将点火开关拧到ON档。

(4)SRS指示灯亮约6 s后熄灭。指示灯熄灭后4 s内将SCS短路插头从MES插头(2芯)上取下。

(5)SRS指示灯再次亮起时,在指示灯亮起4 s内再次将SCS短路插头连接到MES插头(2芯)上。

(6)待SRS指示灯熄灭,再在4 s内将SCS短路插头从MES插头(2芯)上取下。

(7)SRS指示灯如闪动2下,说明故障代码已经清除。

**笔记**

（8）关闭点火开关,等候 10 s。

6. 维修安全气囊注意事项

（1）除了进行电气检查以外,在进行其他工作之前,一定要关闭点火开关,并将蓄电池负极电缆断开至少 3 min 以上才能开始工作。因为即使点火开关已经关闭,蓄电池负极电缆已经断开,储存记忆中的内容也不会消失。

（2）不应安装从其他车辆中卸下的 SRS 零部件,在进行维修时,只能使用新的纯正部件。

（3）在安装任何 SRS 零部件前均应仔细检查其构成元件(驾驶座侧和乘客座侧的安全气囊总成、螺旋电缆、SRS 电脑),不应安装任何表面有凹陷、裂纹、变形或被摔过等现象的零件。

（4）为避免安全气囊以外展开造成伤害,在拆卸 SRS 的任何零部件之前,一定要先将驾驶座侧和乘客座侧的安全气囊总成插头断开,以确保在 SRS 线束附近工作时的安全。

（5）检查安全气囊系统时只能使用数字式万用表,如果不是 HONDA 专用数字式万用表,应确认是在电阻档的最小量程,其输出电流不超过 10 mA。若输出电流高于 10 mA,则可能导致气囊电路的损坏,甚至导致气囊意外地爆炸而造成人身伤害。

（6）切勿在前乘客座气囊总成上放置任何物体。

（7）更换组合开关和刮水器及洗净器开关以及定速巡航控制开关时无需拆下转向盘。

（8）请勿将安全气囊拆解,气囊中没有任何可以维修的零部件。安全气囊一经引爆,则不能再对其进行维修或再次使用。

## 三、制订检修计划

（1）了解安全气囊系统结构、原理等。

（2）查阅维修作业规范与安全事项。

（3）根据故障现象查阅维修资料或维修站信息系统,做出解决方案。

（4）安全气囊系统故障码读取。

（5）安全气囊系统故障码清除。

（6）安全气囊系统线路检测。

## 四、实施维修作业

广州本田安全气囊系统检修如表 4-1-6 所示。

表 4-1-6　广州本田安全气囊系统检修作业任务书

| | | |
|---|---|---|
| 1. 根据教师提供的实习设备,结合教学实际情况和教材,收集相关信息 <br> 2. 熟悉系统结构和电路控制原理 <br> 3. 会检测安全气囊系统相关控制元件和线路 | | |
| 1. 车辆信息描述 | 车辆描述 | |
| | 车辆安全气囊系统类型描述 | |
| 2. 广州本田安全气囊系统检修 | | |

续 表

笔 记

| 故障现象 | 检修方法 |
|---|---|
| SRS指示灯常亮 | (1) 清除故障代码(DTC),将点火开关拧到 ON 档,如果 SRS 指示灯点亮并在 6 s 后熄灭,说明只是间歇性故障<br>(2) 关闭点火开关,检查仪表板下熔断丝/继电器盒内 2 号熔断丝(10 A)是否熔断<br>(3) 断开蓄电池负极电缆 3 min,断开驾驶座侧安全气囊 2 芯(Dlo)插头、前乘客座侧安全气囊 2 芯(Plo)插头和 SRS 主线束 18 芯(Uo)插头,重新连接蓄电池负极电缆。将点火开关拧到 ON 档,用万用表 V 档测量 Uo 插头 3 号端子与搭铁线之间的电压值。如果电压值不是蓄电池电压,说明 SRS 主线束(VB线路)断路,应更换此线束<br>(4) 如果测量电压值是蓄电池电压,则应检查 SRS 系统控制装置。用一条跨接线和背测试适配器将 Uo 插头 6 号端子与 3 号端子相连接。如果此时 SRS 指示灯熄灭,说明 SRS 系统控制装置出现故障或 Uo 插头接触不良,应检查插头或更换 SRS 系统控制装置<br>(5) 如果 SRS 指示灯不熄灭,则检查 2 号熔断丝(10A)是否熔断<br>(6) 如果 2 号熔断丝熔断,则更换熔断丝,再检查 SRS 指示灯电路是否搭铁。关闭点火开关,将仪表板线束 16 芯(C3)插头从仪表总成上断开,用万用表 Ω 档测量 C3 插头 9 号端子与搭铁线之间的电阻值。如果电阻值大于 1 MΩ,说明仪表总成线路搭铁,应更换仪表总成<br>(7) 检查 SRS 主线束是否搭铁。从仪表板线束上断开 SRS 主线束 3 芯(C5)插头,用万用表 Ω 档测量 C5 插头 1 号端子与搭铁线之间的电阻值。如果电阻值大于 1 Ω,则说明仪表板线束搭铁,应维修该线束。如果电阻值小于 1 Ω,说明 SRS 主线束搭铁,应更换 SRS 主线束<br>(8) 如经步骤(5)中检查 2 号熔断丝没有熔断,则应检查 SRS 指示灯电路。关闭点火开关,拆下仪表总成(不要从仪表总成上断开插头)。将点火开关拧到 ON,用一跨接线将 C3 插头 9 号端子与仪表板线束 22 芯插头(Cl)11 号端子相连接。如果 SRS 指示灯没有熄灭,说明仪表总成中 SRS 指示灯电路故障,应更换仪表总成中 SRS 印刷电路板<br>(9) 如果 SRS 指示灯熄灭,则应检查 SRS 指示灯电路是否断路。关闭点火开关,从仪表总成上断开 C3 插头,用万用表 Ω 档测量 SRS 主线束 18 芯插头(Uo)6 号端子与 C3 插头 9 号端子之间的电阻值<br>(10) 如果测量的电阻值为 0～0.1 Ω,则检查 SRS 指示灯电路输入电压。将 Uo 插头连接到 SRS 系统控制装置上。将点火开关拧到 ON 档,用万用表 V 档测量 C3 插头 9 号端子与搭铁线之间的电压值。如果测量的电压值大于 8.5 V,说明通过断开和连接插头消除了故障,这时应仔细检查各插头及端子接触是否良好,并再次检查系统。如果测量值小于 8.5 V,说明 Uo 插头接触不良,如插头正常,用一个确信无故障的 SRS 系统控制装置进行替换并重新进行检查。如果故障仍出现则更换 SRS 主线束<br>(11) 如果步骤(9)中测量的电阻值大于 0.1 Ω,则检查仪表板线束是否断路。从仪表板线束上断开 SRS 主线束 3 芯(C5)插头,用万用表 Ω 档测量 Uo 插头 6 号端子与 C5 插头 1 号端子之间的电阻值。如果电阻值大于 1 Ω,说明 SRS 主线束断路,应更换 SRS 主线束。如果电阻值小于 1 Ω,则说明仪表板线束中蓝色导线断路,应修理仪表板线束 |
| SRS指示灯不亮 | (1) 将点火开关拧到 ON 档,检查制动系统等其他指示灯是否点亮。如果不亮,应检查仪表板下熔断丝/继电器盒内 9 号熔断丝(7.5 A)及 9 号熔断丝与仪表总成之间的线束是否断路。如有问题应进行修复<br>(2) 如果 SRS 指示灯仍不亮,则关闭点火开关,拆下仪表总成,检查 SRS 指示灯灯丝是否熔断 |

笔记

| 故障现象 | 检修方法 |
|---|---|
| SRS 指示灯不亮 | （3）从仪表总成上断开 C3 插头，将点火开关拧到 ON 档 6 s 后，用万用表 V 档测量 C3 插头 9 号端子与搭铁线之间的电压。如果所测量的电压值为 8.5 V 或更小，说明仪表总成的 SRS 指示灯电路有故障，应更换仪表总成中的 SRS 指示灯电路板<br>（4）如上述所测量的电压值大于 8.5 V，则关闭点火开关，从 SRS 主线束上断开仪表板线束 3 芯插头（C4），将通点火开关拧到 ON 档，用万用表 V 档测量 C4 插头 1 号端子与搭铁线之间的电压。如果所测量的电压值为 8.5 V 或更小，说明仪表板线束中蓝色导线与电源线搭接，应修复该线束<br>（5）如上述所测量的电压值仍大于 8.5 V，这时关闭点火开关，断开蓄电池负极电缆 3 min。然后断开驾驶座侧安全气囊 2 芯插头（Dlo）、前乘客座侧安全气囊 2 芯插头（Plo）和 SRS 主线束 18 芯插头（Uo）。重新连接蓄电池负极电缆，用万用表 V 档测量 Uo 插头 6 号端子与搭铁线之间的电压值。如所测量的电压值大于 0.5 V，说明 SRS 主线束中蓝色导线与电源线搭接，应更换此线束。否则为 SRS 系统控制装置故障，应将其更换 |

## 五、检验评估

项目四任务的检验评估如表 4-1-7 所示。

表 4-1-7 评估检验

| 评价指标 | 检验说明 | 检验记录 |
|---|---|---|
| 检查项目 | ➤ 安全气囊熔断丝检查<br>➤ SRS 指示灯检查<br>➤ 故障码（DTC）读取<br>➤ 安全气囊线路检测 | |
| 安全气囊系统工作情况 | | |

| 评价内容 | 检验指标 | 权重 | 自评 | 互评 | 总评 |
|---|---|---|---|---|---|
| 检查任务完成情况 | 1. 完成任务的情况 | | | | |
| | 2. 任务完成的质量 | | | | |
| | 3. 在小组完成任务过程中所起的作用 | | | | |
| 专业知识 | 1. 能描述安全气囊系统的组成 | | | | |
| | 2. 能描述安全气囊系统的工作原理 | | | | |
| | 3. 能描述安全气囊元件的检修方法 | | | | |
| | 4. 会根据检修作业任务书检测故障 | | | | |
| 职业素养 | 1. 学习态度：积极主动参与学习 | | | | |
| | 2. 团队合作：与小组成员一起分工合作，不影响学习进度 | | | | |
| | 3. 现场管理：服从工位安排、执行实训室"5S"管理规定 | | | | |
| 综合评议与建议 | | | | | |

# 项目五　巡航控制系统检修

| | |
|---|---|
| Description 项目描述 | 本项目是以汽车巡航控制系统检修为主线,通过本项目的学习,使学生理解汽车巡航控制系统的工作原理,认识汽车巡航控制系统的结构,具备维护与维修汽车巡航控制系统的相关技能 |
| Objects 项目目标 | 1. 汽车巡航控制系统元件认识与安装位置<br>2. 汽车巡航控制系统工作原理<br>3. 汽车巡航控制系统的分类 |
| Tasks 项目任务 | 任务 5.1:认识汽车巡航控制系统<br>任务 5.2:理解巡航控制系统的工作原理 |
| Implementation 项目实施 | 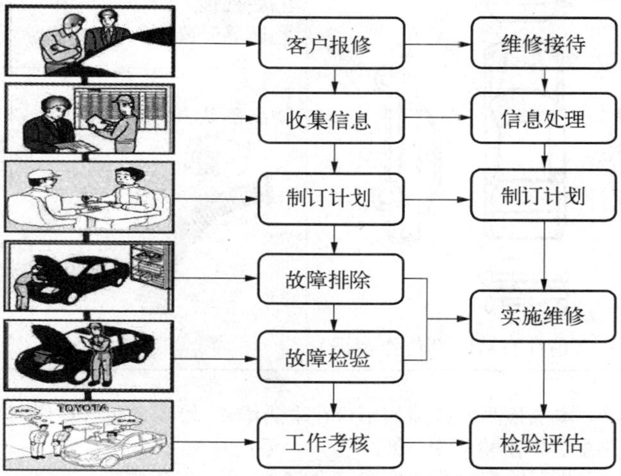 |

## 任务 5.1　认识汽车巡航控制系统

| | |
|---|---|
| 任务描述 | 一辆丰田小轿车,驾驶员反映该车在巡航状态下行驶时会经常跳开巡航状态,送到修理厂进行维修。巡航控制系统的作用是什么? 由哪些部件构成? |
| 任务目标 | 1. 了解巡航控制系统元件与安装位置<br>2. 能准确描述巡航控制系统工作原理 |

## 一、维修接待

按照表 5-1-1 完成待修车辆的维修接待,并准确填写接车问诊表。

表 5-1-1　维修接待与接车问诊表

1. 通过与客户面谈了解待修车辆故障现象
2. 验证故障或路试
3. 确定故障部位,并识别故障根本原因
4. 填写接车问诊表,确认需要维修项目

**笔记**

## 接 车 问 诊 表

车牌号：_____ 车架号：_____ 行驶里程：_____（km）

用户名：_____ 电 话：_____ 来店时间：_____/_____

| 用户陈述及故障发生时的状况：**一辆帕萨特 B5,在使用巡航时不能正常工作** |
| --- |
| 故障发生时的状况提示：**行驶速度、发动机状态、发生频度、发生时间、部位、天气、路面状况、声音描述** |
| 接车员检测确认建议：**需进行日常维护** |
| 车间检测确认结果及主要故障零部件：**需进行日常维护** |

车间检查确认者：_____

外观确认：

（请在有缺陷部位作标识）

功能确认：（工作正常√   不正常×）
□音响系统    □门锁（防盗器）    □全车灯光    □工具
□后视镜    □顶窗    □座椅    □点烟器
□玻璃升降器    □玻璃

物品确认：（有√   无×）

F □贵重物品提示
□工具 □备胎 □灭火器
□其他（       ）
旧件是否交还用户 □是 □否
E 用户是否需要洗车 □是 □否

- 检测费说明：本次检测的故障如用户在本店维修，检测费包含在修理费用内；如用户不在本店维修，请您支付检测费。本次检测费：￥_____元。
- 贵重物品：在将车辆交给我店检查修理前，已提示将车内贵重物品自行收起并保存好，如有遗失恕不负责。

接车员：_____      用户确认：_____

## 二、信息收集与处理

按照表 5-1-2 完成任务 5.1 的信息收集与处理。

表 5-1-2   信息收集与处理

续　表

1. 写出上图巡航控制系统零件名称
1—驻车制动器开关；2—_____；3—_____；4—_____；5—1号车速传感器；6—_____；
7—巡航主指示灯；8—_____；
2. 汽车巡航控制系统的功能是_____、_____、_____
3. 汽车巡航控制系统按驱动方式分为_____、_____两大类
4. 收集汽车巡航控制系统相关的资料

### 1. 巡航控制系统的作用

巡航控制系统(Cruise Control System)也被称为恒速控制系统或自动驾驶系统，可以使车辆在各种路况下都保持以驾驶者设定的车速行驶。而全过程由巡航控制 ECU 根据车辆行驶环境，自动调节节气门的开度。同时，巡航控制 ECU 还具有自诊断功能。只要系统出现故障，ECU 将点亮仪表板上的 CRUISE 报警灯，并由 ECU 存储该项故障代码。当 CRUISE 报警灯亮时，系统将不工作(车辆可正常行驶)等待维修。

### 2. 巡航控制系统基本组成

巡航控制系统由巡航控制 ECU、执行器、速度传感器、巡航主控开关、报警指示灯和停车灯开关、驻车制动器开关以及自动变速器的空挡起动开关等组成。系统结构如图 5-1-1 所示。

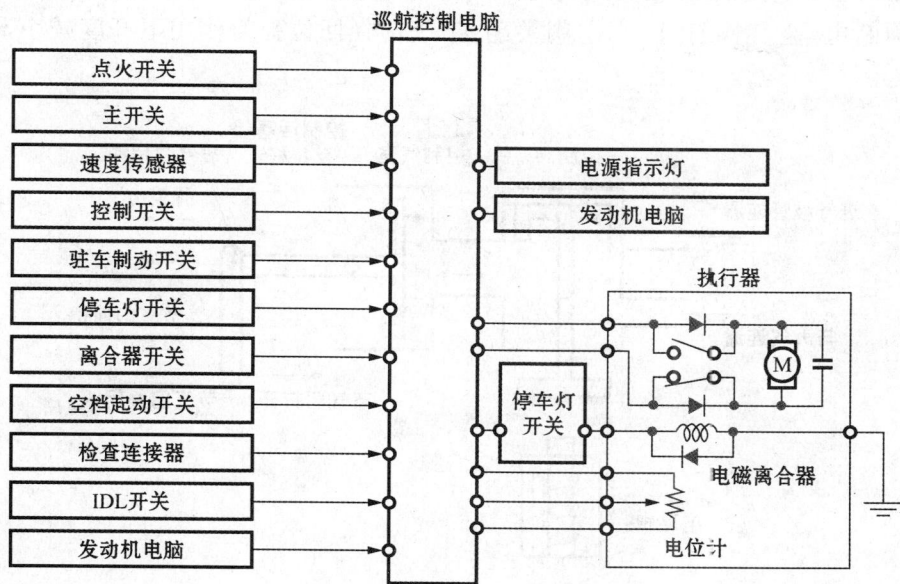

图 5-1-1　巡航控制系统结构图

### 3. 巡航控制系统的分类

巡航控制系统可分为真空驱动型(图 5-1-2)和电机驱动型(图 5-1-3)两类。

### 4. 主要结构

1) 执行器

巡航控制执行器有电动和气动两种形式。电动式执行器用电机来驱动节气门动作，气动则利用进气歧管或真空泵产生的真空度作为操纵节气门的动力。

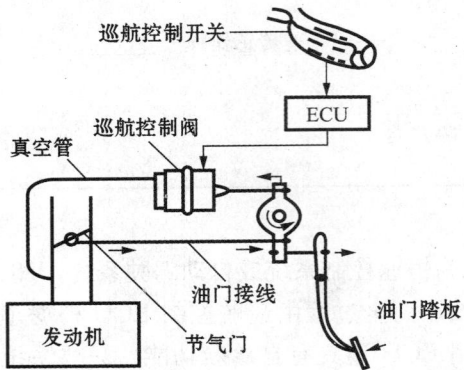

图 5-1-2　真空驱动型

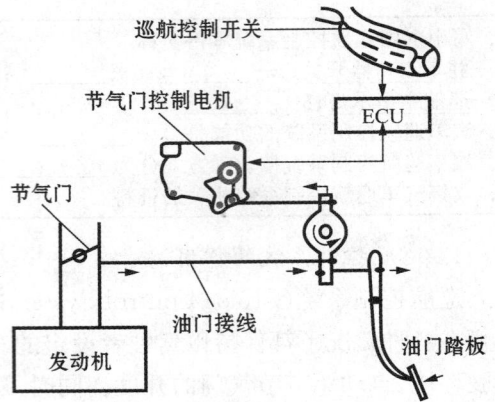

图 5-1-3　电机驱动型

（1）气动式执行器。

气动式巡航执行器的原理如图 5-1-4 所示。在巡航控制系统未工作时，真空阀保持关闭，空气阀打开，控制气室与大气相通，当巡航控制系统控制加速时，电磁阀通电，使真空阀打开，空气阀关闭，控制气室与真空相通，使节气门开度增大，加速到一定时若要使车速恒定，电磁阀通电电流减小，使真空阀与大气阀同时关闭，节气门开度保持不变；若要减速时，电磁阀断电，空气阀打开，真空阀关闭，节气门在回位弹簧作用下开度减小，使车辆减速。

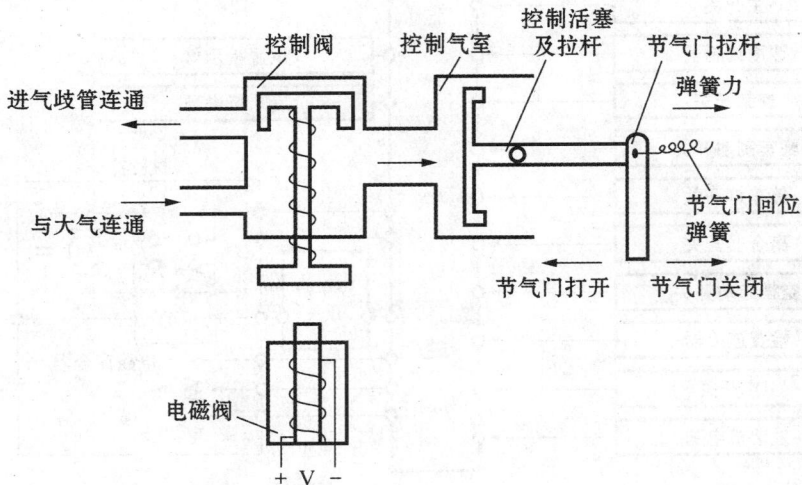

图 5-1-4　气动式执行器原理图

（2）电动式执行器。

电动式巡航控制系统由一个单体电机作为执行器，现代汽车常用有两种形式，一种为电磁式电机驱动型，另一种为直动节气门式电机驱动型，电磁式电机驱动型执行器由电机、电磁离合器、限位开关、控制臂和电位计等元件构成，如图 5-1-5 所示。

① 限位开关、控制臂及有关元件。

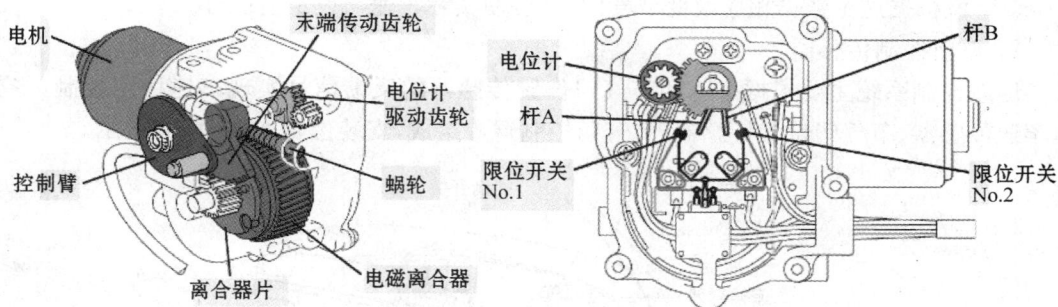

**图 5-1-5　执行电机结构图**

电机根据来自巡航控制 ECU 的信号，作顺时针或逆时针方向转动，通过控制臂来改变节气门的开度，如图 5-1-6 所示。当节气门已完全打开或关闭后，如果电机继续运转，就会损坏。为防止发生这种情况，电机上安装了两个限位开关（图 5-1-5）。在节气门从完全打开到完全关闭的这段时间内，开关的触点是闭合的。当节气门完全打开后，1 号限位开关断路。如果这时执行器收到来自巡航控制 ECU 的加速指令，要开启节气门，那么在限位开关的作用下，电路不通，可以保护电机。当节气门完全关闭后，2 号限位开关断路。如果这时执行器收到减速指令，要关闭节气门，那么因 2 号限位开关已断开电路，电机将不工作。

② 电磁离合器。

电磁离合器的作用是接通或断开电机与巡航控制臂之间的动力传输，而巡航控制臂与发动机节气门之间是用拉线相联的，通过电机可开启或关闭节气门，从而控制汽车的加速与减速。只要巡航控制系统在工作，ECU 就控制电磁离合器处于吸合状态。而在巡航控制系统工作时，只要驾驶员起动任一个取消开关（踩下加速踏板或制动踏板，或使用取消巡航的开关），巡航控制 ECU 即作出反应，将电磁离合器分离，发动机节气门即回到怠速位置，如图 5-1-7 所示。

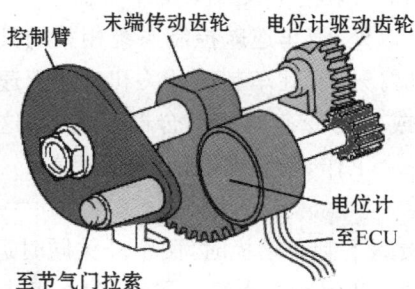

**图 5-1-6　控制臂及部件**

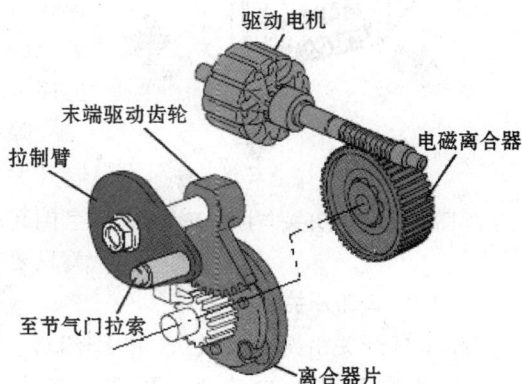

**图 5-1-7　电磁离合器**

③ 电位计。

当巡航控制系统工作时，电位计即通过控制臂转动的角度将节气门开度转换为电信号输送到巡航控制 ECU。ECU 将这个数据存在其存储器中。如果实际车速与设定车速有差

**笔记**

异,ECU 就根据这个数据相应改变节气门开度,使实际车速与设定值趋近。

2)巡航控制传感器

巡航控制系统主要根据车速和节气门位置传感器的反馈信号实现车速稳定控制,主要由车速传感器、节气门位置传感器、节气门控制臂等组成,安装位置如图 5-1-8 所示。

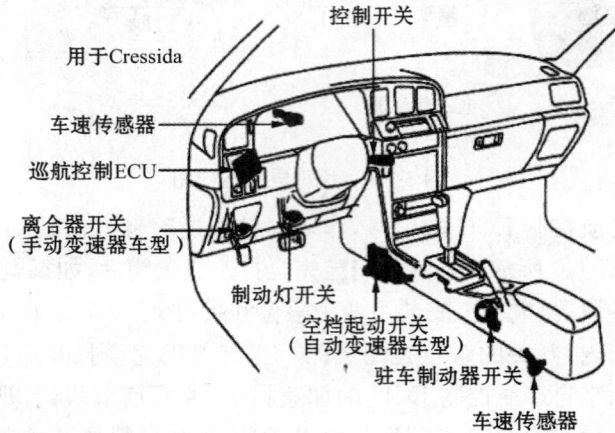

图 5-1-8    传感器位置

3)主开关和控制开关

主开关是巡航控制系统的主电源开关,为点动按键式,如图 5-1-9 所示。一般在驾驶侧的仪表板上,或在方向盘的组合开关附近。开启主开关时,仪表板上的 CRUISE 指示灯将点亮。此时当点火开关关闭时,巡航控制系统便随之关闭;点火开关打开后,必须重新开启巡航主开关,系统才可恢复供电。

控制开关为一短小的操纵杆或开关,当车辆以巡航模式行驶时,该开关可控制 5 个不同的功能,即系统开关 A(MAIN),系统设定和滑行 C(SET/COAST)、恢复加速 B(RES/ACC)、取消 D(CANCEL)等。

除了主开关以外,汽车巡航控制系统相关的其他控制开关还有制动灯开关、驻车制动开关和自动变速器的空档起动开关(或手动变速器的离合器开关)。这些开关只要其中任一个工作,系统即取消巡航设置。

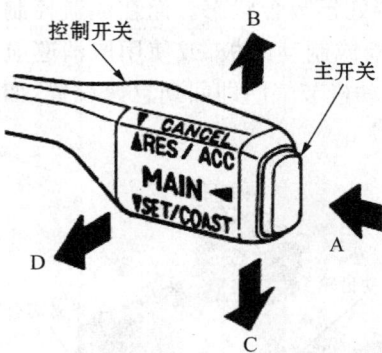

图 5-1-9    主开关与控制开关

(1)停车灯开关。

停车灯开关由两个开关(A 和 B)组成。当驾驶员踩下制动踏板时,两个开关同时运作。

① 开关 A 闭合,电流通过开关 A 流过停车灯开关,使停车灯点亮。同时,汽车蓄电池电压通过开关 A 加在巡航控制 ECU 上,ECU 测出制动器已使用,根据程序立即取消巡航控制系统的工作。

② 开关 B 断开,以阻止来自巡航控制 ECU 的信号到达执行器,以关闭执行器,保证系统取消巡航控制。

（2）驻车制动器开关。

当拉起驻车制动器操纵杆时，驻车制动器开关就被接通，接地电压信号通过驻车制动开关，进入巡航控制 ECU，同时驻车指示灯亮。ECU 由此测出驾驶员使用了驻车制动器，就根据程式立即取消了巡航控制系统的工作。

（3）空档起动开关（自动变速器型）。

当换档杆设置在自动变速器的 P 或 N 档位时，空档起动开关被接通，接地电压信号即传送到巡航控制 ECU，从而由 ECU 取消了系统的控制。

（4）离合器开关（手动变速器型）。

当踩下手动变速箱的离合器踏板时，离合器开关即被接通，接地电压信号传送巡航控制 ECU，ECU 即取消了系统的工作。具有巡航控制系统的手动变速器车辆在行驶中，使用离合器换档很重要。如果没有踩下离合器踏板，就将变速箱换至空档，节气门在巡航控制系统控制下开启，发动机就会出现超速现象。

4）汽车巡航控制系统 ECU

巡航控制 ECU 位于驾驶侧的仪表板内，它根据开关及传感器的指令，控制系统工作。

巡航控制 ECU 有如下控制功能：匀速控制，车速设定，滑行，加速，恢复，车速下限控制，车速上限控制，手动取消，自动取消，电磁离合器控制，自动变速器控制，迅速降速控制，迅速升速控制和自我诊断功能。

（1）匀速控制。

ECU 将实际车速与设定车速进行比较，如实际车速高于设定车速，就将起动执行器电机，将节气门适当闭合部分开度；如实际车速低于设定车速，就起动执行器电机，将节气门开启部分角度。

（2）设定功能。

主开关接通，车辆在巡航速度控制范围内（40～200 km/h），如设定滑行开关接通后拉开，ECU 就会将这个车速存储在存储器内，并使车辆保持这个速度。

（3）滑行功能。

执行器将会关闭节气门。如果设定滑行开关接通后不拉起而保持接通位置，ECU 将存储该开关松开时的车速，并在此后使车辆保持该速度行驶。

（4）加速。

当车辆以巡航控制模式行驶时，如果接通恢复/加速开关，执行器就会将节气门适当开启使车辆加速，ECU 将存储该开关松开时的车速，并在此后使车辆保持该速度行驶。

（5）恢复功能。

只要车速没有降至可设定车速下限（40 km/h），用任一个取消开关将巡航控制模式取消后，只要接通恢复/加速开关，即可恢复设定车速。但车速一旦降至可设定值（40 km/h）以下，存储器中的车速将被消除，设定车速将不能被恢复。

（6）车速下限控制功能。

车速下限是巡航控制所能设定的最低车速，当车辆以巡航控制模式行驶时，如果车速下降至这个速度以下，巡航控制将停止工作，设置在存储器内的车速也会被取消。

（7）车速上限控制功能。

车速上限是巡航控制所能设定的最高车速。一般日系轿车在 200 km/h，欧系轿车（如奔驰、宝马）一般在 240 km/h 以上。巡航控制不能高于这个速度，即使操作"加速"开关，也不能使车速增加至超过这个速度。

（8）手动取消功能。

当车辆以巡航控制模式行驶时，如下列信号中任何一个被输入至巡航控制 ECU，会取消巡航控制（关断执行器内的电磁离合器），如表 5-1-3 所示。

表 5-1-3　手动取消巡航控制

| 序号 | 手动取消信号 |
|---|---|
| 1 | 制动开关"ON"（接通）信号（制动踏板踩下） |
| 2 | 驻车制动器开关"ON"信号（使用驻车制动器） |
| 3 | 离合器开关"ON"信号（仅限 MT 变速器离合器踏板踩下） |
| 4 | 空档开关"N"档信号（仅限 A/T 变速器，换档杆移至"N"档位） |
| 5 | CANCEL（取消）开关"ON"信号（控制开关拉起） |

（9）自动取消功能。

车辆在巡航模式下行驶时，只要下列条件中有任一项被满足，巡航控制 ECU 将立即清除设定之车速，电磁离合器脱离取消巡航控制。要恢复巡航控制，只有将发动机熄灭，然后把点火开关转至 ON，再操纵主开关，按规定步骤使车辆进入巡航控制模式，如表 5-1-4 所示。

表 5-1-4　自动取消巡航控制

| 序号 | 自动取消信号 |
|---|---|
| 1 | 通过巡航执行器电机或电磁离合器驱动晶体管的电流过大 |
| 2 | 执行器电机在节气门开启方向上持续被通电 |
| 3 | 电磁离合器断路 |
| 4 | 车辆速度信号在预定时间间隔内（140 ms）未送出 |
| 5 | 在主开关已经接通的状态下，接通取消开关 |
| 6 | 控制开关短路 |
| 7 | 执行器电机在得到驱动信号的状态下不能正常工作 |
| 8 | 电位器信号未输入 ECU |
| 9 | 来自控制开关的输入信号不正常 |
| 10 | 车速降至巡航控制下限（40 km/h） |
| 11 | 车速降至与设定车速相差 16 km/h 以上（上坡行驶时） |
| 12 | 供应巡航控制系统的电力暂时中断超过 5 s |

车辆在巡航模式下行驶时，停车灯开关端子②到巡航控制 ECU 端子 B 之间短路，使巡航控制被取消，但设定车速的记忆不会被消除。只要车速保持在 40 km/h（巡航下限）以上，

笔 记

操纵设定或恢复开关,即可恢复设定车速。

(10)自动变速器控制功能。

当车辆以起速档按巡航模式上坡行驶时',车速降至超速档切断速度(设定车速减少约 4 km/h)以下时,巡航控制 ECU 将取消超速档并增加扭矩,以阻止车速再次下降。

当车速开至超速档恢复速度(设定车速减去约 2 km/h)以上时,在约 6 s 后,ECU 即恢复超速档。

当车辆以巡航模式行驶时,巡航控制 ECU 向发动机变速控制 ECU 发出信息。发动机和变速器的 ECU 收到信号,即转换为正常换档模式,并在节气门位置传感器的 IDL(怠速开关)触点通过时(如下坡行驶),禁止自动变速器的变矩器锁止,从而保证了车辆的巡航控制行驶。

(11)电磁离合器控制功能。

在巡航模式下,如车速增至设定车速以上,相差超过 15 km/h 以上(如在下坡行驶时),ECU 将电磁离合器脱开,使车速下降。当车速降至超过设定车速不足 10 km/h 左右时,电磁离合器再次接通,恢复巡航车速。

## 三、制订检修计划

(1)了解汽车巡航系统的结构与工作原理。

(2)区分汽车巡航控制系统的类型。

(3)了解汽车巡航控制系统的主要部件的安装位置及作用。

(4)了解汽车巡航控制系统的功能各个部件的功能。

(5)正确使用汽车巡航控制。

## 四、实施维修作业

认识汽车巡航控制系统如表 5-1-5 所示。

表 5-1-5  认识巡航控制系统作业任务书

| 1. 了解汽车巡航控制系统的结构与工作原理<br>2. 会正确使用汽车巡航控制 | | | |
|---|---|---|---|
| 1. 车辆信息描述 | 车辆描述 | | |
| | 车辆巡航系统类型描述 | | |
| 2. 汽车巡航控制系统功能描述 | | | |
| 3. 认识汽车巡航控制系统 | 项　目 | | 记　录 |
| | 巡航系统分类 | | |
| | 巡航系统的构成及安装位置 | | |
| | 巡航控制系统的工作原理 | | |

**笔 记**

续　表

| | 项　目 | | 记　录 |
|---|---|---|---|
| 3. 认识汽车巡航控制系统 | 巡航控制系统各部件的作用 | | |
| | 巡航控制系统的使用 | | |
| | 结论 | | |

## 五、检验评估

项目五任务 5.1 的检验评估如表 5-1-6 所示。

表 **5-1-6**　评估检验

| 评价指标 | 检验说明 | 检验记录 |
|---|---|---|
| 检查项目 | ➢ 作用<br>➢ 类型<br>➢ 元件安装位置<br>➢ 元件作用<br>➢ 巡航使用<br>➢ 其他 | |
| 汽车巡航控制系统运行情况 | | |

| 评价内容 | 检验指标 | 权重 | 自评 | 互评 | 总评 |
|---|---|---|---|---|---|
| 检查任务完成情况 | 1. 完成任务的情况 | | | | |
| | 2. 任务完成的质量 | | | | |
| | 3. 在小组完成任务过程中所起的作用 | | | | |
| 专业知识 | 1. 能描述汽车巡航控制系统的组成 | | | | |
| | 2. 能描述汽车巡航控制系统的应用情况 | | | | |
| | 3. 能描述汽车巡航控制系统的功能 | | | | |
| | 4. 会描述汽车巡航控制系统的使用方法 | | | | |
| 职业素养 | 1. 学习态度:积极主动参与学习 | | | | |
| | 2. 团队合作:与小组成员一起分工合作,不影响学习进度 | | | | |
| | 3. 现场管理:服从工位安排、执行实训室"5S"管理规定 | | | | |
| 综合评议与建议 | | | | | |

## 任务5.2 典型车型巡航控制系统检修

| 任务描述 | 不同车型巡航控制系统的结构不同,利用任务1所学到的基本知识,再结合任务2所提供的资料和诊断流程图,按要求和规范检修典型车型巡航控制系统电路 |
|---|---|
| 任务目标 | 1. 掌握典型车型巡航控制系统电路的工作原理<br>2. 能分析典型车型巡航控制系统的常见故障以及根本原因<br>3. 能按照诊断流程图,检测各部分电路 |

## 一、维修接待

按照表5-2-1完成待修车辆的维修接待,并准确填写接车问诊表。

**表 5-2-1 维修接待与接车问诊表**

1. 通过与客户面谈了解巡航控制系统故障现象
2. 验证故障或路试
3. 确定故障部位,并识别故障的根本原因
4. 填写接车问诊表,确认需要维修项目

**接 车 问 诊 表**

车牌号: _____ 车架号: _____ 行驶里程: _____(km)

用户名: _____ 电 话: _____ 来店时间: _____ / _____

用户陈述及故障发生时的状况:**一东风日产天籁,巡航指示灯闪烁,巡航运行过程中不能完成巡航功能**

故障发生时的状况提示:**行驶速度、发动机状态、发生频度、发生时间、部位、天气、路面状况、声音描述**

接车员检测确认建议:**需进行日常维护**

车间检测确认结果及主要故障零部件:**需进行日常维护**

车间检查确认者: _____

外观确认:

（请在有缺陷部位作标识）

功能确认:（工作正常√  不正常×）
□音响系统    □门锁（防盗器）  □全车灯光   □工具
□后视镜     □顶窗       □座椅     □点烟器
□玻璃升降器   □玻璃

物品确认:（有√  无×）
□贵重物品提示
□工具  □备胎  □灭火器
□其他(       )
旧件是否交还用户  □是  □否
用户是否需要洗车  □是  □否

F

E

笔记

- 检测费说明：本次检测的故障如用户在本店维修,检测费包含在修理费用内;如用户不在本店维修,请您支付检测费。本次检测费：¥_____元。
- 贵重物品：在将车辆交给我店检查修理前,已提示将车内贵重物品自行收起并保存好,如有遗失恕不负责。

接车员：_____　　用户确认：_____

## 二、信息收集与处理

按照表5-2-2完成任务5.2的信息收集与处理。

表 5-2-2　信息收集与处理

1. 凌志 LS400 巡航控制系统电路控制原理
2. 奥迪 A6 巡航控制系统主要由_____;_____;_____;_____;_____等元件组成
3. 日产天籁巡航控制系统元件的安装位置
巡航控制 ECU 安装位置
主开关安装位置
巡航控制电机安装位置

1. 凌志 LS400 巡航控制系统的故障诊断与排除

1) 部件位置、电路及检修

凌志 LS400 汽车巡航控制电路如图 5-2-1 所示。

当巡航控制系统发生故障时,首先应进行直观检查。检查巡航控制系统的线束及插接器是否完好,部件是否损坏等。直观检查后应进行故障自诊断,其内容包括巡航控制系统状态指示的检查;读取故障码;输入信号检查;取消信号检查等。在进行故障自诊断时,如果读取到故障码,应进行故障码诊断,以进一步确定故障部位。如果没有读取到故障码,可按照故障征兆进行故障诊断。当确定故障的具体部位后,对有故障的电路或部件进行修理或更换。

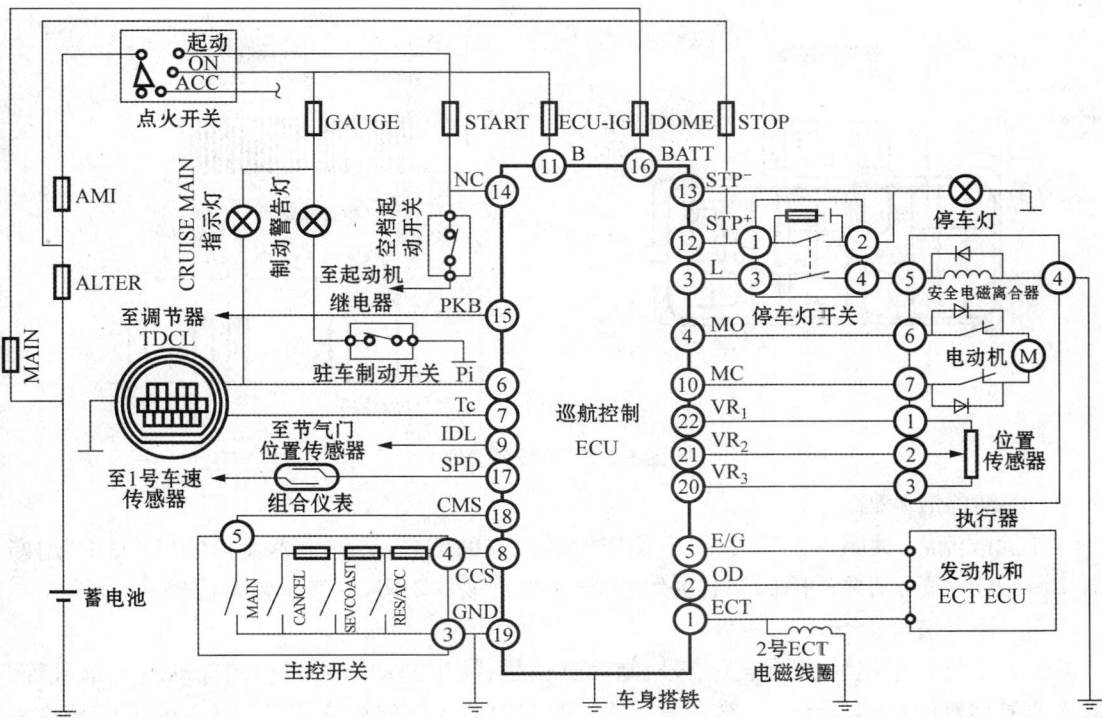

图 5-2-1　巡航控制系统电路图

2）故障自诊断

（1）巡航控制系统状态指示的检查。

仪表板上的 CRUISE 指示灯的闪烁情况可以指示巡航控制系统的状态。巡航控制系统状态指示的检查步骤如下：

① 接通点火开关。

② 接通巡航控制主开关，巡航指示灯应点亮；关闭巡航控制主开关，巡航控制指示灯应熄灭。若指示灯不亮，应检查指示灯和指示灯电路。

③ 如果巡航控制 ECU 诊断出系统有故障时，巡航指示灯将闪烁 5 次，每次闪烁指示灯亮 0.5 s，灭 1.5 s，并且 ECU 将故障码存储在存储器内。

（2）读取故障码。

① 接通点火开关。

② 用短接线将诊断座 TDCL 的端子 Tc 与 $E_1$ 端子短接。

③ 根据仪表板上的 CRUISE 指示灯的闪烁情况读取故障码。

故障码为两位数，指示灯首先闪烁故障码的十位数，指示灯点亮、熄灭的间隔为 0.5 s，显示完十位数后，间隔 1.5 s 后闪烁个位数，个位数的显示方式与十位数相同。如果有多个故障码，故障码将按从小到大的顺序依次显示。相邻两个故障码的间隔时间为 2.5 s，如图 5-2-2 所示。

④ 如果系统没有存储故障码，巡航指示灯将以点亮 0.25 s、熄灭 0.25 s 的方式持续闪烁。

⑤ 完成检查后，拆下 Tc 与 E1 端子之间的短接线，关闭点火开关。

笔记

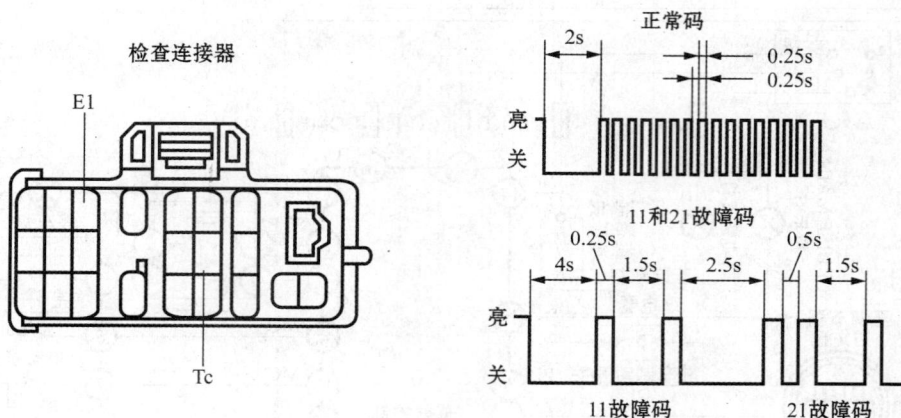

图 5-2-2　故障码读取

（3）清除故障码。

排除故障后，关闭点火开关，拆下位于发动机室的熔断器/继电器盒内的"DOME"熔断器 10 s 以上，即可清除故障码。装上熔断器，重新读取故障码，应显示正常代码。

（4）输入信号检查。

输入信号包括巡航控制开关信号、制动灯信号、驻车制动信号和空档起动开关信号等。输入信号检查的目的是确认各输入信号是否正常地输入巡航控制 ECU，进入输入信号检查模式的步骤如下：

① 接通点火开关，将巡航控制开关置于设定/减速位置保持不动，接通巡航控制主开关。巡航指示灯应反复闪烁。

② 放松巡航控制开关，使设定/减速开关关闭，按表 5-2-3 的操作方法进行检查。

③ 根据巡航指示灯的闪烁读取代码。当两个以上的信号输入 ECU 时，只显示最小的代码。

④ 要退出输入信号检查模式，关闭巡航控制主开关。

表 5-2-3　巡航控制系统输入信号的检查

| 序号 | 操作方法 | 闪烁代码 | 诊　断 |
|---|---|---|---|
| 1 | 接通点火开关，接通取消开关 | 1 | 取消开关电路正常 |
| 2 | 接通点火开关，接通设定/减速开关 | 2 | 设定/减速开关电路正常 |
| 3 | 接通点火开关，接通恢复/加速开关 | 3 | 恢复/加速开关电路正常 |
| 4 | 接通点火开关，踏下制动踏板 | 6 | 制动灯开关电路正常 |
| 5 | 起动发动机，拉紧驻车制动 | 7 | 驻车制动开关电路正常 |
| 6 | 汽车行驶，然后将变速杆置于空档位置 | 8 | 空档起动开关电路正常 |
| 7 | 汽车以高于 40 km/h 的车速行驶 | 持续闪烁 | 车速传感器正常 |
| 8 | 汽车以低于 40 km/h 的车速行驶 | 常亮 | |

⑤ 取消信号检查。

如果正在进行巡航行驶的汽车其巡航行驶被不正常地自动取消，可能是某个取消开关出现了故障。通过取消信号检查，可以确定发生故障的开关及其电路。对于间歇性故障，可以通过路试的方式使故障再现,一旦故障发生,导致故障的取消信号将储存在储存器中,通过取消信号检查,可以确定故障部位。

3) 故障码诊断

在故障码自诊断测试中,如果读取到故障代码,应根据读取到的故障码进行故障码诊断,以进一步确定故障的具体部位。

(1) 故障码 11 或 13 执行器电机电路故障。

执行电机由巡航控制 ECU 通过占空比信号控制工作。加速和减速是 ECU 通过改变信号占空比实现的。如果输出到执行器电机的占空比为 100%,故障 11 将设立。故障码 11 还表示执行器电机电路短路。当执行器电机工作时,如果位置传感器信号不变化,故障码 13 将设立。

① 拔下执行器电机插接器,将电磁离合器通电。

② 将执行器电机通电,控制臂应平滑地转动。

③ 当控制臂转到节气门全开或全闭的极限位置时,限位开关应使控制臂停止转动。如果检查结果不是如上所述,则更换巡航控制执行器。

④ 检查巡航控制 ECU 与执行器之间的导线,如果导线有故障,应进行修理。

(2) 故障码 11 或 12 安全离合器电路故障。

① 拔下巡航执行器电动机插接器(将安全电磁离合器分离),用手转动执行器控制臂,应能自由转动。

② 将蓄电池正极与执行器端子 5 连接(见图 5-2-3),将蓄电池负极与执行器端子 4 连接(电磁离合器接合),用手转动执行器控制臂,应转不动。否则应更换执行器。

③ 拔下制动灯开关插接器,检测开关端子之间的导通性,放松制动踏板时端子 1 与 3 之间应导通,踏下制动踏板时端子 2 与 4 之间应导通。

④ 检查制动灯开关与巡航控制 ECU 之间的导线、制动灯开关与执行器之间的导线、执行器与搭铁之间的导线的通断,如果导线有故障,应进行修理。

(3) 故障码 13 位置传感器电路故障。

位置传感器的作用是检测执行器控制臂的位置,并将位置信号送至巡航控制 ECU。当 ECU 检测到不正常的位置传感器电压信号或当电动机工作而位置传感器信号不变化时,故障码 13 设立。

① 拆下巡航控制 ECU,保持线束插接器连接,接通点火开关。用手慢慢将控制臂从加速侧转向减速侧时,检测巡航控制 ECU 线束侧插接器端子 $VR_2$ 与端子 $VR_3$ 之间的电压(见图 5-2-3 和图 5-2-4)。

② 控制臂在节气门全关位置,电压应为 1.1 V,在节气门全开位置,电压应为 4.2 V。

③ 拔下执行器插接器,测量执行器端子 1 与 3 之间的电阻,电阻值应为 2 000 Ω。

④ 用手慢慢将控制臂从加速侧转向减速侧时,检测执行器端子 2 与 3 之间的电阻,电阻值应连续平稳地增大,控制臂在节气门全关位置时电阻值应为 530 Ω,在节气门全开位置时电阻值应为 1 800 Ω。否则更换执行器总成。

⑤ 检查巡航控制 ECU 与执行器之间的导线和插接器,如果导线和插接器有故障,应进行修理;如果导线和插接器良好,应更换巡航控制 ECU。

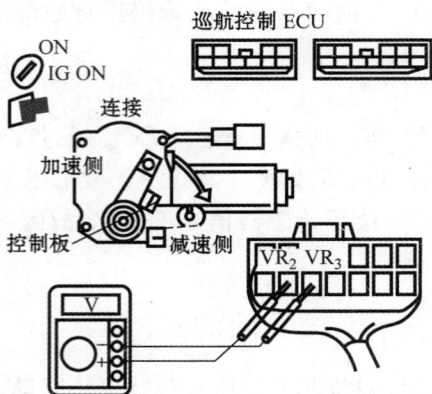

图 5-2-3　安全电磁离合器电路的检查　　　　图 5-2-4　位置传感器电压的检查

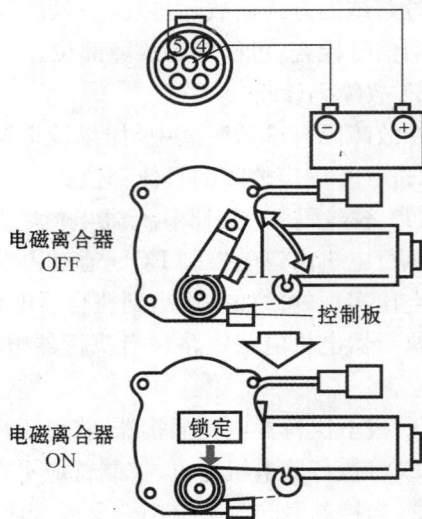

（4）故障码 21 车速传感器电路故障。

车速传感器转子轴由变速器输出轴驱动旋转。转子轴每转一圈，车速传感器发出 20 个信号脉冲给组合仪表。组合仪表将该信号转换成 4 个脉冲的信号送给巡航控制 ECU，巡航控制 ECU 依据此信号计算出车速。当巡航控制 ECU 没有从组合仪表接收到该信号时，故障码 21 设立。

① 进行输入信号检查，驾驶车辆行驶，检查车速在低于和高于 40 km/h 时巡航控制指示灯的工作情况。

② 当车速低于 40 km/h 时，巡航指示灯应常亮；车速高于 40 km/h 时，巡航指示灯应闪烁。

③ 驾驶车辆行驶，检查车速表的工作情况。如果车速表不工作，排除车速表故障。如果车速表工作良好，拆下组合仪表，保持组合仪表线束的连接。

④ 接通点火开关，顶起汽车驱动轮，用手转动传动轴，检测组合仪表 A 插接器端子 10 与搭铁之间的电压。

⑤ 传动轴每转一转电压应在 0～5 V 之间变化一次，如果没有电压或电压没有按上述规律变化，检查组合仪表电源；如果电压如上述规律变化，检查组合仪表与巡航控制 ECU 之间的导线。

⑥ 如果车速信号及导线良好，检查并更换巡航控制 ECU。否则修理组合仪表和导线。

（5）故障码 31，32 或 34 巡航控制开关电路故障。

巡航控制开关电路的作用是将控制开关信号传送至 ECU。当恢复/加速信号一直输入 ECU（巡航主开关接通）时，故障码 31 设立。故障码 32 代表控制开关电路短路。当巡航控制 ECU 同时收到设定/减速和恢复/加速信号时，故障码 34 设立。

4）故障征兆诊断

当对巡航控制系统进行故障自诊断测试时，如果没有读取到故障码，但巡航控制系统有故障征兆存在，应根据故障征兆进行故障诊断。

（1）制动灯开关电路检查。

当踏下制动踏板时,制动信号送至巡航控制 ECU,巡航控制 ECU 接收到制动信号后,取消巡航控制系统的工作。另外,当踏下制动踏板时,制动灯开关将安全电磁离合器的电路切断,使巡航控制系统停止工作,即使制动信号电路有故障,制动灯开关电路也可以提供失效-安全保护,保证取消功能正常。

① 检查制动灯电路:

踏下制动踏板,确认制动灯点亮;放松制动踏板,确认制动灯熄灭。否则检查制动灯电路。

② 检查输入信号:

a. 接通点火开关,将巡航控制开关置于设定/减速位置保持不动,接通巡航控制主开关,巡航指示灯应反复闪烁。

b. 放松巡航控制开关使设定/减速开关关闭,踏下制动踏板,巡航控制指示灯应闪烁 6 次,否则,说明制动输入信号有故障。

③ 检查线束:

检查巡航控制 ECU 与制动灯开关之间的线束,如果线束有故障,进行修理或更换;否则,应检查并更换巡航控制 ECU。

（2）急速开关电路检查。

当急速开关接通时,信号送至巡航控制 ECU,巡航控制 ECU 利用该信号校正节气门位置传感器与执行器位置传感器信号的偏差,以保证巡航控制系统设定车速精确。如果急速开关有故障,也会影响到发动机控制系统的工作。

① 检查电压:

a. 拆下巡航控制 ECU,保持线束连接,接通点火开关。测量巡航控制 ECU 插接器端子 IDL 与搭铁之间的电压。

b. 节气门全关时电压值应为 5 V,节气门全开时电压值应为 0 V。

（3）检查节气门位置传感器。

① 拆下进气导管,拔下节气门位置传感器插接器,测量节气门位置传感器端子 1 与 2 之间的电阻。

② 节气门全开时,电阻值应为无穷大;节气门全关时,电阻值应为 0 Ω。否则,应更换节气门位置传感器。

③ 检查线束:

检查巡航控制 ECU 与节气门位置传感器之间的线束以及节气门位置传感器与搭铁之间的线束。如果线束有故障,应进行修理或更换,否则,应检查并更换巡航控制 ECU。

（4）与电控变速器的通信电路的检查。

为了减少变速器档位在超速档和 3 档之间的频繁变换,使汽车行驶平稳,当电控变速器降档时,巡航控制 ECU 发送一个信号至发动机/变速器 ECU,当汽车以巡航模式上坡行驶时,发动机/变速器 ECU 将阻止升档。

巡航控制 ECU 的 ECT 端子检测来自发动机/变速器的换档信号。当巡航控制 ECU 接收到该信号后,如果汽车在上坡行驶,巡航控制 ECU 发出一个信号至发动机/变速器 ECU,

切断超速档和液力变矩器锁止离合器,使变速器的换档次数减少,换档点改变。

① 检查超速档的工作:

起动发动机使其达到正常工作温度,驾驶汽车行驶。当接通超速档开关时,确认汽车能进入超速档;当关闭超速档开关时,确认汽车不能进入超速档。否则,应检修电控变速器。

② 检查超速档信号电压:

拆下巡航控制 ECU,保持 12 端子插接器的连接,拔下 10 端子插接器,接通点火开关。检测线束侧 10 端子插接器端子 OD 与搭铁之间的电压,电压值应为 4 V。

③ 检查电控变速器电压:

a. 关闭点火开关,重新连接巡航控制 ECU 插接器,起动发动机使其达到正常工作温度,驾驶汽车行驶。接通和关闭超速档开关,测量巡航控制 ECU 插接器端子 ECT 与搭铁之间的电压。

b. 接通超速档开关,电压值应为 0 V;关闭超速档开关,应为蓄电池电压。

④ 检查 ECT 线束:

检查巡航控制 ECU 插接器端子 ECT 与电控变速器电磁阀之间的线束。如果线束有故障,进行修理或更换,否则,应更换巡航控制 ECU。

⑤ 检查 OD 线束:

检查巡航控制 ECU 插接器端子 OD 与发动机/变速器 ECU 线束插接器端子 O/D1 端子之间的线束。如果线束有故障,应进行修理或更换,否则,应检查并更换巡航控制 ECU。

(5) 电控燃油喷射(EFI)通信电路检查。

当汽车在巡航控制模式下坡行驶时,巡航控制 ECU 发出信号到发动机/变速器 ECU,以提供平稳的巡航控制行驶并减少由于 EFI 燃油减少(稀空燃比)引起的发动机转矩的变化。

① 检查电压:

a. 拆下巡航控制 ECU,保持线束插接器连接。起动发动机使其达到正常工作温度,驾驶汽车在坡道上行驶。检测巡航控制 ECU 端子 E/G 与搭铁之间的电压。

b. 下坡行驶时,电压值应为 0 V;上坡行驶时,电压值应为 5 V。

② 检查线束:

检查巡航控制 ECU 端子 E/G 与发动机/变速器 ECU 之间的线束。如果线束有故障应进行修理。否则,应更换巡航控制 ECU。

(6) 驻车制动开关电路检查。

放松驻车制动踏板时,驻车制动开关发出一个信号给巡航控制 ECU。如果汽车在巡航模式下行驶,巡航控制 ECU 收到该信号时将使巡航控制系统停止工作。

① 检查驻车制动警告灯:

当发动机运转时,如果施用驻车制动,驻车制动警告灯应点亮,当解除驻车制动时,驻车制动警告灯应熄灭。否则,应检查驻车制动警告灯电路。

② 检查输入信号:

按前述进行"输入信号检查",当使用驻车制动时,巡航控制警告灯应闪烁代码"7"。否则进行下一检查步骤。

③ 检查线束：

检查巡航控制 ECU 与驻车制动警告灯之间的线束的断路故障。如果线束有故障应进行修理。否则，应更换巡航控制 ECU。

（7）空档起动开关电路检查。

当变速杆在驻车（P）或空档（N）位置时，空档起动开关将空档起动开关信号送至巡航控制 ECU。在巡航控制模式下行驶时，如果该信号输入巡航控制 ECU，ECU 将关闭巡航控制系统。

① 检查空档起动开关和发动机的工作：

确认起动机工作正常，发动机能够起动。如果发动机能够起动，进行下一检查步骤，否则检查起动电路。

② 输入信号检查：

按前述进行"输入信号检查"，当变速杆置于驻车或空档位指示灯应显示代码"8"，否则进行下一检查步骤。

③ 检查线束：

检查巡航控制 ECU 与 ST（起动电路）之间的熔断器。如果线束有故障应进行修理。否则，应更换巡航控制 ECU。

（8）ECU 电源电路检查。

ECU 电源电路为执行器和传感器提供电源。巡航控制 ECU 的搭铁端子和巡航控制 ECU 壳体与搭铁点连接。

① 检查电压：

拆下巡航控制 ECU，保持线束的连接。检测巡航控制 ECU 插接器端子 B（见图 5-2-2）与搭铁之间的电压，应为蓄电池电压。

② 检查搭铁电路：

检查巡航控制 ECU 线束插接器端子 GND（见图 5-2-2）与搭铁之间的电阻，电阻值应为 $0\,\Omega$。否则，应修理或更换线束或插接器。

③ 检查 ECU-IG 熔断器：

从驾驶员侧踢脚板处的熔断器/继电器盒内拆下 ECU-IG 熔断器，检查熔断器是否完好。如果熔断器正常，则修理或更换蓄电池与巡航控制 ECU 之间的线束或插接器。如果熔断器烧断，应检查与 ECU-IG 熔断器连接的所有线束或部件。

（9）备用电源电路检查。

巡航控制 ECU 备用电源电路即使在点火开关关闭的情况下也能提供电源，保证 ECU 随机存储器记忆故障码。发动机室的熔断器/继电器盒内的 DOME 熔断器为备用电源电路提供电源。

① 检查电压：

拆下巡航控制 ECU，保持线束的连接。检测巡航控制 ECU 插接器端子 BATF（见图 5-2-2）与搭铁之间的电压，应为蓄电池电压。

② 检查搭铁电路：

检查巡航控制 ECU 线束插接器端子 GND（见图 5-2-2）与搭铁之间的电阻，电阻值应为 $0\,\Omega$。否则，应修理或更换线束或插接器。

③ 检查 ECU-IG 熔断器:

从驾驶员侧踢脚板处的熔断器/继电器盒内拆下 ECU-IG 熔断器,检查熔断器是否完好。如果熔断器正常,应修理或更换蓄电池与巡航控制 ECU 之间的线束或插接器。如果熔断器烧断,应检查与 ECU-IG 熔断器连接的所有线束和部件。

④ 检查 DOME 熔断器:

从发动机室熔断器/继电器盒内拆下 DOME 熔断器,检查熔断器是否完好。如果熔断器正常,应修理或更换蓄电池与巡航控制 ECU 之间的线束或插接器。如果熔断器烧断,应检查与 DOME 熔断器连接的所有线束和部件。

(10)巡航控制开关电路检查。

当巡航控制主开关关闭,巡航控制系统停止工作。

① 检查电压:

a. 拆下巡航控制 ECU,保持线束的连接。接通点火开关,接通和关闭巡航控制主开关,检测巡航控制 ECU 插接器端子 CMS(见图 5-2-3)与搭铁之间的电压,应为蓄电池电压。

b. 接通巡航控制主开关时,电压值应为 0 V;关闭主开关时,应为蓄电池电压。

② 检查巡航控制主开关:

a. 解除安全气囊的使用,拆下转向盘衬垫,拔下巡航控制开关插接器,检测插接器端子 3 与 5 之间的导通性。

b. 关闭主开关时不应导通,接通主开关时应导通。否则,应更换巡航控制开关。

③ 检查线束:

检查巡航控制 ECU 与巡航控制开关之间的线束。如果线束有故障应进行修理。否则,应更换巡航控制 ECU。

(11)诊断电路的检查。

① 检查电压:

接通点火开关,测量位于仪表板左侧下方的诊断座的 Tc 与 $E_1$ 端子之间的电压,应为蓄电池电压。否则进行下一检查步骤。

② 检查线束:

检查巡航控制 ECU 与诊断座之间以及诊断座与搭铁之间的线束,如果线束有故障应进行修理。否则,应更换巡航控制 ECU。

2. 奥迪 A6 巡航控制系统故障诊断与检查

奥迪 A6 2.8 L 汽车将巡航控制系统作为标准配制,奥迪 A6 1.8、奥迪 A6 1.8T 和奥迪 A6 2.4 汽车将巡航控制系统作为选装装备。奥迪 A6 汽车巡航控制开关在转向信号灯/前照灯变光操纵手柄上。装有 4 缸发动机的奥迪 A6 1.8 和奥迪 A6 1.8T 汽车的巡航控制系统由巡航控制开关、制动灯开关、车速表、巡航控制单元、真空驱动型执行器等组成。装有 6 缸发动机的奥迪 A6 2.8 和奥迪 A6 2.4 汽车的巡航控制系统除巡航控制开关外,其他部件都是与发动机控制系统共用。巡航控制系统由发动机控制单元控制工作,由于 6 缸发动机采用电子节气门(如图 5-2-5),因此无论在巡航模式还是正常模式行驶,节气门的控制都是由发动机控制单元进行控制。4 缸发动机巡航控制系统电路图见图 5-2-6,图 5-2-7。6 缸发动机巡航控制系统电路图见图 5-2-8,图 5-2-9。

笔记

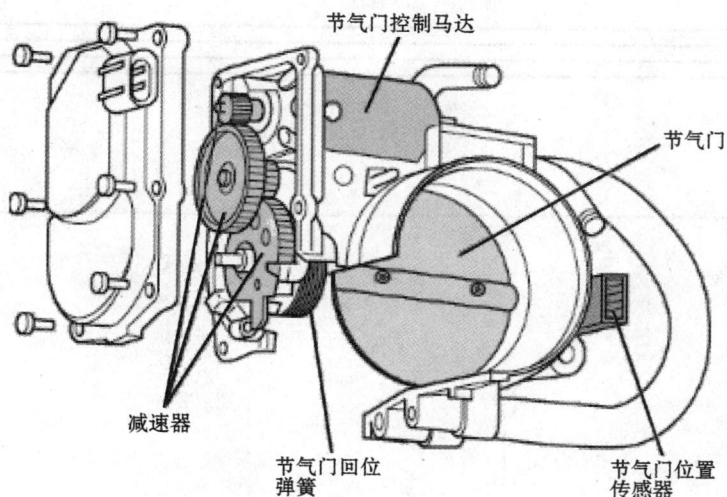

节气门控制马达

节气门

减速器

节气门回位
弹簧

节气门位置
传感器

图 5-2-5    电子节气门

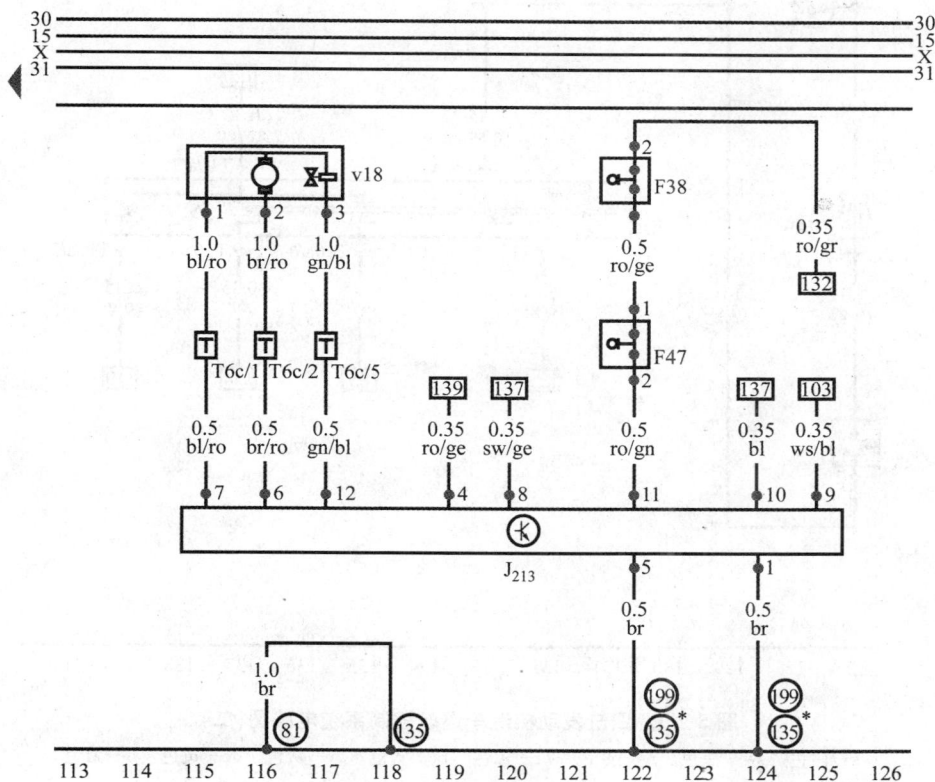

图 5-2-6    四缸发动机汽车巡航控制系统电路图(一)

ws—白色    sw—黑色    ro—红色    br—棕色    bl—蓝色    gr—灰色    ge—黄色

F38—车外温度传感器    F47—制动踏板开关    J213—巡航控制执行器

T6c—6 端子插接器(黑色,在左侧 A 柱分线器处);搭铁连接 1(在仪表线束内);

搭铁连接 2(在仪表线束内);搭铁连接 3(在仪表线束内)    * —两种可能

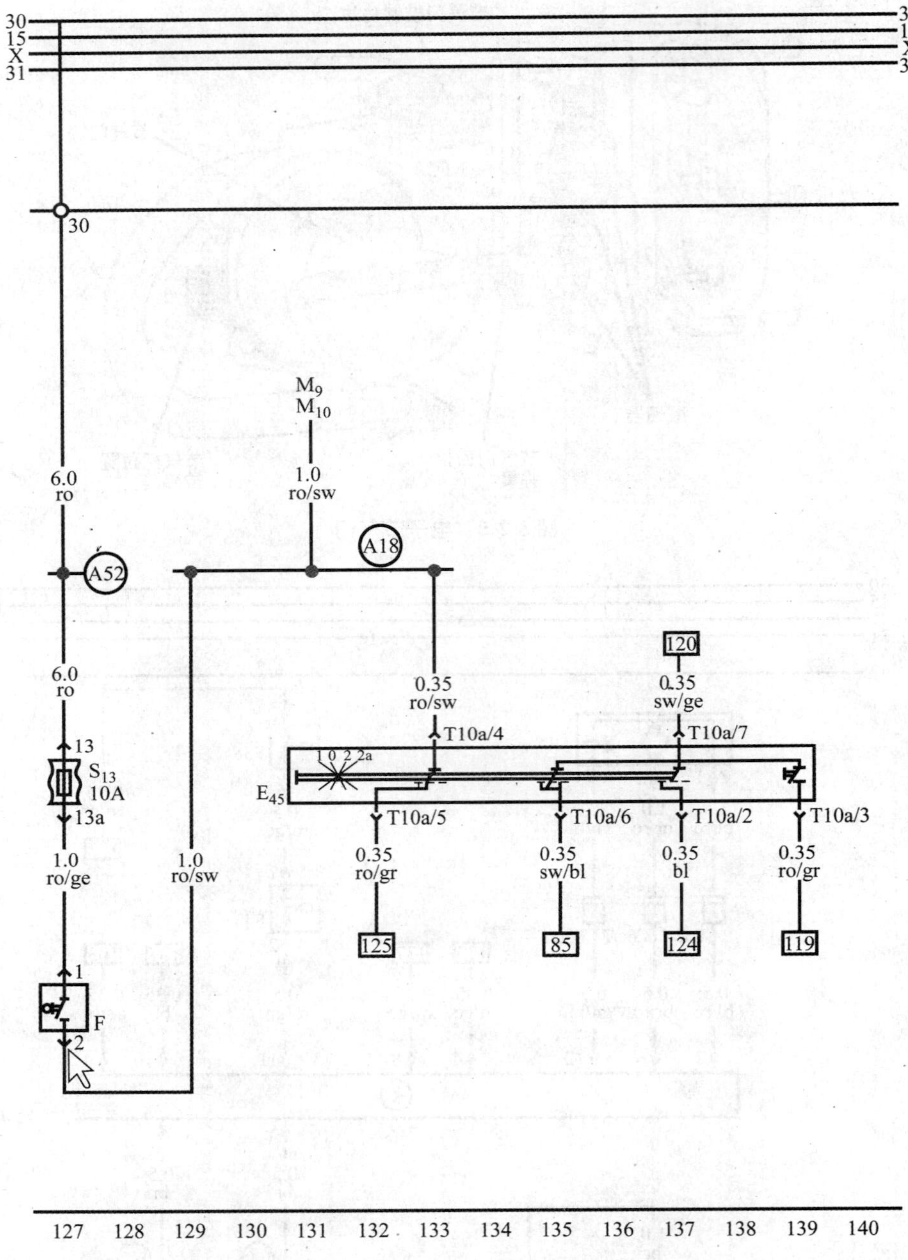

**图 5-2-7　四缸发动机汽车巡航控制系统电路图(二)**

ws—白色　sw—黑色　ro—红色　br—棕色　bl—蓝色　gr—灰色　ge—黄色　li—紫色

Es—巡航控制开关　F—制动灯开关　M9—左侧制动灯　M10—右侧制动灯开关

S13—熔断器　T10a—10 端子插接器(黑色,在巡航控制开关上):

连接(54)(在仪表板线束内);正接连接 2(30)(在仪表板线束内)

笔记

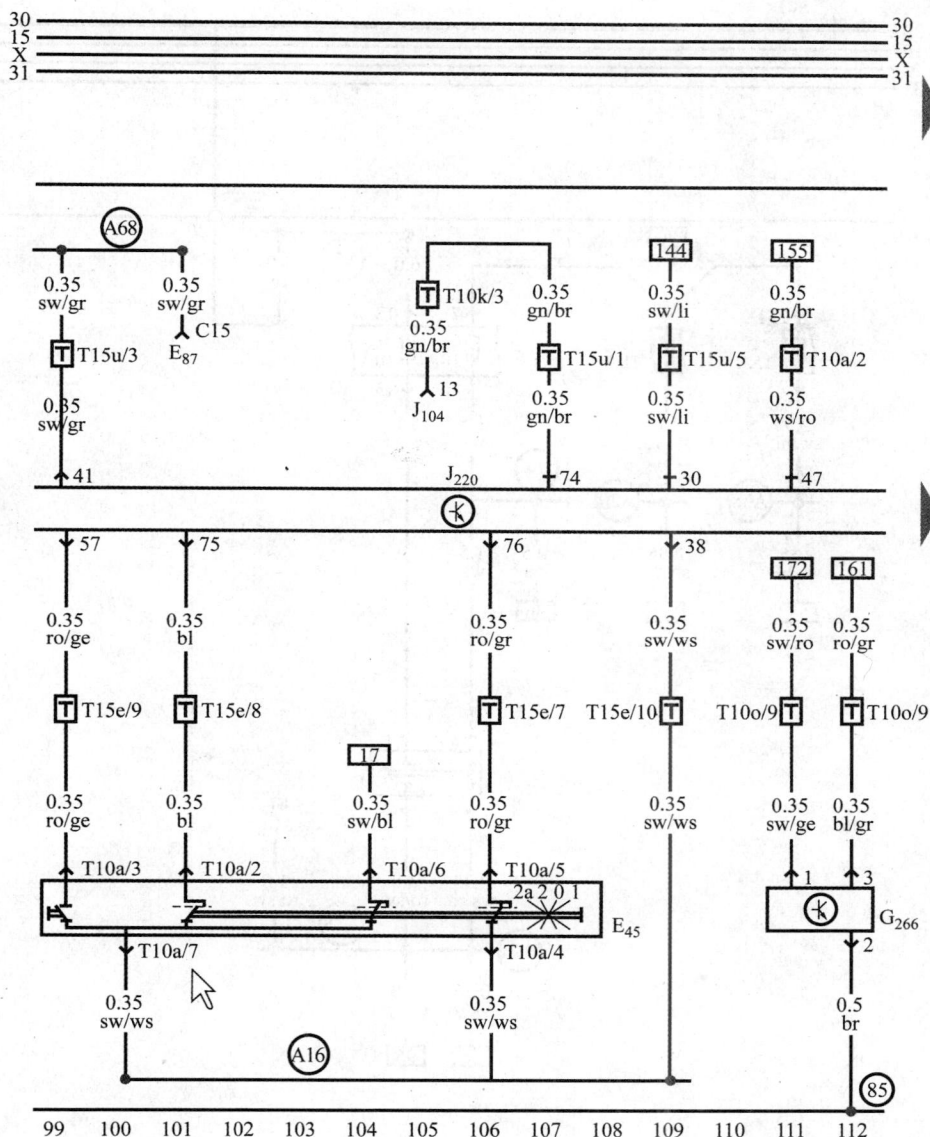

图 5-2-8 六缸发动机汽车巡航控制系统电路图（一）

ws—白色 sw—黑色 ro—红色 br—棕色 bl—蓝色 gr—灰色 ge—黄色 li—紫色

E45—巡航控制开关 E87—空调控制和显示单元 G266—机油液位高度/温度传感器

J104—带 EDS 的 ABS 控制单元 J220—多点燃油喷射控制单元

T10k—10 端子插接器（橙色，在左侧 A 柱分线器处）

T10o—10 端子插接器（棕色，在压力仓电器盒分线器处）

T10a—10 端子插接器（黑色，在巡航控制开关上）

T15e—15 端子插接器（白色，在压力仓电器盒分线器处）

T15u—15 端子插接器（红色，在压力仓电器盒分线器处）；搭铁连接器 1（在发动机仓线束内）；

连接（GRA）（在仪表板线束内）；连接（C15，空调）（在仪表板线束内）

笔记

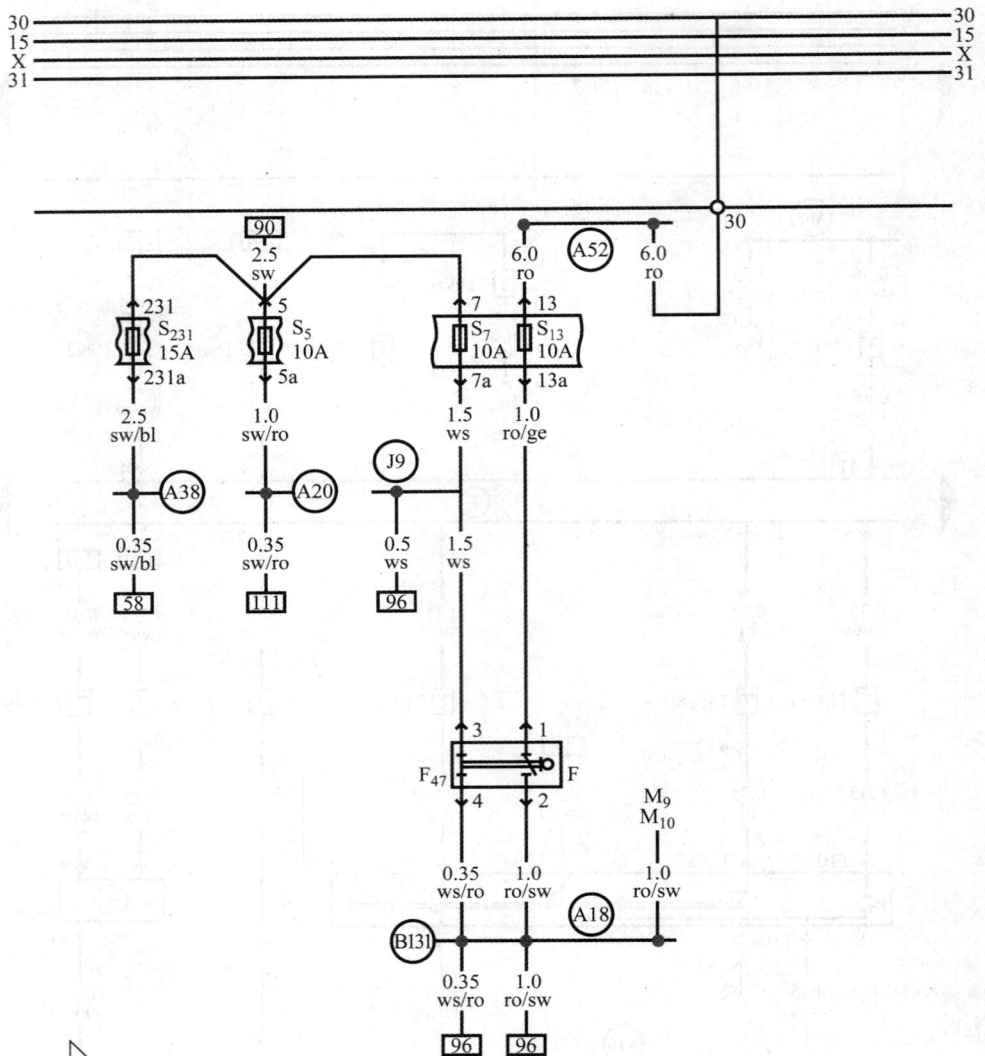

图 5-2-9　六缸发动机汽车巡航控制系统电路图(二)

ws—白色　sw—黑色　ro—红色　br—棕色　bl—蓝色　gr—灰色　ge—黄色　li—紫色

F—制动灯开关　F47—巡航控制系统的制动踏板开关　M9—左侧制动灯　M10—右侧制动灯

S231—熔断器支架上的熔断器 31;连接(54)(在仪表线束内);连接(15a)(在仪表线束内);

正接连接 2(15a)(在仪表线束内);正接连接 2(30)(在仪表线束内);

连接(54)(在驾驶室线束内);连接 1(15a)(在 ABS 线束内)

1）巡航控制系统的操作方法

（1）接通巡航控制系统。

将巡航控制滑动开关置于 EIN 位置，即可接通巡航控制系统。

（2）设定巡航车速。

接通巡航控制系统后，当汽车达到希望的车速时，按一下巡航控制按钮开关（FIX），巡航控制车速便被设定，汽车将按设定的车速巡航行驶。超车时，踏下加速踏板使汽车加速，超车结束后，放松加速踏板，汽车又按原设定车速巡航行驶。如果超车后车速超过设定车速10 km/h 以上，并且以此车速持续行驶 5 s 以上，必须重新设定巡航车速。

（3）降低巡航车速。

按下巡航控制按钮开关可以降低巡航设定车速。每按一次巡航按钮开关，车速将降低1.5 km/h，若按住按钮开关不动，汽车将持续降速，如果松开按钮开关，此时的车速便被设定为新的巡航车速，汽车将按此车速巡航行驶。但如果车速降低至 40 km/h 以下再松开按钮开关，巡航设定车速便被清除。要巡航行驶，必须使汽车在 40 km/h 以上的车速下重新设定巡航车速。

（4）提高巡航车速。

将巡航滑动开关置于 AUFN 位置可以提高巡航设定车速。每按一次滑动开关，车速提高 1.5 km/h，若按住滑动开关不动，汽车将持续加速，如果松开按钮开关，此时的车速便被设定为新的巡航车速，汽车将按此车速巡航行驶。

（5）暂时关闭巡航控制系统。

踏下制动踏板或离合器踏板，或将滑动开关拨至 AUS 位置（未与锁定机构啮合），即可暂时关闭巡航控制系统。原来设定的巡航控制车速仍然存储在存储器内。

若需恢复设定的巡航车速，松开制动踏板或离合器踏板，或将巡航滑动开关向左拨至AUFN 位置即可。

（6）完全关闭巡航控制系统。

将巡航滑动开关拨至 AUS 位置（与锁定机构啮合），或停车后关闭点火开关，巡航控制系统将完全关闭，原来设定的车速将被清除。

2）奥迪 A6 巡航控制系统的检修思路

首先应对巡航控制系统进行直观检查，检查巡航控制系统的线束及插接器是否完好，部件是否丢失或损坏等。直观检查后应检查巡航控制系统的工作情况。使用大众诊断仪VAS5051 或 V. A. G1551 读取测量数据块，以检查巡航控制系统各部件的工作情况。另外还可以通过使用诊断仪 VAS5051 或 V. A. G1551 启动或关闭巡航控制系统，以检查巡航控制系统的工作情况。对于怀疑有故障的电路或部件，使用检测盒 V. A. G1598/31 可以进一步检测导线和部件故障。所以确定故障的性质。

3）巡航控制系统的故障诊断

巡航控制系统的故障诊断需要使用诊断仪 VAS5051 并且在汽车行驶中进行。为了保证行驶安全，操纵仪器应由另一人完成。下面以 6 缸发动机汽车为例介绍巡航控制系统的故障诊断。

（1）检测巡航控制系统的工作。

① 读取测试数据块：

连接诊断仪 VAS5051，发动机怠速运转。

进入发动机控制系统—选取读取数据块—输入显示组号 066—确认，显示屏显示：

| 读取测量数据块 66 | | | → |
|---|---|---|---|
| 0 km/h | 1000 | 0 km/h | 0000 |

显示屏显示内容的含义见表 5-2-4。

表 5-2-4　测量数据块 066 的含义

| 显示区域 | 1 | 2 | 3 | 4 |
|---|---|---|---|---|
| 显示屏显示 | km/h | XXXX | km/h | XXXX |
| 显示内容的含义 | 实际车速 km/h | 制动踏板、离合器踏板及巡航控制系统开关状态 | 设定车速 km/h | 操作开关位置 |

显示区域 2 的显示值代表的是开关状态，见表 5-2-5。

表 5-2-5　显示区域 2 的显示值的说明

| 检查条件 | 显示区域 2 的显示值 |
|---|---|
| 巡航控制开关接通 | 1000 |
| 踏下制动踏板 | 1011 |
| 踏下离合器踏板 | 1100 |

显示区域 4 的显示值代表的是巡航控制开关的位置，见表 5-2-6。

表 5-2-6　显示区域 4 的显示值的说明

| 巡航控制开关的位置 | 显示区域 4 的显示值 |
|---|---|
| 滑动开关在 AUS 位置（已啮合） | 0000 |
| 滑动开关在 EIN 位置 | 0011 |
| 存储器已设定，按钮开关在啮合点前 AUS 位置 | 0001 |
| 按下按钮开关 | 0111 |
| 滑动开关在 AUFN 位置 | 1011 |

如果显示区域 2 未显示表 5-2-4 的数值，应检查发动机控制单元识别码。使诊断仪返回初始状态，选择"快速数据传递"，再输入 01 选择"发动机控制单元"，按 Q 键确认，显示屏显示发动机控制单元识别码：

| 3B0907552.2.4L V6/5V | G | D.. |
|---|---|---|
| Coding 04002 | WSC | XXXXX |

显示内容中 3B0907552 代表控制单元零件号；2.4L 代表发动机排量；V6/5V 代表 V 型 6 缸发动机，每缸 5 气门；G 或没有显示表示带巡航控制系统或不带巡航控制系统；D.. 代表

控制单元软件版本号;Coding 04002 代表控制单元编码;WSCXXXXX 代表服务站代码。如果发动机型式代号后面没有显示 G,应启动巡航控制系统。

如果巡航控制滑动开关在 EIN 位置,但显示区 4 未显示 0011,应检查导线及部件。

② 启动巡航控制系统:

使诊断仪返回初始状态,选择"快速数据传输",输入 01 选择"发动机控制单元",再输入 11,按 Q 键确认输入,显示屏显示:

```
登录
输入代码 XXXX
```

输入代码 11463,按 Q 键确认输入,则巡航控制系统自动启动。

③ 关闭巡航控制系统:

使诊断仪返回初始状态,选择"快速数据传输",输入 01 选择"发动机控制单元",再输入 11,按 Q 键确认输入,显示屏显示:

输入代码 16167,按 Q 键确认,则巡航控制系统被关闭。

```
登录
输入代码 XXXX
```

(2) 用检测盒 V. A. G1598/31 检测导线和部件。

如果按钮开关在 EIN 位置,但显示区 4 未显示规定值 0011,应检查导线及部件。

① 关闭点火开关,拆下控制单元壳体护板,用旋具撬开定位卡,然后拔下控制单元插接器。

② 将检测盒 V. A. G1598/31 与线束插接器连接,检测盒的搭铁卡夹连接到蓄电池的负极上。拔下巡航控制系统开关插接器,检查导线连接是否正常,如果导线连接正常,应更换巡航控制开关。

3. 日产天籁巡航控制系统(ASCD)检修

1) 日产天籁巡航控制系统的构成

输入/输出信号表(见表 5-2-7)。

表 5-2-7　日产天籁巡航控制系统输入/输出信号表

| 传感器 | 至 ECM 的输入信号 | ECM 功能 | 执行器 |
|---|---|---|---|
| ASCD 制动开关 | 制动踏板的操作状态 | ASCD 车速控制 | 电子节气门控制 |
| 制动灯开关 | 制动踏板的操作状态 | | |
| ASCD 转向开关 | ASCD 转向开关的操作状态 | | |
| 驻车/空档位置(PNP)开关 | 档位 | | |
| 车轮传感器* | 车速 | | |

*:该信号通过 CAN 通信线路发送至 ECM。

2) 日产天籁巡航控制系统(ASCD)特点

车速设定在大约 40 km/h(25 mile/h)到 144 km/h(89 mile/h)之间。ECM 可以控制电子节气门控制执行器的节气门角度以调整发动机转速。组合仪表上的 CRUISE(巡航)指示灯和 SET（设置）指示灯会显示 ASCD 的工作状态。如果 ASCD 系统发生故障，其控制将自动失效。

3）日产天籁巡航控制系统（ASCD）使用

（1）SET 的操作。

按下 ON-OFF 开关（组合仪表照明设备中的 CRUISE 指示灯）。

当车速达到预期车速 40 km/h（25 mile/h）至 144 km/h（89 mile/h）之间）时，按下 SET/COAST 开关（接着组合仪表上的 SET 指示灯变亮）。

（2）ACCEL 的操作。

如果在巡航控制的行驶过程中按下 RESUME/ACCELERATE 开关，车辆会一直加速直到开关被释放，否则车辆会一直加速到 ASCD 系统控制的最高车速。随后，ASCD 系统将会维持新的设定车速。

（3）CANCEL 的操作（见表 5-2-8）。

表 5-2-8　巡航控制取消的条件

| 当存在下面任一条件时，巡航运行都会被取消 | 当 ECM 检测到下列任一状况，都将取消巡航的运行状态，并通过闪烁指示灯向驾驶员发出通知 |
|---|---|
| CANCEL 被按下 | 发动机冷却液温度略高于正常运行温度时，CRUISE 灯会缓慢闪烁<br>当发动机冷却液温度将降低到正常运行温度时，CRUISE 灯会停止闪烁，并且还可以通过按下 SET/COAST 开关或 RESUME/ACCELERATE 开关继续维持巡航运行状态 |
| 两个以上的 ASCD 转向开关被同时按下（设定车速将被清除） | |
| 制动踏板被踩下 | |
| 换档杆转到"N"、"P"或"R"位置 | 有关 ASCD 控制的自诊断故障：SET 灯将快速闪烁<br>如果在激活 ASCD 期间将 ON-OFF 开关转到 OFF 位置，则所有的 ASCD 操作都将被取消，并且所有的车速存储信息也将被清除 |
| 车速降低到低于设定车速 13 km/h（8 mile/h） | |
| TSC 系统被运行 | |

（4）COAST 的操作。

在巡航控制行驶过程中按下 SET/COAST 开关时，设定车速会一直减小直到释放开关。随后，ASCD 将会维持新的设定车速。

（5）RESUME 操作。

如果在取消操作之后，按下的是 RESUME/ACCELERATE 开关而不是 MAIN 开关，车速将回复到最近一次设定的车速。要恢复设定车速，行车状态必须满足下列条件：

制动踏板松开；

A/T 换档杆不在 P 和 N 位置；

车速大于 40 km/h（25 mile/h）而小于 144 km/h（89 mile/h）。

4）元件说明

（1）ASCD 转向开关。

ASCD 转向开关每个按钮都有可变的电阻值。ECM 读取开关的电压变化，并决定运行哪个按钮（电路如图 5-2-10 所示）。CONSULT-Ⅱ诊断仪数据监控模式下的参考值见表 5-2-9所示。

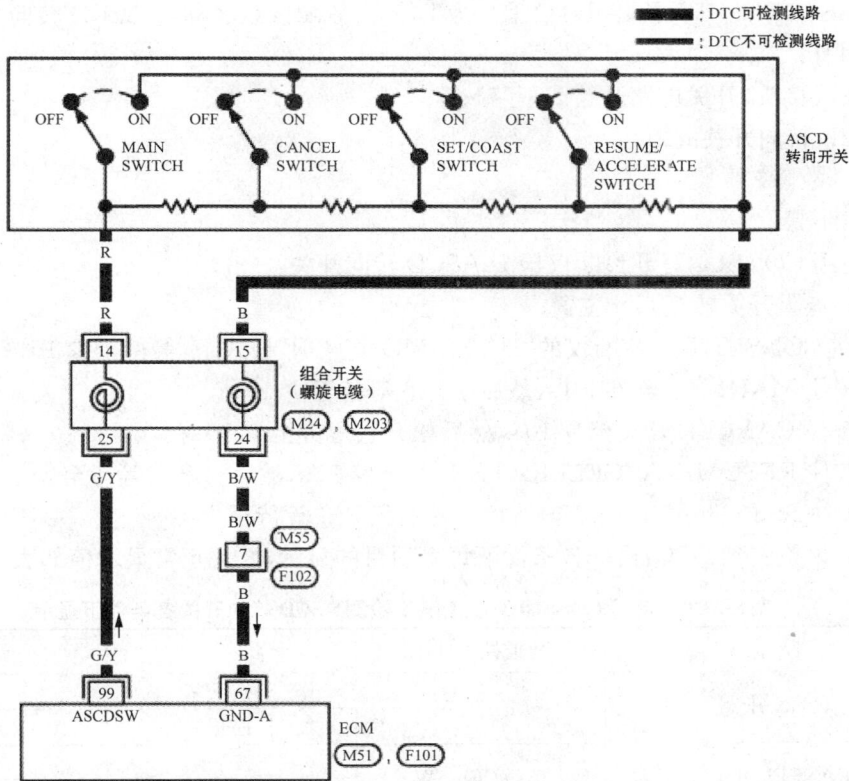

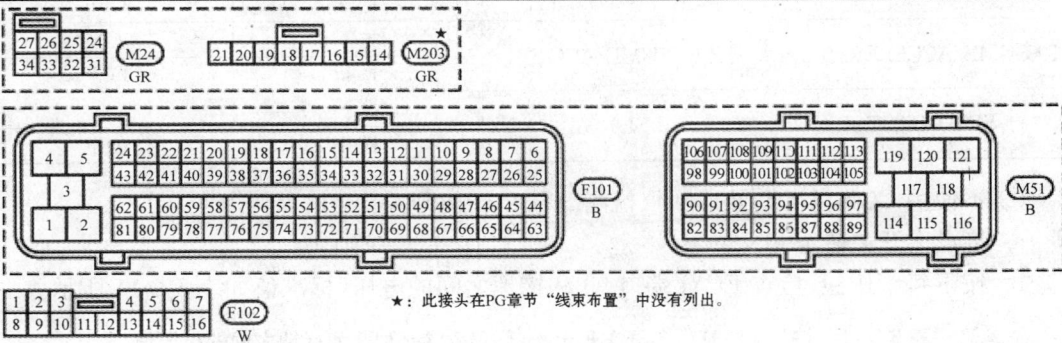

<<<< --------------------------------------------------

图 5-2-10　ASCD 转向开关电路图

表 5-2-9　诊断仪数据监控模式下的参考值

| 监控项目 | 状　态 | | 技术参数 |
|---|---|---|---|
| MAIN SW | 点火开关:ON | MAIN 开关:按下 | ON |
| | | MAIN 开关:松开 | OFF |
| CANCEL SW | 点火开关:ON | CANCEL 开关:按下 | ON |
| | | CANCEL 开关:松开 | OFF |
| RESUME/ACC SW | 点火开关:ON | RESUME/ACCELERATE 开关:按下 | ON |
| | | RESUME/ACCELERATE 开关:松开 | OFF |
| SET SW | 点火开关:ON | SET/COAST 开关:按下 | ON |
| | | SET/COAST 开关:松开 | OFF |

　　若 ASCD 转向开关故障,DTC 编号为 P1564,故障诊断名称为 ASCD 转向开关故障,可能的原因有:

　　线束或接头(开关电路开路或短路);

　　ASCD 转向开关故障;

　　ECM 故障。

　　检修步骤:

　　①使用 CONSULT-Ⅱ诊断仪检测 ASCD 转向开关:

　　a. 将点火开关转至 ON 位置;

　　b. 在 CONSULT-Ⅱ诊断仪的"DATA MONITOR"模式下,等待至少 10 s;

　　c. 按住 MAIN 开关至少 10 s,然后松开它等待至少 10 s;

　　d. 按住 CANCEL 开关至少 10 s,然后松开它等待至少 10 s;

　　e. 按住 RESUME/ACCELERATE 开关至少 10 s,然后松开它等待至少 10 s;

　　f. 按住 SET/COAST 开关至少 10 s,然后松开它等待至少 10 s。

　　g. 如果检测到 DTC,检查各条件下每个项目的显示,开关正常显示值如表 5-2-10 所示。

表 5-2-10　使用 CONSULT-Ⅱ诊断仪检测 ASCD 转向开关各条件下显示

| 开　关 | 监控项目 | 状　态 | 显　示 |
|---|---|---|---|
| MAIN 开关 | MAIN SW | 按下 | ON |
| | | 松开 | OFF |
| CANCEL 开关 | CANCEL SW | 按下 | ON |
| | | 松开 | OFF |
| RESUME/ACCELERATE 开关 | RESUME/ACC SW | 按下 | ON |
| | | 松开 | OFF |
| SET/COAST 开关 | SET SW | 按下 | ON |
| | | 松开 | OFF |

　　② 不使用 CONSULT-Ⅱ诊断仪检测 ASCD 转向开关:

　　a. 将点火开关转至 ON 位置;

　　b. 按下每个按钮,检查 ECM 端口 99 和接地之间的电压,标准值如表 5-2-11 所示。

表 5-2-11　按下 ASCD 转向开关每个按钮,ECM 端口 99 和接地之间的电压值

| 开　关 | 状　态 | 电压/V |
|---|---|---|
| MAIN 开关 | 按下 | ～0 |
| | 松开 | ～4 |
| CANCEL 开关 | 按下 | ～1 |
| | 松开 | ～4 |
| RESUME/ACCELERATE 开关 | 按下 | ～3 |
| | 松开 | ～4 |
| SET/COAST 开关 | 按下 | ～2 |
| | 松开 | ～4 |

　　③ 检查 ASCD 转向开关接地电路是否开路或短路:

　　a. 将点火开关转到 OFF 位置;

b. 断开组合开关的线束接头 M203；

c. 断开 ECM 线束接头；

d. 检查组合开关端口 15 和 ECM 端口 67 之间线束的导通性；请参阅电路图；

e. 同时应检查线束是否与接地或电源短路。

④ 检测故障零部件，检查以下内容：

a. 线束接头 M55，F102；

b. 组合开关（螺旋电缆）；

c. ECM 和组合开关之间的线束是否开路或短路；

若有故障，应修理线束或接头中的开路、与接地或电源短路的部分。

⑤ 检查 ASCD 转向开关的输入信号电路是否开路或短路：

a. 检查 ECM 端口 99 和组合开关端口 14 之间线束的导通性；

b. 同时应检查线束是否与接地或电源短路。

⑥ 检测故障零部件，检查以下内容：

a. 组合开关（螺旋电缆）；

b. ECM 和组合开关之间的线束是否开路或短路。

⑦ 检查 ASCD 转向开关如图 5-2-11 所示，检测不同状态下的电阻值，标准如表 5-2-12 所示。

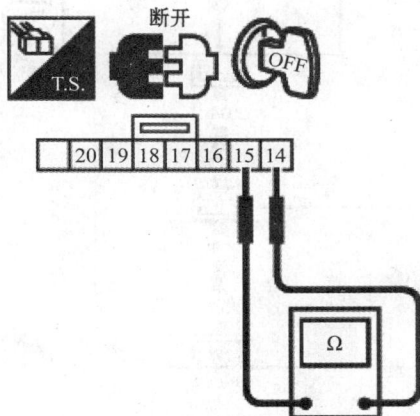

**图 5-2-11  ASCD 转向开关检查**

**表 5-2-12  ASCD 转向开关不同状态下电阻值**

| 开 关 | 状 态 | 电阻/Ω |
|---|---|---|
| MAIN 开关 | 按下 | ～0 |
| | 松开 | ～4 000 |
| CANCEL 开关 | 按下 | ～250 |
| | 松开 | ～4 000 |
| RESUME/ACCELERATE 开关 | 按下 | ～1 480 |
| | 松开 | ～4 000 |
| SET/COAST 开关 | 按下 | ～660 |
| | 松开 | ～4 000 |

（2）ASCD 制动开关与制动灯开关。

踩下制动踏板时，ASCD 制动开关转到 OFF 位置，制动灯开关转到 ON 位置。ECM 通过这两种信号（ON/OFF 信号）的输入检测到制动踏板的状态，电路如图 5-2-12 所示。

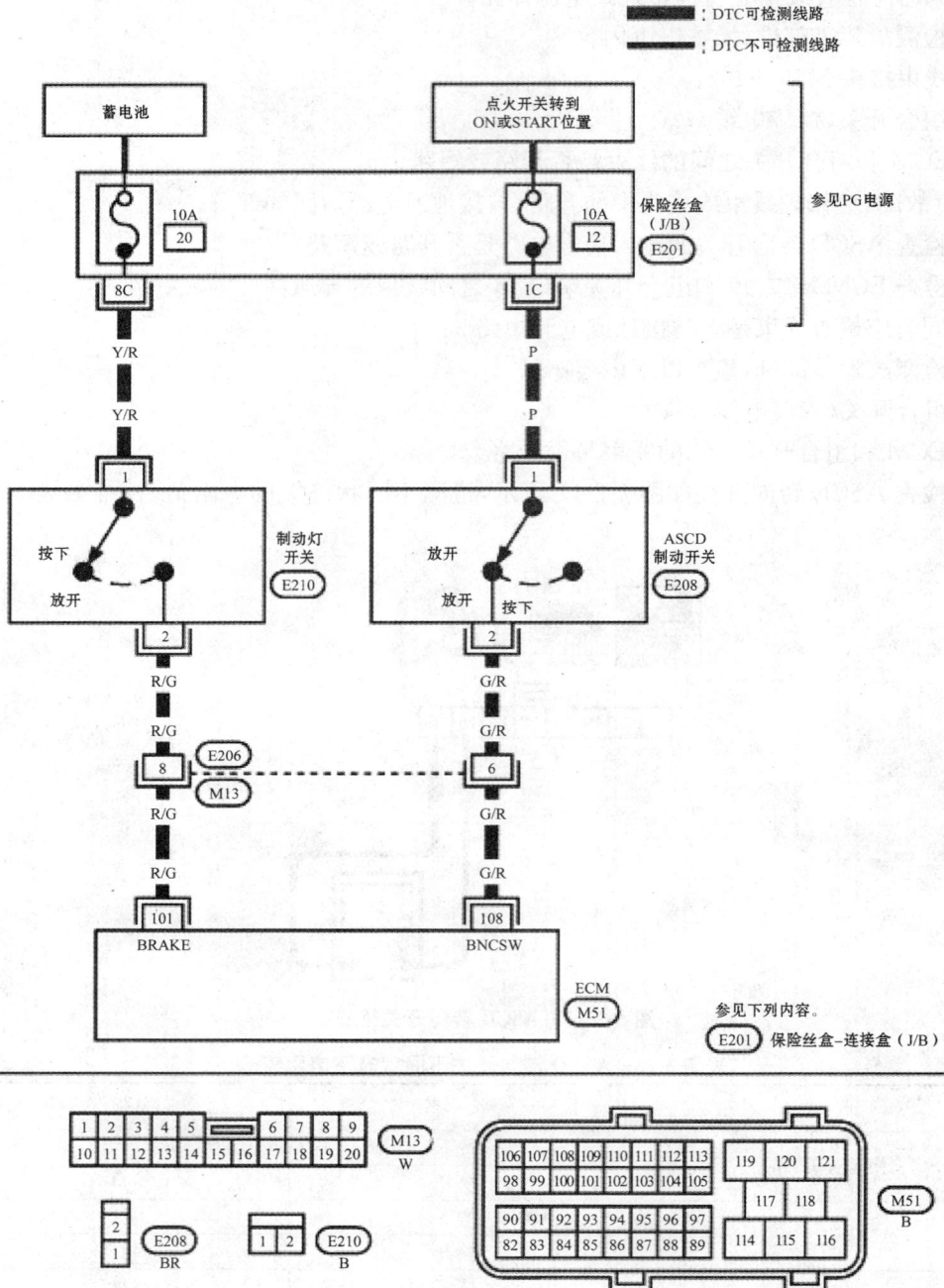

图 5-2-12　制动开关电路图

若制动开关故障,显示故障码为 P1572。

检测步骤为:

① 整体功能检测:

a. 将点火开关转至 ON 位置;

b. 检查 ECM 端口 108(ASCD 制动开关信号)和接地之间的电压:制动踏板轻微踩下,约为 0 V;制动踏板完全释放,为蓄电池电压;

c. 检查 ECM 端口 101(制动灯开关信号)和接地之间的电压:制动踏板轻微踩下,为蓄电池电压;制动踏板完全释放,约为 0 V。

② 检查 ASCD 制动开关电源电路:

a. 将点火开关转到 OFF 位置;

b. 断开 ASCD 制动开关的线束接头;

c. 将点火开关转至 ON 位置;

d. 使用 CONSULT-Ⅱ诊断仪或测试仪检查 ASCD 制动开关端口 1 与接地之间的电压,电压应为蓄电池电压。

③ 检测故障零部件:

a. 检查保险丝盒(J/B)接头 E201;

b. 检查 10 A 保险丝;

c. 检查 ASCD 制动开关和保险丝之间的线束是否开路或短路。

④ 检查 ASCD 制动开关的输入信号电路是否开路或短路:

a. 将点火开关转到 OFF 位置;

b. 断开 ECM 线束接头;

c. 检查 ECM 端口 108 和 ASCD 制动开关端口 2 之间线束的导通性,请参阅电路图。

⑤ 同时应检查线束是否与接地或电源短路。

⑥ 检测故障零部件,检查以下内容:

a. 线束接头 E206,M13;

b. ECM 和 ASCD 制动开关之间的线束是否开路或短路。

⑦ 检查 ASCD 制动开关。

(3) 电子节气门控制执行器。

电子节气门控制执行器由节气门控制电机、节气门位置传感器等组成。节气门控制电机由 ECM 进行控制,将节气门开启和关闭。节气门位置传感器检测节气门的位置和节气门开启、关闭的速度,并向 ECM 提供电压信号。ECM 根据这些信号判断节气门当前的开启角度,同时 ECM 根据行驶状态对节气门控制电机进行控制,使节气门保持适当的开启角度。电路图如图 5-2-13 所示。

如果检测到故障,ECM 将进入"安全-失效"模式,并且故障指示灯点亮(表 5-2-13,图 5-2-14 所示)。

笔记

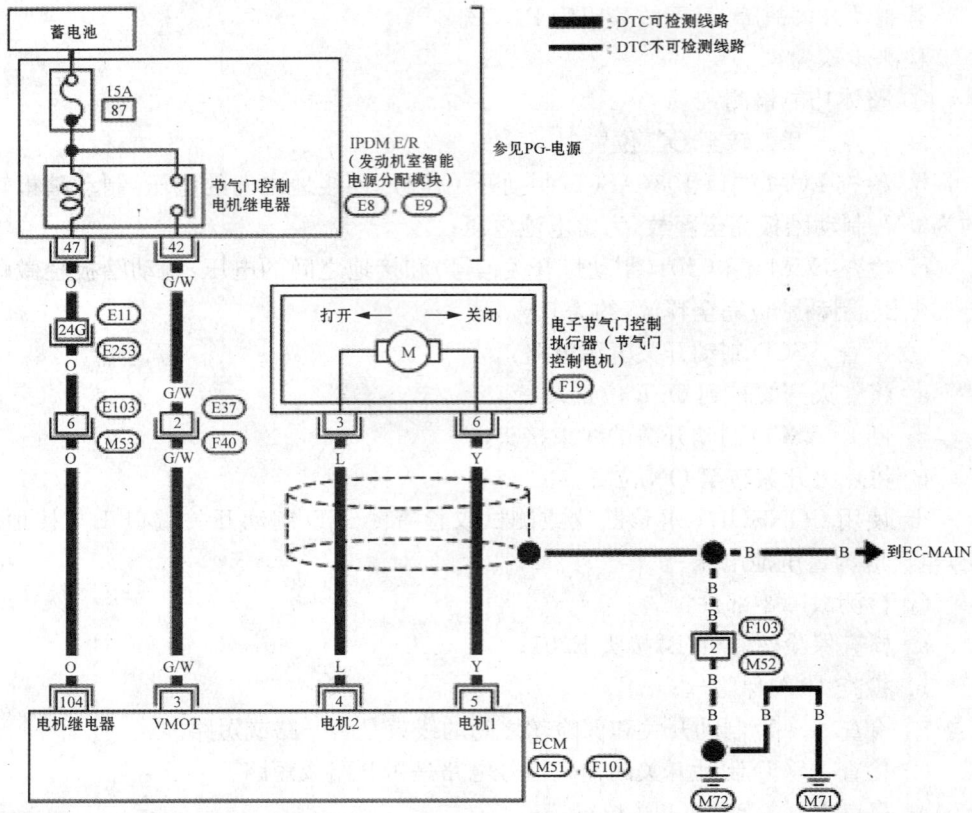

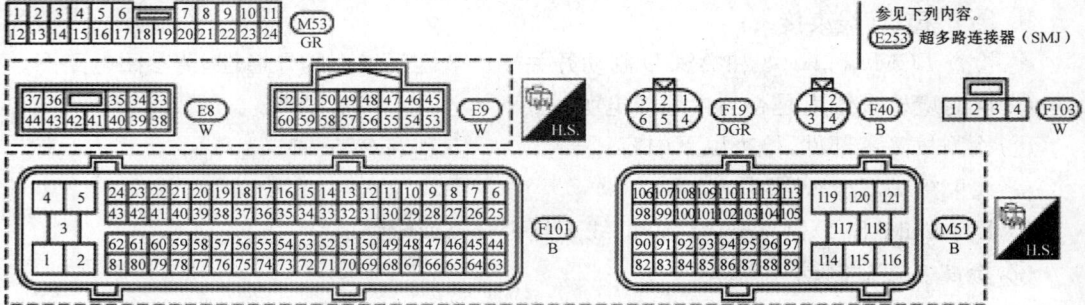

图 5-2-13　电子节气门控制执行器电路图

表 5-2-13　电子节气门控制执行器故障原因

| DTC 编号 | 故障诊断名称 | | DTC 检测条件 | 可能原因 |
|---|---|---|---|---|
| P1121 | 电子节气门控制执行器 | A | 因回位弹簧的故障,电子节气门控制执行器不能正常工作 | 电子节气门控制执行器 |
| | | B | "安全-失效"模式下,节气门开启角度不在规定范围内 | |
| | | C | ECM 检测到节气门在开启位置被卡住 | |

表 5-2-14　电子节气门控制执行器故障发动机现象

| 检测到的项目 | "安全-失效"模式下的发动机运行状况 |
|---|---|
| 故障 A | ECM 对电子节气门控制执行器进行控制,将节气门开度调整在急速位置附近。发动机转速将不能升高至 2 000 r/min 以上 |

续 表

笔 记

| 检测到的项目 | "安全-失效"模式下的发动机运行状况 |
|---|---|
| 故障 B | ECM 对电子节气门控制执行器进行控制,将节气门开启角度调整至 20°或更小 |
| 故障 C | 当车辆处于行驶状态时,通过切断燃油使其逐渐减速。车辆停止之后,发动机熄火。可以在 N 或 P 位置重新起动发动机,但是发动机转速将不能超过 1 000 r/min 或更高 |

电子节气门控制执行器检修内容如下所述。

① 检查节气门控制电机继电器电源电路-Ⅰ:

a. 将点火开关转到 OFF 位置;

b. 使用 CONSULT-Ⅱ诊断仪或测试仪,测量 ECM 端口 104 与接地之间的电压,应为蓄电池电压。

② 检查节气门控制电机继电器电源电路-Ⅱ:

a. 断开 ECM 线束接头;

b. 断开 IPDM E/R 线束接头 E9;

c. 检查 ECM 端口 104 和 IPDM E/R 端口 47 之间线束的导通性,应导通;

d. 同时应检查线束是否与接地或电源短路。

③ 检测故障零部件:

a. 线束接头 E11,E253;

b. 线束接头 E103,M53;

c. ECM 和 IPDM E/R 之间的线束是否有开路或短路。

④ 检查保险丝:

a. 断开 15 A 保险丝;

b. 检查 15 A 保险丝是否熔断。

⑤ 检查节气门控制电机继电器输入信号电路-Ⅰ:

使用 CONSULT-Ⅱ诊断仪或测试仪检查下列条件下 ECM 端口 3 与接地之间的电压,点火开关 OFF 应为 0 V,点火开关 ON 时应为 11～14 V。

⑥ 检查节气门控制电机继电器输入信号电路-Ⅱ:

a. 将点火开关转到 OFF 位置;

b. 断开 ECM 线束接头;

c. 断开 IPDM E/R 线束接头 E8;

d. 检查 ECM 端口 3 和 IPDM E/R 端口 42 之间线束的导通性,应导通;

e. 同时应检查线束是否与接地或电源短路。

⑦ 检测故障零部件:

线束接头 E37,F40,ECM 和 IPDM E/R 之间的线束是否有开路或短路,若不正常应修理线束或接头中的开路、与接地或电源短路的部分。

⑧ 目视检查电子节气门控制执行器:

a. 将点火开关转到 OFF 位置;

b. 拆下进气道;

c. 检查在节气门和壳体之间是否被异物卡住。

⑨ 节气门控制电机：

a. 断开电子节气门控制执行器线束接头；

b. 检查端口 3 与 6 之间的电阻：大约 1～15 Ω［在 25℃（77℉）时］；

c. 如果异常，应更换电子节气门控制执行器，然后转至下一步。

⑩ 节气门学习：

a. 节气门关闭位置学习。

节气门关闭位置学习操作通过监测节气门位置传感器输出信号，学习节气门完全关闭时的位置。在每次断开电控节气门控制执行器或 ECM 的线束接头后，必须进行此操作。

操作步骤如下：

a）确认加速踏板完全释放；

b）将点火开关转至 ON 位置；

c）将点火开关转到 OFF 位置，等待至少 10 s；

d）此时通过节气门的动作声音来确认节气门动作超过 10 s。

b. 怠速空气量学习。

怠速空气量学习操作学习使发动机转速保持在规定范围内的怠速进气量。在每次更换电子节气门控制执行器或 ECM 后，怠速或点火正时在规定范围以外时，必须进行此操作：

a）准备工作：

进行怠速空气量学习前，确认满足下列所有条件。即使是瞬间，如果有任何一个条件不满足，学习操作将被取消。

蓄电池电压：大于 12.9 V（怠速时）；

发动机冷却液温度：70～100℃（158～212℉）；

PNP 开关：ON；

电气负载开关：OFF（空调、前照灯、后窗除雾器）；

方向盘：中间位置（正直向前位置）；

车速：停转；

变速箱：暖机。

b）使用 CONSULT-Ⅱ诊断仪：驱动车辆直到"A/T"系统"DATA MONITOR"模式中的"FLUID TEMP SE"指示小于 0.9 V。

c）不使用 CONSULT-Ⅱ诊断仪：驱动车辆 10 min。

## 三、制订检修计划

（1）了解不同车型巡航控制系统正确的使用方法。

（2）了解各车巡航控制系统元件安装位置。

（3）了解不同车型巡航控制系统线路及工作原理。

（4）根据故障现象查阅维修资料或维修站信息系统，做出解决方案。

（5）巡航控制系统故障的诊断与排除。

（6）巡航控制系统零件的检修。

笔记

## 四、实施维修作业

典型车型巡航控制系统检修如表 5-2-15 所示。

**表 5-2-15　典型车型巡航控制系统检修作业任务书**

| | | |
|---|---|---|
| 1. 根据教师提供的实习设备,结合教学实际情况和教材,收集相关信息<br>2. 熟悉系统结构和电路控制原理<br>3. 会检测典型车型巡航控制系统相关控制元件和线路 | | |
| 1. 车辆信息描述 | 车辆描述 | |
| | 车辆巡航系统类型描述 | |
| 2. 巡航控制原理描述 | | |
| 3. 巡航控制系统故障码的读取与清除 | 读取:<br>清除: | |
| 4. 检修项目 | 检修方法 | 记　录 |
| (1)主开关检查 | | |
| (2)执行器检查 | | |
| (3)传感器的检查 | | |
| (4)巡航相关开关检查 | | |
| (5)巡航控制系统ECU检查 | | |

## 五、检验评估

项目五任务 5.2 的检验评估如表 5-2-16 所示。

**表 5-2-16　评估检验**

| 评价指标 | 检验说明 | 检验记录 |
|---|---|---|
| 检查项目 | ➤ 主开关<br>➤ 执行器<br>➤ 传感器<br>➤ ECU | |
| 巡航控制系统工作情况 | | |

| 评价内容 | 检验指标 | 权重 | 自评 | 互评 | 总评 |
|---|---|---|---|---|---|
| 检查任务完成情况 | 1. 完成任务的情况 | | | | |
| | 2. 任务完成的质量 | | | | |
| | 3. 在小组完成任务过程中所起的作用 | | | | |
| 专业知识 | 1. 能描述典型车型巡航控制系统的组成 | | | | |
| | 能描述不同车型巡航控制系统的工作原理 | | | | |
| | 3. 能描述典型车型巡航控制系统元件的检修方法 | | | | |
| | 4. 会根据检修作业任务书检测故障 | | | | |

**笔记**

| 评价内容 | 检验指标 | 权重 | 自评 | 互评 | 总评 |
|---|---|---|---|---|---|
| 职业素养 | 1. 学习态度：积极主动参与学习 |  |  |  |  |
|  | 2. 团队合作：与小组成员一起分工合作，不影响学习进度 |  |  |  |  |
|  | 3. 现场管理：服从工位安排、执行实训室"5S"管理规定 |  |  |  |  |
| 综合评议与建议 |  |  |  |  |  |

笔记

## 项目六　汽车音响系统检修

| Description<br>项目描述 | 本项目是以汽车原车音响系统升级检修为主线,通过本项目的学习,使学生了解汽车音响系统的工作原理,认识汽车音响系统的构成,初步掌握对汽车原车音响系统进行升级改装与维修的相关技能 |
|---|---|
| Objects<br>项目目标 | 1. 认识汽车音响组成部件与安装位置<br>2. 能根据车主的要求,对汽车音响系统进行升级改造<br>3. 能按作业规范拆装和更换汽车音响部件<br>4. 能按诊断流程排除汽车音响系统常见故障 |
| Tasks<br>项目任务 | 1. 收集汽车音响系统相关信息,制订汽车音响系统升级检修计划<br>2. 任务 6.1:汽车音响系统升级改装:通过学习汽车音响基本知识—主要组成部件—汽车音响安装—汽车音响调试—汽车音响升级完成<br>3. 任务 6.2:汽车音响系统故障排除:通过学习音响系统工作原理—音响系统元件检测—音响故障原因分析—音响系统线路检测—故障排除 |
| Implementation<br>项目实施 | |

## 任务6.1　汽车音响升级改装

| 任务描述 | 一辆汽车安装一套普通型汽车音响系统,由于车主对这台车的原车音响的效果感到不满意,要求对这台车的原车音响进行升级改装,达到车主的个性化的要求。针对这个要求,对原车音响进行升级或改装 |
|---|---|
| 任务目标 | 1. 了解汽车音响的基本知识<br>2. 能认识汽车音响的构成部件功能原理及安装位置<br>3. 能根据车主的要求对汽车音响系统组成部件选购升级<br>4. 能安装和调试汽车音响系统 |

## 一、维修接待

按照表 6-1-1 完成车辆的维修接待，并准确填写接车问诊表。

表 6-1-1　维修接待与接车问诊表

1. 通过客户面谈了解车主对原车音响系统的音质效果的认识以及对升级音响的要求
2. 根据汽车的音响知识和车主对汽车音响要求，向客户推荐汽车音响的升级配置
3. 确定音响升级要求
4. 填写接车问诊表，确认需要升级的部件项目

### 接 车 问 诊 表

车牌号：_____　　车架号：_____　　行驶里程：_____（km）

用户名：_____　　电　话：_____　　来店时间：_____/_____

用户陈述及故障发生时的状况：**该汽车音响音质效果较差**

故障发生时的状况提示：

接车员检测确认建议：**对汽车音响进行升级改装**

车间检测确认结果及主要故障零部件：**对汽车音响系统升级改装的部件**

车间检查确认者：_____

外观确认：

（请在有缺陷部位作标识）

功能确认：（工作正常✓　不正常×）
□音响系统　　□门锁（防盗器）　　□全车灯光　　□工具
□后视镜　　　□顶窗　　　　　　　□座椅　　　　□点烟器
□玻璃升降器　□玻璃

物品确认：（有✓　无×）

□贵重物品提示
□工具　　□备胎　　□灭火器
□其他（　　　　　　　　）
旧件是否交还用户　　□是　　□否
用户是否需要洗车　　□是　　□否

- 检测费说明：本次检测的故障如用户在本店维修，检测费包含在修理费用内；如用户不在本店维修，请您支付检测费。本次检测费：￥_____元。
- 贵重物品：在将车辆交给我店检查修理前，已提示将车内贵重物品自行收起并保存好，如有遗失恕不负责。

接车员：_____　　　　　　用户确认：_____

## 二、信息收集与处理

按照表 6-1-2 完成任务 6.1 的信息收集与处理。

表 6-1-2　信息收集与处理

1. 汽车音响系统主要由_____、_____、_____、三部分组成
2. 汽车音响基础知识
3. 汽车扬声器升级改装
3. 汽车主机升级
4. 汽车功放加装
5. 汽车常用的升级配置方案
6. 制订升级工作计划

1. 汽车音响基本知识

1）频率

声音是由机械振动产生的,汽车音响的声音是由扬声器振膜振动产生的。汽车在行驶时产生的振动,是噪声,一套高保真系统的汽车音响,必须做隔音处理。

（1）频率定义。

声波在 1 s 内振动的次数称为频率 $f$,单位是赫兹 Hz。一般人耳只能听到 20 Hz～20 kHz 的声波,低于 20 Hz 的声音叫次声波,高于 20 kHz 的声音叫超声波。音源振动频率越低,声音越低沉;音源振动频率越高,声音越尖锐。

一套高保真汽车音响,它应该能重放出人耳朵能听到的 20 Hz～20 kHz 的声音,甚至能重放人能感觉到的 16 Hz～20 Hz 这段频率的声音,而一般原车的普通立体声音响能重放的声音频率大概在 70 Hz～20 kHz 之间,因此,有必要将原车音响进行升级改装。

（2）频率的划分。

通常把整个声音的频率范围分为 6 段,它给人的声刺激效果是不一样的。

① 16～60 Hz,超低频。

人对该频段的感觉要比听觉灵敏,能给音乐以强有力的感觉。但过多强调该频段,会使乐声混浊不清。

② 60～250 Hz,低频。

该频段包含着节奏声部的基础音,改变该频段会改变音乐的平衡。80 Hz 附近频率在高响度时能给人强烈的声场刺激,而且不会使人不舒服。80～125 Hz 频段对人的刺激较强,且会引起不适感,所以响度不宜过大。100～250 Hz 频段可影响声音的丰满度,使声音圆润甜美,但过多会引起乐声混浊,增大疲劳感。

③ 250～2 kHz，中频。

该频段包含大多数乐器的低次谐波，提升太多会出现电话样音色。300～500 Hz 以下，明显衰减会使声音缺乏力度感，感到单薄。提升 500～1 000 Hz 频段一个倍频程，会使乐器声变为似扬声器样声音，过多时使人有嘈杂感。提升 1 000～2 000 Hz 频段一个倍频程，会发出金属声。

④ 2 k～4 kHz，中高频。

提升该频段会掩蔽话音的重要识别音，导致声音口齿不清。该频段对声音明亮度的影响最大，一般不宜过多衰减，以免降低明亮度，但提升过多，特别是在 3 kHz 附近入耳听觉灵敏区，容易引起听觉疲劳。

⑤ 4 k～6 kHz，高频。

该频段为临场感段，能影响说话声和乐器声的清晰度。适当提升该频段能使声音明亮突出，有利于提高声音的清晰度和丰富层次。5 k～6 kHz 如有明显衰减，会使声音暗哑无色彩。该频段响度过大，会产生使人难忍的刺耳感。

⑥ 6 k～16 kHz，超高频。

该频段给人清新宜人之感，能控制声音的明亮度和清晰度，特别是 12 kHz 处，但过于强调该频段，会使语言产生齿音。该频段提升太多，易造成设备过载使声音发毛。声器样声音，提升 1 000～2 000 Hz 频段一个倍频程，会发出金属声。

一般汽车原车立体声音响缺少的是 16 Hz～60 Hz 这一段超低频声音，在听音乐时，缺少了力度感。所以有必要对原车音响进行了升级改造。

2）声压与声级

声音的尖沉与频率高低有关；声音的大小与声压有关。

（1）声压。

大气静止时存在着一个压强，称为大气压强，简称大气压。当有声波存在时，局部空间产生压缩或膨胀，在压缩的地方压力增强，在膨胀的地方压力减小，于是就在原来的静态气压上附加了一个压力的起伏变化。这个由声波引起的交变压强称为声压。声压的大小表明声波的强弱。声压的国际单位为帕（Pa），1 Pa＝1 N/m²，一个标准大气压为 $10^5$ Pa。声压与大气压相比是微弱的，正常人能听到的最弱声音约为 $26×10^{-5}$ Pa，称为基准声压，用符号 $P_0$ 表示。

（2）声压级。

自然界中，对于 1 kHz 的声音（1 kHz 在音响中常用来作为各种参数的基准频率），人耳刚能听见的下限声压为 $26×10^{-5}$ Pa，使耳膜感到疼痛的上限声压为 $26×10$ Pa，可见人耳容许的声压相差为一百万倍。所以，用声压来表示声音的强弱数字太大，很不方便。同时，人的听觉与声压或声强不是成正比例关系，而是近似地与它们的对数值成正比。因此，人们采用一种按对数方式分级的办法作为表示声音大小的常用单位，这就是声压级。可见，声压级是一个比值，其单位是分贝（dB），用 $L_p$ 表示：$L_p＝20 \lg(P/P_0)$。式中基准声压 $P_0＝26×10^{-5}$ Pa。

于是，从人耳听闻 $26×10^{-5}$ Pa 到痛阈 $26×10$ Pa 这样声压相差百万位的变化范围，用声压级表示时，就变成 0 dB 到 120 dB 的变化范围。声压变化 10 倍，相当于声压级变化 20 dB；

声压变化 100 倍,相当于声压级变化 40 dB。

3) 声音的传播特性

声音是一种能量,也是一种波,它在发出后必须向四周释放。声音的传播是通过介质用振动的形式传播的。

(1) 声速。

声速是声波传播的速度。

(2) 声音的传输。

反射:声音在传播过程中,遇到物体的阻挡会产生反射现象。

绕射:声音在传播过程中,遇到物体的阻挡时,能绕过物体继续传播,这就是绕射现象。

(3) 声音的衰减。

引起声音衰减的原因主要有两个:

一是当声音向四周空间传播时,能量向四周均匀扩散;

二是当声音在空气中传播时,媒质质点运动时会发生摩擦,使一部分声能变成热能消耗了。

4) 音质

音质实际上由音调、音色、音量及音品四大要素组成。

(1) 音调。音调指声音的高低,由发声体振动的频率决定,频率越大,音调越高;频率越小,音调越低。

(2) 音色。音色也是由声波的频谱所决定的,其与音调的区别是,音调表现的是单一频率。

(3) 音品。音品是由声波的波形所决定的。

(4) 音量。音量是由声波的振幅所决定的。

5) 音质评价

(1) 明亮度。高、中音充分,听感明朗、活跃。

(2) 丰满度。听感温暖、舒适,富有弹性。

(3) 清晰度。语言还原度高,乐队层次分明,有清澈感。

(4) 柔和度。听感悦耳、舒服。

(5) 力度。声音坚实有力,出得来,能反映声源动态范围。

(6) 真实感。能保持原声的特点。

(7) 立体感。声音有空间感。

(8) 平衡度。声音的高、中、低有一定的尺度。

6) 人耳听觉

(1) 感受性。能感受到的小声压级为 0 dB,能耐受的最大声压级可达 140 dB。

(2) 平衡性。对音频高中低各频段平衡性的控制。

(3) 透明感。它感受的是声音耐听而不刺耳的感觉。

(4) 层次感。它反映的是声场中声音空间层次的清晰程度。

(5) 定位感。根据声音的来向确定音响感觉。

(6) 听觉灵敏度。听觉灵敏度是指人耳对声压、频率及方位的微小变化的判断能力。

笔记

人耳听觉还会产生掩体效应和延时。

(7) 声场。声源的声波通过媒体向周围自由场辐射时,声源的周围均称声场,也叫音场。

7) Hi-Fi

Hi-Fi 即是我们常说的"高保真"的意思,其全称为 High-Fidelity。它是指录放音设备能不能真实地记录、传输和重放原有的声源特性的能力,它包括了音频信号的音调、响度、音色及方向感等。通俗地说,Hi-Fi 就是衡量某个放音系统能不能把音乐厅等场景中的演奏现场真实地在你的放音系统中再现,并能保持在音乐厅中聆听音乐的真实感和临场感。

2. 汽车音响系统基本组成

汽车音响系统主要包括主机、扬声器、功放三部分。

现代汽车原车标准配置的立体声音响系统主要由一台主机(含内置功放)、4 个扬声器(包含 1 个前左扬声器、1 个前右扬声器、1 个后左扬声器、1 个后右扬声器)构成。高档豪华车的高保真汽车音响系统还多了 1～2 个重低音扬声器以及推动扬声器的功率放大器等。改装的音响系统比高档豪华车音响还要多一些部件,如电子分音器、电容、均衡器等。汽车音响系统基本组成如图 6-1-1 所示。

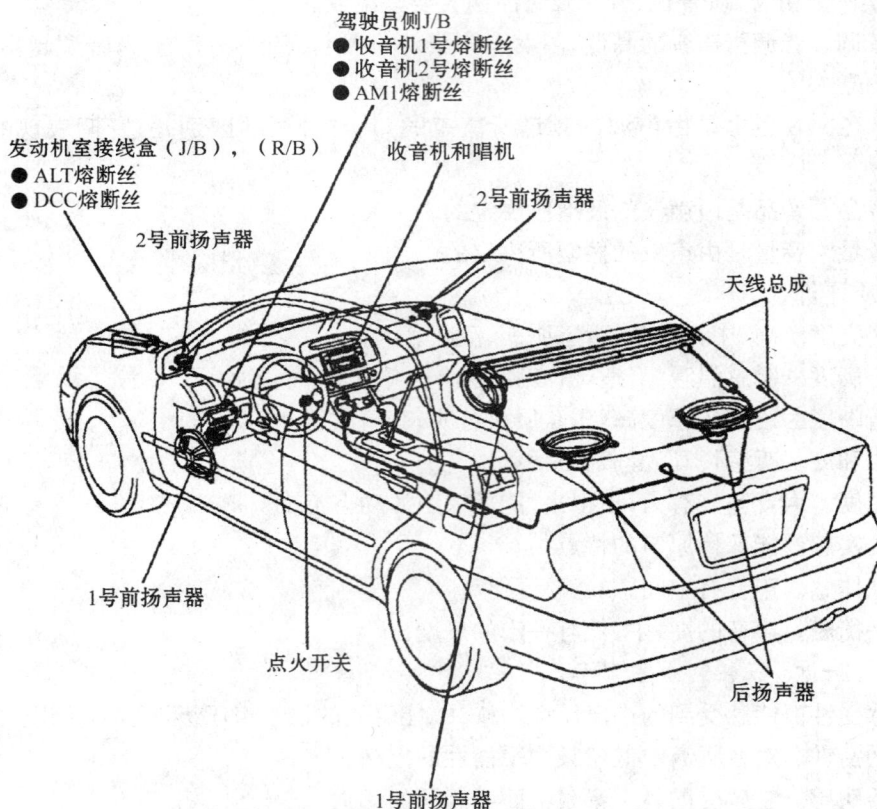

图 6-1-1　汽车音响系统基本组成

### 3. 汽车音响扬声器升级改装

扬声器(俗称喇叭)在整个音响系统中的作用是决定性的,它甚至能影响整个音响系统的风格,没有了它,你无法重现你想要听的声音,好的扬声器都有它自己的个性。在汽车音响升级改装中,换主机和换扬声器是最常见、最基本的升级改装。

1) 扬声器的构造与原理

(1) 扬声器的构造。

扬声器的构造,如图 6-1-2 所示。

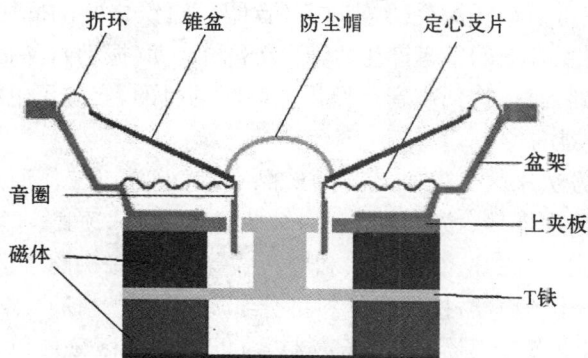

**图 6-1-2　扬声器的构造**

折环和弹波定心一起定位鼓纸(振膜,纸盆)做径向运动。折环的材料一般有橡胶,布基加胶纸质等,折环的软硬和柔顺度,直接影响鼓纸在整个运动形成里的线性,影响扬声器在整个标称功率内的表现曲线。

鼓纸就是扬声器主要的发声部件。材料主要是纸浆加上其他材料,近年来多种特性不同的材料进入,有聚丙烯、碳纤维、金属钛等,甚至金刚石。但是主流还是纸浆,一方面造价低廉,另一方面容易做成扬声器振膜所要求的复杂曲面。

T 铁,夹板材质为软铁,即纯铁,也叫电工铁,主要特性是导磁,但是没有剩磁,就是磁场消失后,它的磁性也立即消失。此铁的纯度和品质,直接影响扬声器的效率、非线性失真等重要参数,其中夹板的厚度影响扬声器的冲程。长冲程扬声器的 T 铁夹板都特别厚,就是在音圈的整个行程内都可以切割平行的均匀的磁力线。夹板和 T 铁中柱的间隙越小,音圈运动所需的功率也就越小,扬声器的效率越高,所以,磁液型的扬声器在 T 铁和夹板之间注入磁性液体,等于缩小了他们之间距离,另一方面也把音圈的热量迅速带走,提高了扬声器的功率承受能力。

磁体一般叫磁铁、永磁铁,磁钢叫法更准确一些。在扬声器组装之前是没有磁性的,在和 T 铁夹板用粘合剂粘好后,在充磁机上充磁,最后的剩磁就是磁钢的磁性,这个剩磁量就是磁钢的磁性大小,根据法拉第电磁感应定律,磁通量越大,一定的电流在磁场中运动的力就越大,所以为了提高扬声器的功率,现在应用了许多强磁性材料,如钕铁硼。

音圈一般为扁平的自粘铜漆包线绕制,是个非常矛盾的部件,为了增大电流(增大功率),线径就要增大;线径大了,要求磁隙就大了;磁隙大了,功率效率反而下降,所以只能在矛盾中取中间值。音圈一般为两层绕制,单层绕制无法引出线。为了不改变磁隙大小又能增加电流形成的磁场,就只能增加音圈的直径。所以有了 Hi-Fi 扬声器声称的大音圈,长冲程。音圈是绕制在一个纸质骨架上的,大功率的扬声器骨架有的是铝箔做的,即所谓的铝音圈。实际上音圈还是铜的,只是骨架是铝的罢了!

引线接头,引线(以前我们叫猪尾),是编制铜线加棉线构成,主要是在扬声器振动环境下保持音圈和外部导线连接正常。

(2)扬声器工作原理。

当电流流过其音圈(细导电线)时,产生了电磁场,这个电磁场与扬声器上的永久磁铁的磁场成直角方向,这使得活动线圈受力在间隙(音圈与磁铁之间的间隙)内运动。这个运动所产生的机械力,使附着音圈的纸盘产生垂直、上下的运动(振动),从而移动了空气(使空气振动),发出音频传送到人耳,达到声音还原供人聆听的目的,实现了电能到声能的转化。

2)汽车常用扬声器的类型

扬声器以不同的方法来区分就有不同的产品类型,例如以工作原理来区分可以分为电动式扬声器和静电式扬声器等;按振膜形状可分为锥盆式、球顶式、平板式、带式等多种;按磁路形式可分为外磁式、内磁式、双磁路式和屏蔽式等多种;按磁路性质可分为铁氧体磁体、钕铁硼磁体、铝镍钴磁体扬声器;按振膜材料可分纸质和非纸盆扬声器等。以用途来区分可以分为重低音扬声器、中置扬声器、卫星扬声器等;以结构来区分可以大致分为同轴式扬声器和套装式扬声器两大类,所有的扬声器在结构上都可以看作是这两大类扬声器的变种。

(1)同轴扬声器。

同轴扬声器就是一个扬声器有高音也有低音,一个顶两个。也就是在同一轴心上安装了两个扬声器分别负责重放高音和中低音,如图 6-1-3 所示。

图 6-1-3　2 路同轴扬声器

同轴扬声器的高音头位于扬声器之上,价位经济、较有市场,适合初步升级汽车音响使用。因为它驱动容易,但由于高音与中低音混在一起,互相干扰,音效没有套装扬声器那样纯净。另外音色尖锐、声场定位不够完美也是它的缺点,它的音乐效果赶不上套装扬声器那样浑然天成。

而套装式扬声器与同轴式扬声器正好相反,其发音单元是分开布置的,一般都会带有一个分频器,用以将输入的音频信号分离成高音、中音、低音等不同部分,然后分别送入相应的高、中、低音扬声器单元中重放,此分频器为无源分频器,一般是无法达到玩家级要求的,但是作为普通应用也已经足够了。

虽然有的上万元的汽车音响也会用到同轴扬声器,但一般而言,分体比同轴扬声器档次要高。

(2)套装扬声器。

一套分体扬声器包括一个高音头、一个中低音扬声器和一个分音器,如图 6-1-4 所示。主机信号到分音器后,分音器将高频信号和中低频信号逐一输送给高音头和中低音扬声器,出来的声音异常清晰。也就是说,套装扬声器是将各个音体分开设计,再以分音器作为频率设定的扬声器组合,这种设计能够较容易获得良好的声音效果和音场定位效果以及清晰的层次感。

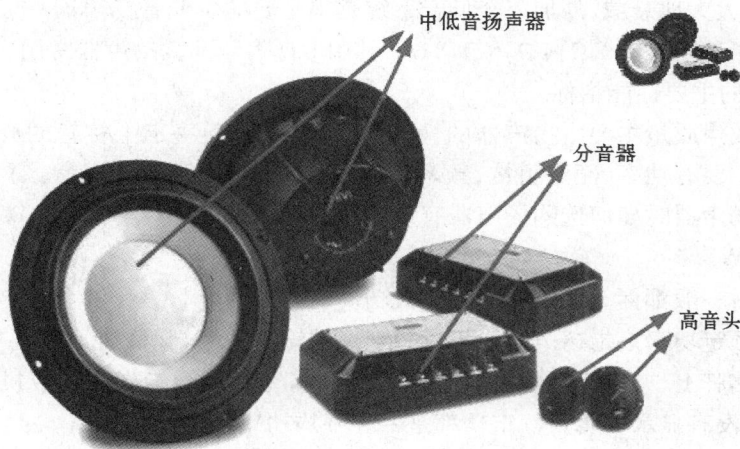

图 6-1-4  套装扬声器

套装扬声器广泛应用于汽车音响,而在家庭音响中却是不常见的。因为汽车音响和家庭音响有所不同,家庭音响对应一种标准的空间能够把扬声器的效果圆满地发挥出来。而汽车上有很多零件,包括仪表台、座椅等对扬声器发出的频率都有一定的阻碍。因此汽车音响行业就针对此研究、生产出一种分体的套装扬声器。一般来说,套装扬声器的聆听效果优于同轴扬声器,那些对音响级别要求较高、希望配置一套中高档音响的发烧友,大多选用套装扬声器。

(3)超重低音扬声器。

超重低音扬声器如图 6-1-5 所示。

超重低音扬声器用于重放超低频声音的扬声器,一般都在 200 mm 以上,装在专门制作的低音箱内。低音扬声器尺寸越小,声音效果就越硬和脆;尺寸越大,声音效果就越深沉,余音也越重。

目前市场上用一种现成的低音炮来作低音,省去了制作音箱的麻烦,但效果不如音箱。低音炮只是一种低端的产品。低音炮可分为有源和无源两种。有源低音炮是指有独立的电源来带动低音炮的内置功率放大器以推动低音扬声器。无源低音炮无内置功率放大器,直

笔记

图 6-1-5　超重低音扬声器

接由车载功率放大器推动低音扬声器。低音炮能极大地改善车内的听音感受,特别是高速行车中,低音会大大地衰减,外加一个低音系统是很必要的。低音扬声器一般可分为单音圈和双音圈两种。其阻抗有 $2\,\Omega,4\,\Omega,6\,\Omega,8\,\Omega$。其中 $6\,\Omega$ 为欧洲款扬声器常用。

3) 扬声器的主要性能指标

扬声器的放声质量主要由扬声器的性能指标决定,进而决定了整套的放音指标。扬声器的性能指标主要有功率、额定阻抗、频率范围、失真、灵敏度、指向性等。了解这些指标对于在升级改装扬声器时如何选购扬声器有重要的指导意义。

(1) 功率(W)。

扬声器背后一般都标有额定功率和最大功率。

扬声器的额定功率是指扬声器能长时间工作的输出功率,又称为不失真功率,它都标在扬声器后端的铭牌上。当扬声器工作于额定功率时,音圈不会产生过热或机械动过载等现象,发出的声音没有显示失真。额定功率是一种平均功率。

最大功率也叫峰值功率,是指是指扬声器所能承受的短时间最大功率,因为,在播放音乐信号时,音频信号的幅度变化极大,有时音乐功率的峰值在短时间内会超过额定功率的数倍。由于持续时间较短而不会损坏扬声器,但有失真,这时达到的功率是最大功率。

(2) 频率范围(Hz)。

频率范围是扬声器能播放音频的频率范围。人耳的听觉范围是 $20\sim20\,000\,Hz$,高保真放音系统扬声器系统应能覆盖 $20\,Hz\sim20\,kHz$ 的人耳可听音域。用单只扬声器不易实现该音域,故目前高保真音箱系统采用高、中、低三种扬声器来实现全频带重放覆盖。

(3) 额定阻抗。

阻抗就是是指扬声器的输入信号电压与信号电流的比值,单位是欧姆($\Omega$)。

扬声器的额定阻抗有 $2,4,8,16,32\,\Omega$ 等几种,汽车扬声器的阻抗常见的是 $4\,\Omega$,个别进口车有 $2\,\Omega$。而 $8\,\Omega$ 的一般是家用的扬声器。

(4) 失真(TMD%)。

它分为谐波失真、互调失真和瞬态失真三种。谐波失真(多由扬声器磁场不均匀以及振动系统的畸变而引起,常在低频时产生)、互调失真(因两种不同频率的信号加入扬声器,互相调制引起的音质劣化)和瞬态失真(因振动系统的惯性不能紧跟信号的变化而变化,从而引起信号失真)等。目前扬声器的谐波失真指标不大于 5%。

（5）灵敏度（dB/W）。

扬声器的灵敏度通常是指输入功率为 1 W 的噪声电压时，在扬声器轴向正面 1 m 处所测得的声压大小。灵敏度是扬声器对音频信号中的细节能否巨细无遗地重放的指标。灵敏度越高，则扬声器对音频信号中细节均能作出响应。Hi-Fi 扬声器的灵敏度应大于 86 dB/W。

（6）指向性。

扬声器对不同方向上的辐射，其声压频率特性是不同的，这种特性称为扬声器的指向性。它与扬声器的口径有关：口径大时指向性窄，口径小时指向性宽。指向性还与频率有关，而对 250 Hz 以下的低频信号，没有明显的指向性。对 1.5 kHz 以下的高频信号则有明显的指向性。

（7）最大输出声压级。

指扬声器在输入最大功率时，所能发出的最大声级。

4）扬声器的安装位置

（1）前置高音头的安装位置。

前置高音头的安装位置如图 6-1-6 所示。

图 6-1-6　前置高音头安装位置

（2）前置扬声器安装位置。

前置扬声器的安装位置如图 6-1-7 所示。

（3）后置扬声器安装位置。

后置扬声器的安装位置如图 6-1-8 所示。

（4）超低音扬声器安装位置。

超低音扬声器的安装位置如图 6-1-9 所示。

5）扬声器的接线

扬声器接线要分清正负极。如图 6-1-10 所示，一般扬声器接头上标有"＋"（正极）和"－"（负极），接线时要与主机或功放的正负极对应连接，一定不要接错。

如果正负接反了，会出现左门的声音与右的声音反相的情况，使低音减弱甚至完全抵消。这就是放许多车友反映的："换了喇叭后，低音效果还不如原车的喇叭"的原因所在。

图 6-1-7　前置扬声器安装位置

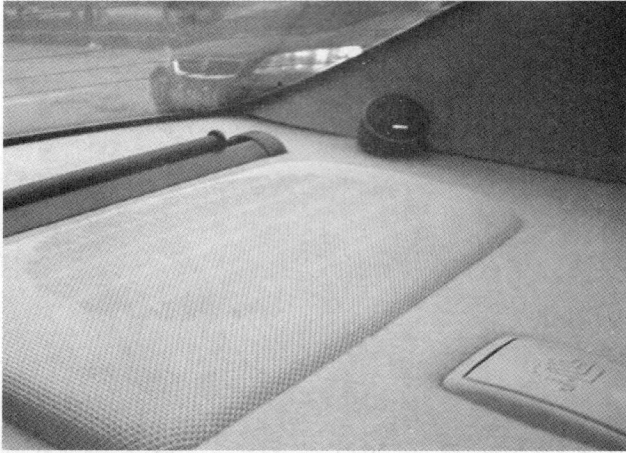

图 6-1-8　后置扬声器安装位置

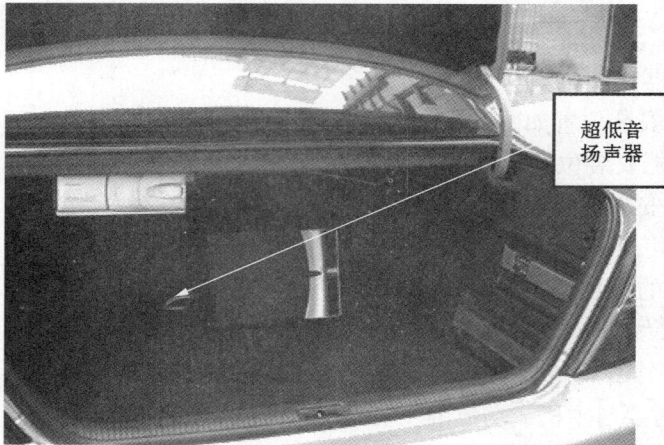

超低音
扬声器

图 6-1-9　超低音扬声器安装位置

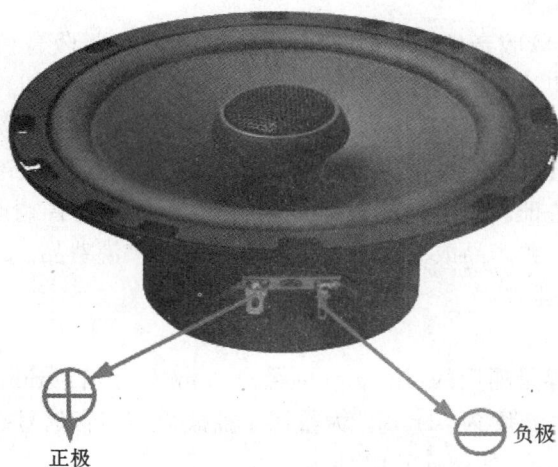

图 6-1-10　扬声器接头

　　如果原车的喇叭线是没有正负极标识的,在接线时可能不知道哪一根是正极,哪一根是负极。那就可以找一节 1.5 V 的干电池。用原车喇叭其中的一条线接电池的负极,另一条线瞬间快速地碰触电池的正极,观察喇叭振膜(锥盆)的运动方向,如果是向前方运动,表示现在接电池负极的线就是负极,原车上与之相对应的这条喇叭线就应接到分音器的输入端负极,另外一条当然就是正极了。如果喇叭的喇叭振膜(锥盆)是向后运动,表示现在接在电池负极的线是正极,原车上与之相对应的这条喇叭线就应该接到分音器的输入端正极了。

　　很多车型原车虽然有单独的高音喇叭和低音喇叭,它的高音喇叭线与中低音喇叭线是并联的,但是没有专门的分频器(一般仅仅是在高音喇叭上串入了一只电容器做高通滤波),低音喇叭发出的声音依然是"全频段"的,失真很大,而且高频部分重叠相当严重,以致声音混乱、层次不清。套装扬声器接线如图 6-1-11 所示。

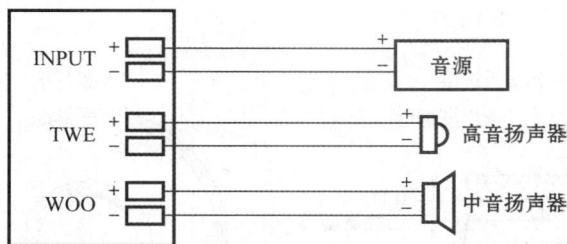

图 6-1-11　套装扬声器接线

　　先来看分音器的 6 个接线柱,标有:"IN(INPUT)＋－"、"TWE(Tweeter)＋－"、"WOO(Woofer)＋－"。它们分别表示:输入线正极接线端、输入线负极接线端,高音喇叭正级接线端、高音喇叭负极接线端,中低音喇叭正线接线端、中低音喇叭负极接线端。

　　**4. 汽车音响主机升级**

　　汽车音响主机是音响系统的核心部分,它装于汽车的控制台上,主要功能是播放音源,它是汽车音响声音的来源,它的作用是将音乐软件的磁信号或数字信号等转化为相应的电信号,通过扬声器播放出来。

汽车音响主机从 AM 收音机到 AM/FM 收音机,再有磁带收音机,现在发展到 CD 机、MD 机、电视机、DVD 机。总之随着家用音响的发展,汽车音响主机已发展到多功能、数字化、高性能、大功率,越来越接近家用音响的效果。不久的将来,成熟的硬盘播放器将是 DVD 的替代品,ipod 不仅成为主流,更有可能成为主宰,有的新车、新主机已加配了 ipod 等接口,便是一个有力的佐证。高中档汽车配置上的完善,低端的音响产品走向穷途末路,中高端的功放、扬声器等音源产品成为了改装市场唯一的大宗消费品。

1)CD 机的工作原理

(1)CD 光碟。

CD 的尺寸在全世界是通用的:120 mm 内径;15 mm 外径;1.2 mm 厚。在这张光碟中记录有数字声音信号,最大长度为 74 min。大量用于播放数字声音信号。还有一种 CD 即尺寸最小的一种外径为 80 mm。如图 6-1-12 所示。

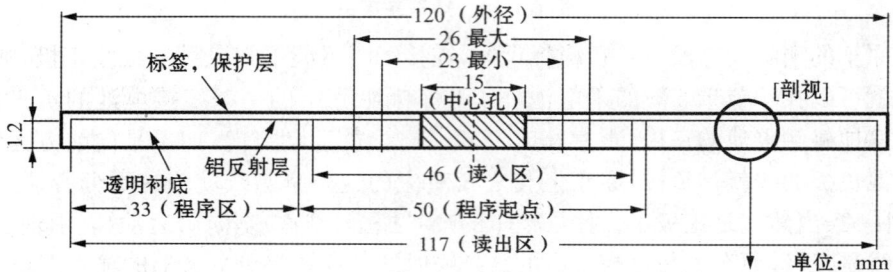

图 6-1-12 CD 光碟 1

CD 光碟由聚碳酸酯透明衬底、铝反射层和保护层组成,数字声音信号通过由激光烧蚀的凹坑 0.5 μm 宽、0.9~3.3 μm 长、0.11 高,记录在铝反射层上。如图 6-1-13 所示。

CD 信号在光碟上由里向外可以分为三个区,即读入区、程序区和读出区。播放时,信号从里向外开始播放。如图 6-1-14 所示。

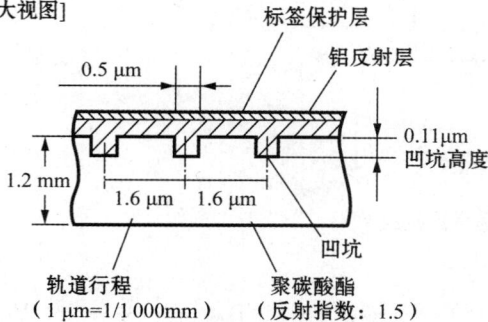

图 6-1-13 CD 光碟 2

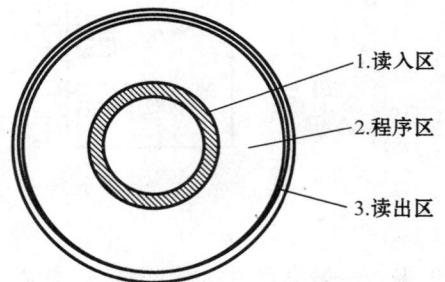

图 6-1-14 CD 光碟 3

读入区是 CD 的内容、曲目序号、曲目的开始位置以及播放时间等都记录在这个区中,如果这个区划伤 CD 会被弹出。

程序区中记录的是数字声音信号。

读出区中记录显示播放结束的信号。

（2）信号解读系统。

读取：读取装置向记录在 CD 上的凹坑发射激光束，读取反射回来的光束并将它转换成电信号读取装置由激光二极管、半透明反射镜、读取头物镜和光电二极管组成。如图 6-1-15（a）所示。

激光二极管很特殊，当它接收到电流时就会发射激光。

半透明反射镜反射来自激光二极管的激光束，并将它们垂直反射到 CD 一侧，然后让从 CD 反射回来的激光束通过读取头物镜将激光束汇聚到记录在 CD 中的凹坑，通过上下移动读取头物镜来跟踪凹坑槽。如图 6-1-15（b）所示。

光电二极管的特性是当它捕获到光时就会接收电流，它接收从 CD 反射回来的激光束并将光的强弱转换成电信号，如大小不同的电流或电压。

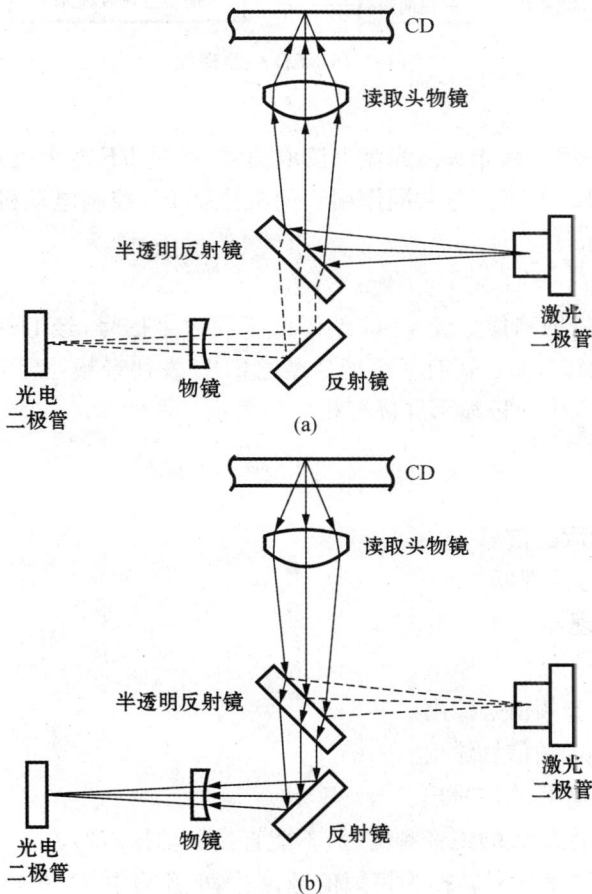

图 6-1-15 激光辐射区与激光检测区

（a）激光辐射区 （b）激光检测区

解读：激光头从光碟上读取信号（图 6-1-16），经 RF 放大、IC 放大形成 RF 信号，然后经过 DSP 处理形成初步的音频信号，送入音频处理电路处理后转换成四声道（PL，FR，RL，RR）。再经过功率放大器放大后输出，直接驱动扬声器。还有一种解读方式是在音频信号进入功率放大器前直接输出，称为 RCA 信号输出。

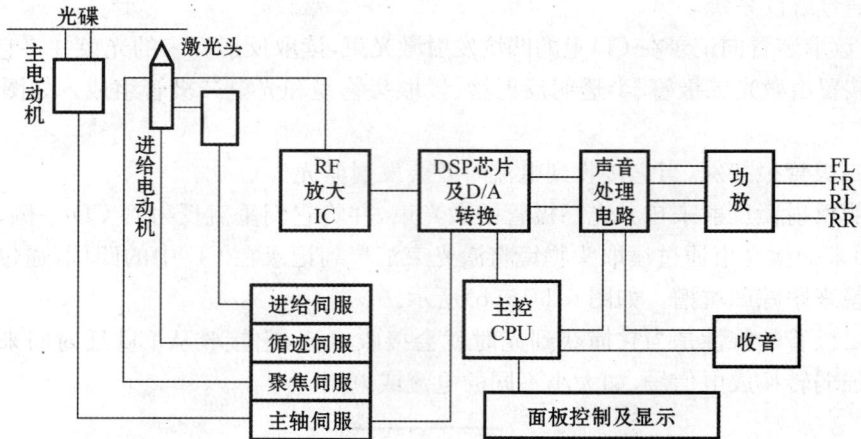

图 6-1-16　CD 机原理图

（3）伺服系统。

有两组信号：第一组是激光头从光盘上读取信号，经过 RF 放大处理后输入到伺服控制 IC；另一组是控制信号。两组信号共同作用于伺服控制 IC，控制电动机工作，使激光头准确无误地读取光碟上的信号。

（4）控制系统。

从面板上发出来得控制指令经 CPU 编译成不同数字信号，经 DSP 处理输入到伺服控制 IC，控制伺服系统工作，面板还有一组指令经过 CPU 发往音频处理电路，对音频处理电路进行控制。在控制过程中面板显示屏进行相应的显示。

（5）术语解释。

IC——集成电路。

RF——激光头读取的信号。

DSP——数字信号处理器。

CPU——中央处理器。

FL——前置左路音频信号输出。

FR——前置右路音频信号输出。

RL——后置左路音频信号输出。

RR——后置右路音频输信号出。

RCA 信号——未经放大的纯音频信号，不能直接驱动扬声器。

D/A 转换——指数字信号转换为模拟信号，在汽车音响中，D/A 转换通常在 DSP 中。

2）汽车音响主机外形尺寸规格

汽车音响主机外形尺寸规格常见有两种：1DIN 和 2DIN（DIN 是德国工业标准的缩写）。

（1）1DIN 尺寸规格。

其尺寸为 178 mm 宽，650 mm 高，该规格产品通用性强，是大部分车载 CD 的标准规格。是市场上的主流产品。大部分欧洲车可直接安装，美国车原装 CD 的安装位略大，需加装专用面板。

（2）2DIN 尺寸规格。

其尺寸为 178 mm 宽，6 100 mm 高，宽度和 1DIN 一样，高度为 1DIN 的一倍，称为 2DIN，该规格产品主要用于日本车上，大部分日本车原装 CD 的安装位是这个尺寸。

3）主机的主要参数

一台主机的好坏，最直观的就是看它的技术参数指标。主要有以下几个方面。

（1）输出功率。

现在的主机所标的功率大多数为峰值功率，在 40～60 W 之间。越大的越好，通常输出功率太小的主机需要专用的功率放大器，一般额定功率在 10～15 W 之间。

（2）频率响应（Hz）。

人耳所能听到的频率范围，在 20 Hz～20 kHz，因此该指标至少要达到这个数值，而且越宽越好（下限频率越小、上限频率越大越好）。

（3）信噪比（S/N）。

指的是音乐信号与噪音的比例，单位为分贝（dB），该数值越大越好，一般高档的主机都在 100 dB 以下，声音干净、清晰。

（4）点谐度失真（THD）。

该指标体现声音再现的还原度的百分比表示，该数值越小越好，一般高档查品的点谐度失真都在 1% 以下。

（5）RCA 输出路数/电压。

大部分主机都有 1 组 RCA 输出，它能输出低电压信号，这样就可以从主机直接传输到外加的功率放大器上，主机通常有 1～3 对 RCA 输出，当然越多的越好，这样频率划分会更加细致。而且 RCA 电压一般在 2～6V 之间，一般高档主机的 RCA 电压能达到 4～6 V，选择电压高的对系统的提升会有很大的帮助。

4）主机的功能选择

（1）响度调节功能（LOUND）。

在音量较低时，用来补偿高频和中低频。通常当音量较小时，我们会发现，高音、低音好象没有了，整个声音好象没有层次感，这时只要打开 LOUND 功能，主机就会对高音、中低音进行提升，令你听到优雅、清晰的声音。

（2）声道调整（BAL/FAD）。

用来调整左右及前后声场的平衡。

（3）预设均衡模式。

此功能主要针对不同类型的音乐设置不同的频率响应曲线：ROCK（摇滚乐）、POP（流行音乐）、JAZZ（爵士乐）、VOCAL（唱声）、CLUB（俱乐部）、NEW AGE（前卫）、CLASSLC（古典乐）。

（4）RDS 显示功能。

可以将电台发出的信息显示在主机的显示屏上（你听不到但可以看到）。

（5）预设储存。

是将你的所选定完的电台的频率储存主机存储器中。

（6）预设扫描。

是将你预设的电台频段,或歌曲音乐以扫描的方式逐一播放几秒钟,以选择你喜欢的电台歌曲音乐。

(7)静音功能(MULE)。

快速降低音量。

(8)对比调节。

可以根据喜好改变屏幕灯光的亮度。

(9)唤醒功能。

按压主机上的任何一个按键都可以将主机唤醒,让其开始工作。

(10)防盗功能。

如主机前面板可以拆卸;隐藏面板;设定密码;或使用安全卡片以防主机被盗。

5)汽车CD主机套机介绍

目前中国市场音源主机是日系产品占主导地位,如:阿尔派、松下、索尼、JVC、先锋、健伍、歌乐等,欧系产品有菲利普、蓝宝等,国产的有华阳、好帮手的卡仕达和科骏达等。

6)汽车音响主机接线

汽车音响主机接线如图 6-1-17 所示,接线说明见表 6-1-3 所示。

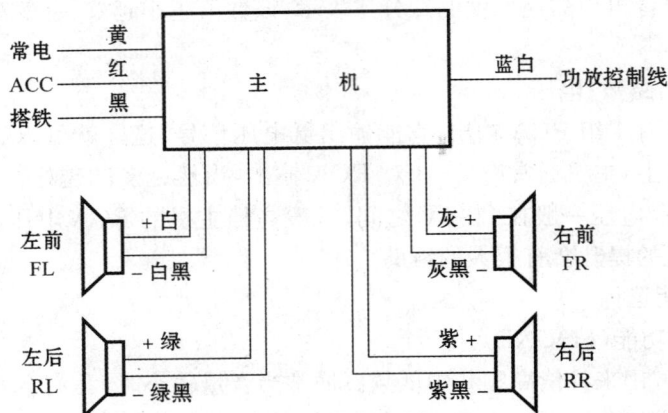

**图 6-1-17 汽车音响主机接线图**

**表 6-1-3 接线说明**

| 序号 | 接　线 | 接线颜色 |
|---|---|---|
| 1 | 电源线正极(常电) | 黄 |
| 2 | 电源线负极 | 黑 |
| 3 | ACC 电源线 | 红 |
| 4 | 前置左声道扬声器正极 | 白 |
| 5 | 前置左声道扬声器负极 | 白黑 |
| 6 | 前置右左声道扬声器正极 | 灰 |
| 7 | 前置右左声道扬声器负极 | 灰黑 |
| 8 | 后前置左声道扬声器正极 | 绿 |

续 表

| 序号 | 接 线 | 接线颜色 |
|---|---|---|
| 9 | 后前置左声道扬声器负极 | 绿黑 |
| 10 | 后前置右声道扬声器正极 | 紫 |
| 11 | 后置右左声道扬声器负极 | 紫黑 |
| 12 | 功放控制线 | 蓝白 |

### 5. 汽车音响功率放大器加装

功率放大器(简称功放)又称信号放大器,其基本作用是将音频信号进行功率放大(电流放大),用来驱动扬声器重放声音。

功放是音响系统的心脏,功放的功率大小和质量好坏,对音乐的播放起着至关重要的作用。车用主机一般都有功率输出,功率一般为 10~45 W 左右,但这样无法聆听多层次、大功率的数码音乐,要想使声音达到最佳效果,就必须在系统中增加独立的功率放大器。

#### 1) 功放的种类

功率放大器按输出声道分类可分为:单声道功率放大器、二声道功率放大器、四声道功率放大器、五声道功率放大器。

单声道功率放大器主要用来推动低音扬声器单体。

二声道功率放大器可用来推动一对高中频段扬声器或桥接推动一个低音单体。应注意桥接后的阻抗。

四声道功率放大器可用来推动两对高中频段扬声器,部分四声道功率放大器具有无衰减前级输出,可将音源输入到另一台功率放大器或有源低音炮内。如果功率和阻抗允许,可桥接两只低音单体。

五声道功率放大器除有四声道功率放大器的功能外,多了一路专门的低音输出,可推动一只低音扬声器单体。

#### 2) 功放主要性能指标

功放的主要性能指标有输出功率、频率响应、失真度、信噪比、输出阻抗、阻尼系数等。

(1) 输出功率。

车载功率放大器的输出功率有 4 种。标称功率、额定功率、工作功率和音乐峰值功率。

标称功率:是功率放大器的最大不失真功率,指在负载为 4 Ω、总谐波失真小于 1%,输入 1 kHz 的正弦波信号的情况下,功率放大器所能输出的功率。一般市场上的功率放大器所标注的功率就是这个功率。

额定功率:也称连续正弦波功率,通常是标称功率的 1/2。

工作功率:是功率放大器工作时所输出的功率,它与输入信号大小有关,输入信号为零时,其工作功率为零。输入信号越大,其工作功率也越大。其值是动态的。

音乐峰值功率:指瞬态音乐信号在总谐波失真小于 1% 时,最高的峰值功率。它只表明功率放大器的瞬态特性,通常会超过额定功率的 4~8 倍。

(2) 频率响应。

表示功放的频率范围和频率范围内的不均匀度。频响曲线的平直与否一般用分贝(db)

表示。家用 HI-FI 功放的频响一般为 20 Hz～20 kHz、正负 1 db。这个范围越宽越好。一些极品功放的频响已经做到 0～100 kHz。

（3）失真度。

理想的功放应该是把输入的信号放大后,毫无改变地忠实还原出来。但是由于各种原因,经功放放大后的信号与输入信号相比较,往往产生了不同程度的畸变,这个畸变就是失真。用百分比表示,其数值越小越好。HI-FI 功放的总失真在 $0.03\%～0.05\%$ 之间。功放的失真有谐波失真、互调失真、交叉失真、削波失真、瞬态失真、瞬态互调失真等。

（4）信噪比。

是指信号电平与功放输出的各种噪声电平之比,用 db 表示,这个数值越大越好。一般家用 HI-FI 功放的信噪比在 60 db 以上。

（5）最小输出阻抗。

车用功率放大器的最小输出阻抗大多是每声道 2。输出阻抗也称为额定负载阻抗。数字功率放大器的最小输出阻抗可做到每声道 1～0.5 Ω。在相同的条件下阻抗越小,输出的功率就越大,并且是成倍增加的。如一只 4 Ω 的扬声器桥接到单路输出为 200 W 的功率放大器上,可得到 400 W 的输出功率。功率放大器的最小输出阻抗变成了 2 Ω。

注意:最小输出阻抗不能超出功率放大器所能承载的最小阻抗,否则易引起发热、烧毁功率放大器、扬声器,直至引起火灾事故。

3）功放的选配（匹配）

如何选购功放呢?

首先,功放的功率应与喇叭的功率相搭配,输出功率应大于喇叭的功率 2 倍左右。

其次,要选择有内置分频器的功放,这样会使系统具有扩充性,可自由对功放和扬声器进行组合,同时也使调节简单易行,使得整套系统的音质得到提高。选购时还要注意尽量选择较大的散热器,因为大功率的输出,必然会产生较大的热量,散热是维持功放基本工作的重要因素之一。

根据前后声场的不同需求做出升级选购决定,但功放的数量并不是越多越好,一到两台功放是最常见的升级选购方案,一台功放可以是五路或六路的;两台功放则常用二路与四路的组合,具体连接方式视喇叭的数量而定,一般连接超低音喇叭的是单独的功放。

4）功放的接线

表 6-1-4　功放接线

| 序号 | 接线端子 | | | 用　途 |
|---|---|---|---|---|
| 1 | BATT | | | 电源正极接电池正极 |
| 2 | GND | | | 搭铁 |
| 3 | REM | | | 功放控制,接主机控制线 |
| 4 | SPEAKER FRONT | LEFT | ＋ | 前置左声道喇叭正极 |
| 5 | | | － | 前置左声道喇叭负极 |
| 6 | | RIGHT | ＋ | 前置右声道喇叭正极 |
| 7 | | | － | 前置右声道喇叭负极 |

续 表

| 序号 | 接线端子 | | | 用 途 |
|---|---|---|---|---|
| 8 | SPEAKER REAR | LEFT | + | 后置左声道喇叭正极 |
| 9 | | | − | 后置左声道喇叭负极 |
| 10 | | RIGHT | + | 后置右声道喇叭正极 |
| 11 | | | − | 后置右声道喇叭负极 |
| 12 | FRONT IN | | | 前置信号输入 |
| 13 | REAR IN | | | 后置信号输入 |
| 14 | OUT | | | 下一个功放音频输出线 |

**6. 汽车音响分音器**

电子分音器的功能是用来将全频的信号切割分音用的,由于扬声器有一定的物理特性,小扬声器就是只能产生较高的频段,大扬声器就是较低的频段,因此就必须要分音器来作切割分配给放大器,再传送给放大器、扬声器,来发出适得其所的声音。

**7. 汽车原车音响常用的升级改造方案**

(1)方案一 无损升级。

更换原车的主机,升级原车扬声器如图 6-1-18 所示。

本方案采用先锋主机、惠威扬声器,前声场用套装扬声器,后声场用同轴扬声器,本系统低音深沉,中音清晰,高音通透,能明显提升原车音效,性价比高。

(2)方案二 补偿超低频。

增加一个超低频扬声器和驱动超低频扬声器的功放如图 6-1-19 所示。适用原车音响较好的中高档车。本系统采用 NBN 的单路低音功放和 10 英寸超低音跑,低音下潜深而有力,浑厚而收放自如,干净而富有弹性。

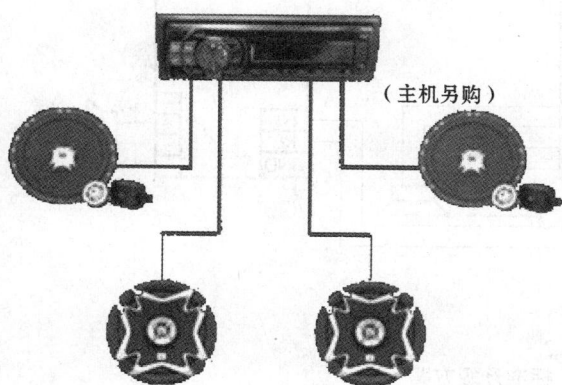

图 6-1-18 无损升级方案

图 6-1-19 补偿超低频方案

(3)方案三 升级大功率扬声器。

主机+四路功率放大器+4 扬声器的配置是一套标准的搭配方式。这种搭配最适于欣赏传统音乐、流行歌曲和交响乐等中、高档轿车如图 6-1-20 所示。

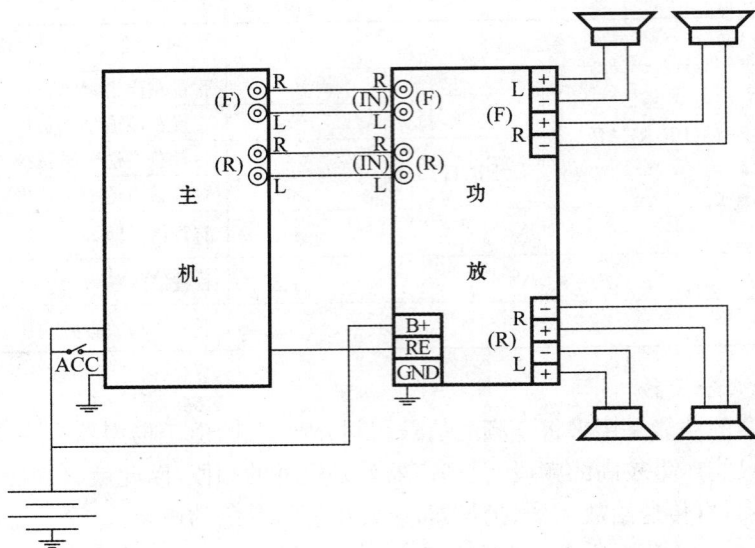

**图 6-1-20   升级大功率扬声器方案**

（4）方案四    标准升级。

主机＋功率放大器＋4 扬声器＋超低音扬声器，这是较高级的配置，这种系统最适合那些喜欢爵士乐、摇滚乐、重金属音乐的顾客。如图 6-1-21 所示。

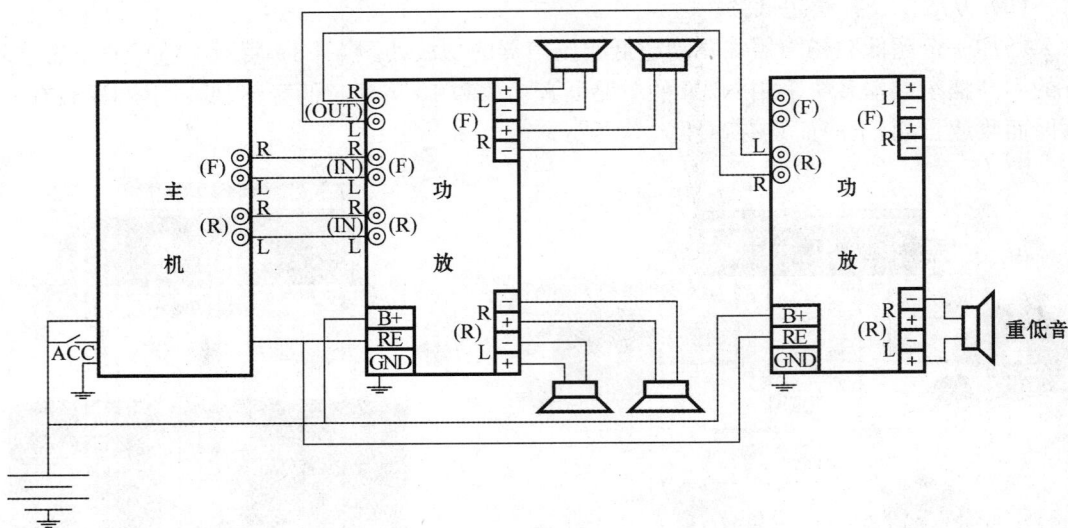

**图 6-1-21   标准升级方案**

（5）方案五    专业升级。

主机＋分音器＋2 个 4 路功放＋4 个前后声场喇叭＋2 个中置喇叭＋1 个重低音喇叭。适用于汽车影院系统。如图 6-1-22 所示。

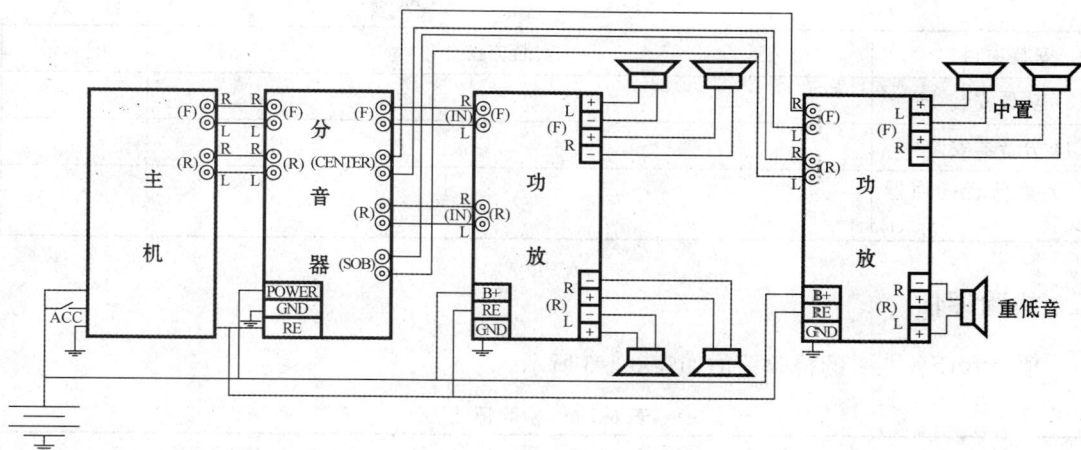

图 6-1-22  专业升级方案

## 三、制订升级计划

（1）了解音响系统正确的使用方法。

（2）查阅相关使用技巧与安全事项。

（3）了解音响系统结构、原理等。

（4）日常作业规范。

（5）根据车主要求现象查阅维修资料或维修站信息系统，做出解决方案。

（6）主机安装。

（7）功放安装。

（8）扬声器安装。

## 四、实施升级作业

汽车音响系统升级改造如表 6-1-5 所示。

表 6-1-5  汽车音响系统升级改造作业任务书

| 1. 根据教师提供的实习设备，结合教学实际情况和教材，收集相关信息<br>2. 熟悉音响系统结构和电路控制原理<br>3. 会安装音响系统相关控制元件和线路 | | |
|---|---|---|
| 1. 车辆信息描述 | 车辆描述 | |
| | 车辆音响系统类型描述 | |
| 2. 车辆音响控制原理描述 | | |
| 3. 主机扬声器拆卸 | 方法： | |
| 4. 安装项目 | 安装方法 | 记　录 |
| （1）主机安装 | | |
| （2）扬声器安装 | | |

笔记

| 4. 安装项目 | 安装方法 | 记　录 |
|---|---|---|
| （3）功放安装 | | |
| （4）分音器安装 | | |
| （5）重低音扬声器安装 | | |

## 五、检验评估

项目六任务 6.1 的检验评估如表 6-1-6 所示。

**表 6-1-6　检验评估**

| 评价指标 | 检验说明 | 检验记录 |
|---|---|---|
| 检查项目 | ➤ 音响开关<br>➤ 音响执行器<br>➤ 音响控制器<br>➤ 音响系统线路 | |
| 音响系统工作情况 | | |

| 评价内容 | 检验指标 | 权重 | 自评 | 互评 | 总评 |
|---|---|---|---|---|---|
| 检查任务完成情况 | 1. 完成任务的情况 | | | | |
| | 2. 任务完成的质量 | | | | |
| | 3. 在小组完成任务过程中所起的作用 | | | | |
| 专业知识 | 1. 能描述音响系统的组成 | | | | |
| | 2. 能描述音响系统的工作原理 | | | | |
| | 3. 能描述音响部件的安装方法 | | | | |
| | 4. 会根据升级作业任务书安装汽车音响 | | | | |
| 职业素养 | 1. 学习态度：积极主动参与学习 | | | | |
| | 2. 团队合作：与小组成员一起分工合作，不影响学习进度 | | | | |
| | 3. 现场管理：服从工位安排、执行实训室"5S"管理规定 | | | | |
| 综合评议与建议 | | | | | |

## 任务6.2 日产骐达音响系统检修

| 任务描述 | 利用任务6.1所学到的基本知识,再结合任务6.2所提供的资料和诊断流程图,按要求和规范去检修日产骐达音响系统电路 |
|---|---|
| 任务目标 | 1. 掌握日产骐达音响系统电路工作原理<br>2. 能分析日产骐达音响系统常见故障影响原因<br>3. 能按照诊断流程图,检测各部分电路 |
| 项目任务 | 1. 日产骐达汽车音响系统元件认识与安装位置<br>2. 能准确描述日产骐达汽车音响系统工作原理<br>3. 能按作业规范检测日产骐达汽车音响系统电路<br>4. 能按作业规范拆装和更换汽车音响零件 |

## 一、维修接待

按照表6-2-1完成待修车辆的维修接待,并准确填写接车问诊表。

**表6-2-1 维修接待与接车问诊表**

| |
|---|
| 1. 通过与客户面谈了解音响系统故障现象<br>2. 验证故障<br>3. 确定故障部位,并识别故障根本原因<br>4. 填写接车问诊表,确认需要维修项目 |

**接 车 问 诊 表**

车牌号: _____ 车架号: _____ 行驶里程: _____ (km)

用户名: _____ 电话: _____ 来店时间: _____ /

| |
|---|
| 用户陈述及故障发生时的状况:**一台日产骐达车,无论开收音机还是播放CD,其音响喇叭(扬声器)都没有声音放出** |
| 故障发生时的状况提示:**打开音响主机电源按钮,主机面板是否有显示,开收音或播放CD时,将音量调节由小至大,喇叭是否有声音** |
| 接车员检测确认建议:**对整个汽车音响系统进行综合检测** |
| 车间检测确认结果及主要故障零部件:**需要进行综合故障诊断与排除,必要时还需要更换相应部件**<br><br>　　　　　　　　　　　　　　　　　　　　车间检查确认者: _____ |

外观确认:

（请在有缺陷部位作标识）

功能确认:(工作正常√ 不正常×)

☐音响系统　　☐门锁(防盗器)　　☐全车灯光　　☐工具

☐后视镜　　　☐顶窗　　　　　　☐座椅　　　　☐点烟器

☐玻璃升降器　☐玻璃

物品确认:(有√ 无×)

☐贵重物品提示

☐工具　☐备胎　☐灭火器

☐其他( 　　　　　　 )

旧件是否交还用户 ☐是 ☐否

用户是否需要洗车 ☐是 ☐否

F

E

**笔记**

> · 检测费说明：本次检测的故障如用户在本店维修,检测费包含在修理费用内;如用户不在本店维修,请您支付检测费。本次检测费：￥＿＿＿＿＿元。
> · 贵重物品：在将车辆交给我店检查修理前,已提示将车内贵重物品自行收起并保存好,如有遗失恕不负责。
> 接车员：＿＿＿＿＿＿＿＿＿＿＿　　　用户确认：＿＿＿＿＿＿＿＿＿＿＿＿＿＿＿＿＿

## 二、信息收集与处理

按照表 6-2-2 完成任务 6.2 的信息收集与处理。

表 6-2-2　信息收集与处理

1. 日产骐达音响组成
2. 日产骐达音响主要元件安装位置
3. 日产骐达音响系统电路
4. 日产骐达音响系统元件拆装
5. 日产骐达音响系统线路检修
6. 制订检修计划
7. 实施检修作业

1. 日产骐达音响系统组成　元件安装位置

1）组成

日产骐达汽车音响系统由一台音响单元(主机)、4 个前声场扬声器、2 个后声场扬声器组成。如图 6-2-1 所示。

2）元件安装位置

音响单元(主机)安装在仪表中控台上,2 个前声场扬声器分别装左右前门上,2 个前声场高音扬声器分别装在左右 A 柱上,天线则装在车顶后边上。如图 6-2-1。

2. 日产骐达音响系统电路

1）日产骐达音响系统电路

日产骐达音响系统电路控制原理如图 6-2-2 所示。

笔记

2) 电路控制原理

（1）电源。

向音响单元(主机)提供电源的电源线有 3 条,其中,负极接地线 1 条,正极线 2 条(1 条是常电蓄电池,1 条是 ACC 点火开关)。

（2）扬声器线(扬声器接线)。

前左声道有 2 条线,1 条正极,1 条负极,其中前左高音扬声器和前左扬声器并联,共享 1 个信号输出如图 6-2-4 所示。

前右声道有 2 条线,1 条正极,1 条负极,其中前右高音扬声器和前右扬声器并联,共享 1 个信号输出如图 6-2-5 所示。

后左声道有 2 条线,1 条正极,1 条负极,用于连接后左扬声器如图 6-2-5 所示。

后右声道有 2 条线,1 条正极,1 条负极,用于连接后右扬声器如图 6-2-5 所示。

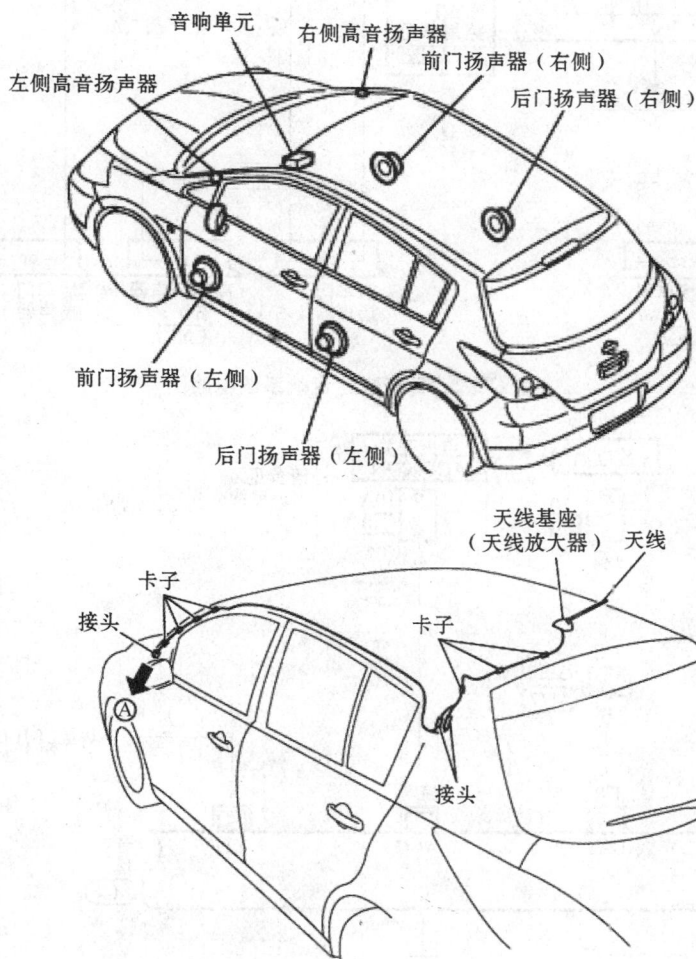

图 6-2-1　日产骐达音响系统组成元件与安装位置

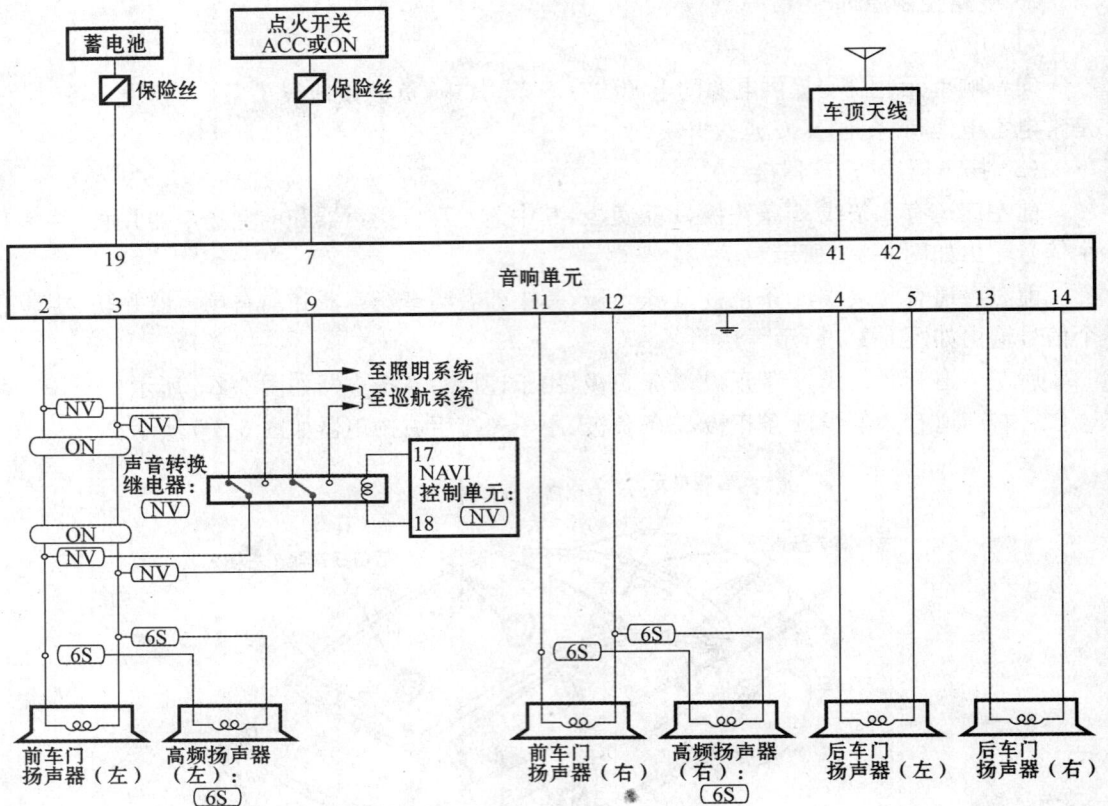

图 6-2-2　日产骐达音响系统电路图

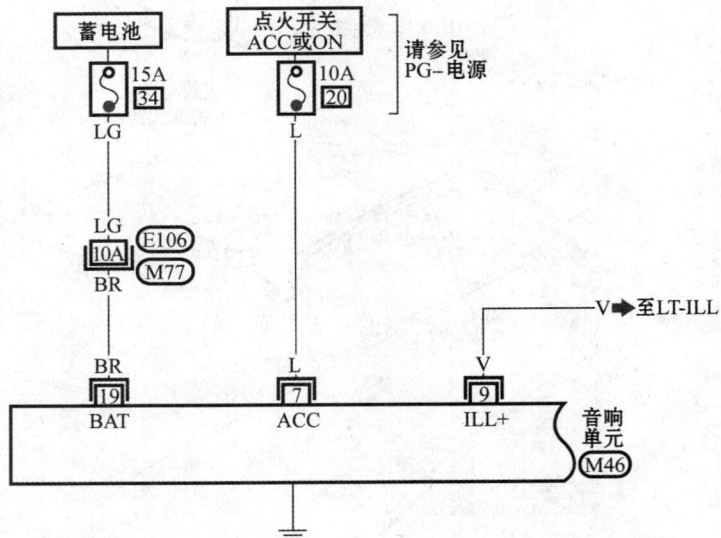

图 6-2-3　日产骐达音响系统电路图

（3）天线。

天线有 2 条，其中一条是天线信号，一条是天线模块的电源线。如图 6-2-5 所示。

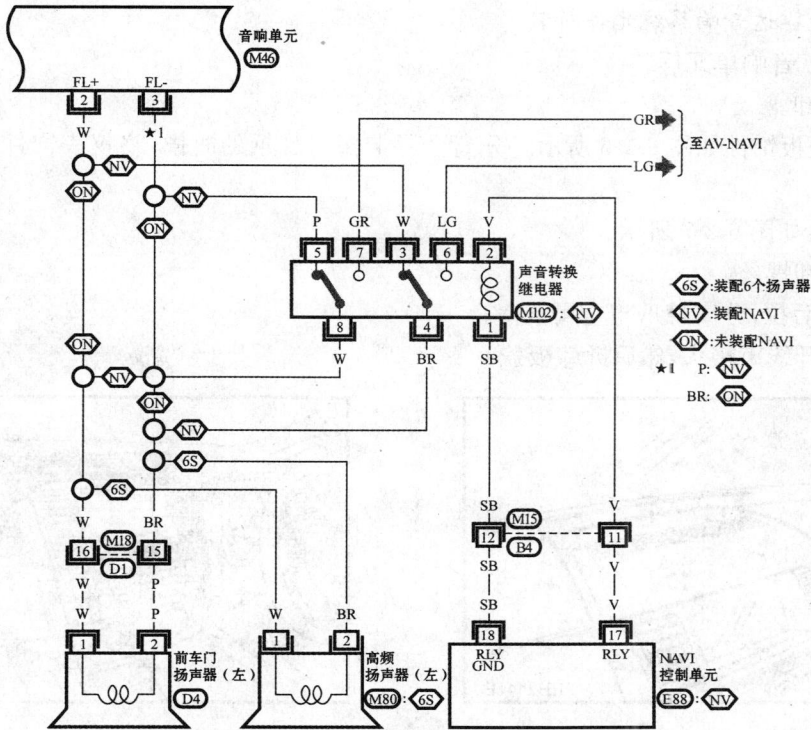

图 6-2-4　日产骐达音响系统电路图

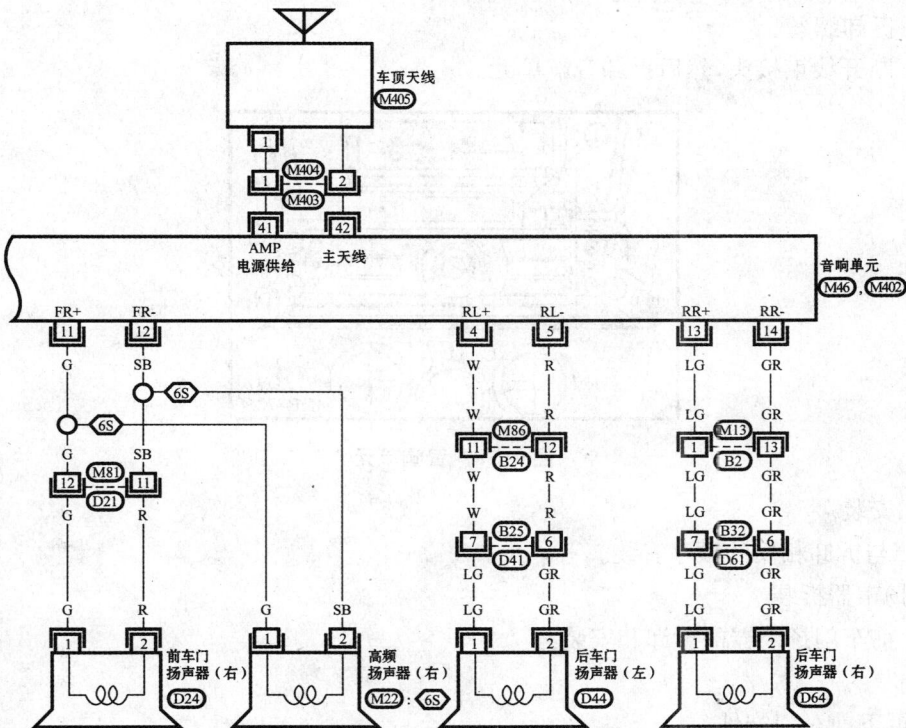

图 6-2-5　日产骐达音响系统电路图

3. 日产骐达音响系统元件拆装

1）主机-音响单元拆装

（1）拆卸。

a. 仪表板饰件如图 6-2-6 所示。分离金属卡箍与棘爪的时候，将仪表饰件向后拉动大约 30°。

b. 板盖如图 6-2-7 所示。

（a）拆卸螺丝。

（b）向后拉，分离棘爪与金属卡箍。

（c）断开线束接头，然后拆卸板盖。

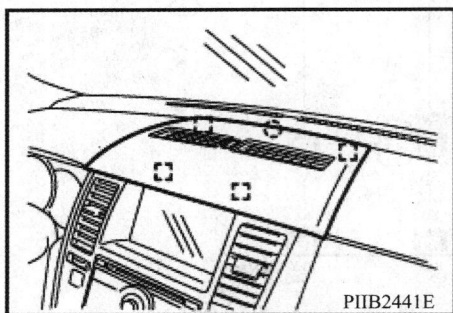

图 6-2-6　仪表板饰件

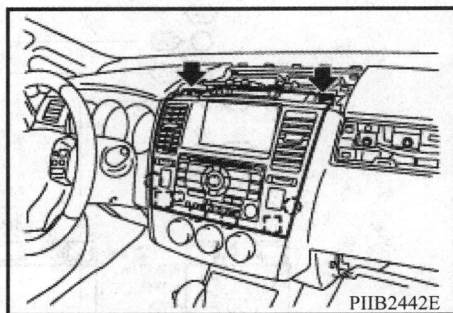

图 6-2-7　板盖

c. 音响单元如图 6-2-8 所示。

（a）拆卸螺丝。

（b）断开线束接头，然后拆卸音响单元。

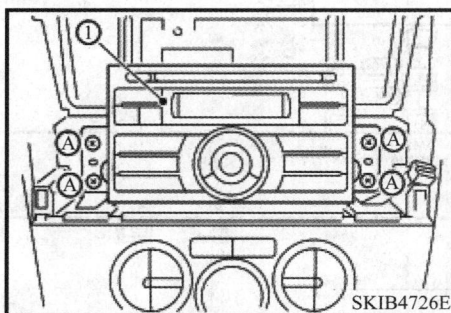

图 6-2-8　音响单元

（2）安装。

按照与拆卸相反的顺序安装。

2）扬声器拆装

（1）前车门扬声器的拆卸和安装。

拆卸：

a. 拆下前车门饰件。

b. 拆下螺钉Ⓐ和前车门扬声器①。如图 6-2-9 所示。

安装：

按照与拆卸相反的顺序安装。

（2）后车门扬声器的拆卸和安装。

拆卸：

a. 拆下后车门饰件。

b. 拆下螺钉Ⓐ和后车门扬声器①。如图 6-2-10 所示。

安装：

按照与拆卸相反的顺序安装。

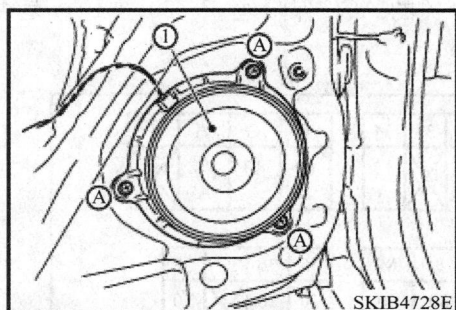

图 6-2-9　前车门扬声器

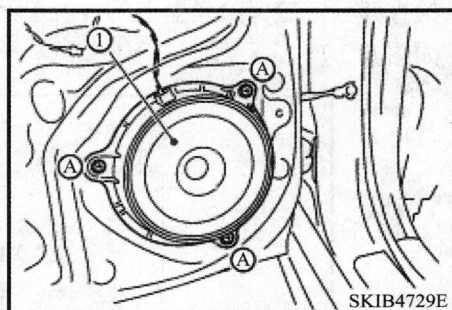

图 6-2-10　后车门扬声器

（3）高音扬声器的拆卸和安装。

拆卸：

a. 拆卸前柱饰件。

b. 拆下螺钉Ⓐ和高音扬声器①。如图 6-2-11 所示。

安装：

按照与拆卸相反的顺序安装。

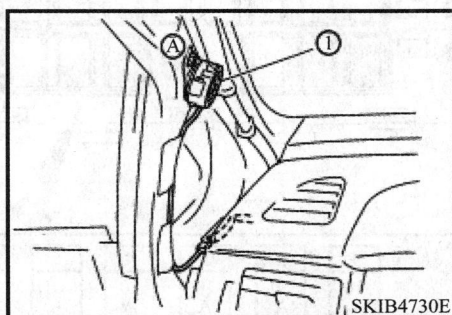

图 6-2-11　高音扬声器

（4）车顶天线的拆卸和安装。

拆卸：

a. 拆卸后柱饰件。

b. 拆卸后辅助拉手(左)。

c. 拆卸顶衬的 3 个卡子(后侧)。拉下顶衬(后侧)以在车子和车顶之间获得可工作空间。

d. 拆卸螺母Ⓐ和卡子①。

e. 拆卸车顶天线。

安装：

按照与拆卸相反的顺序安装。

4. 日产骐达音响系统检修

1）保险丝检查

检查发动机舱保险丝盒上的音响单元的常电保险丝——34 号 15 A 是否烧断。如图 6-2-12 所示。

检查驾驶室舱保险丝盒上的音响单元的点火开关的 ACC 保险丝——20 号 10 A 是否烧断。如图 6-2-13 所示。

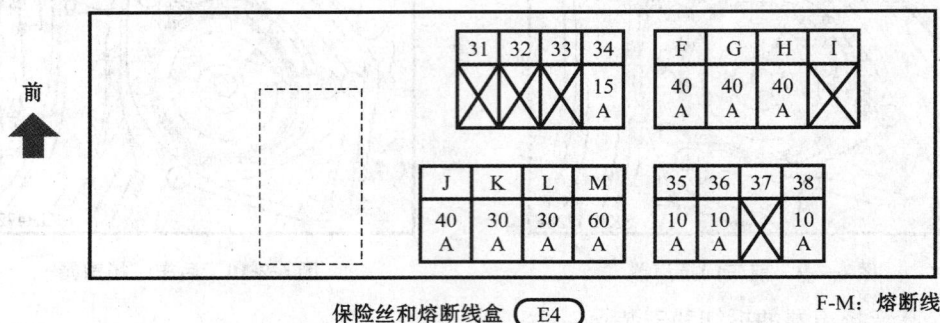

图 6-2-12　日产骐达发动机舱保险丝盒

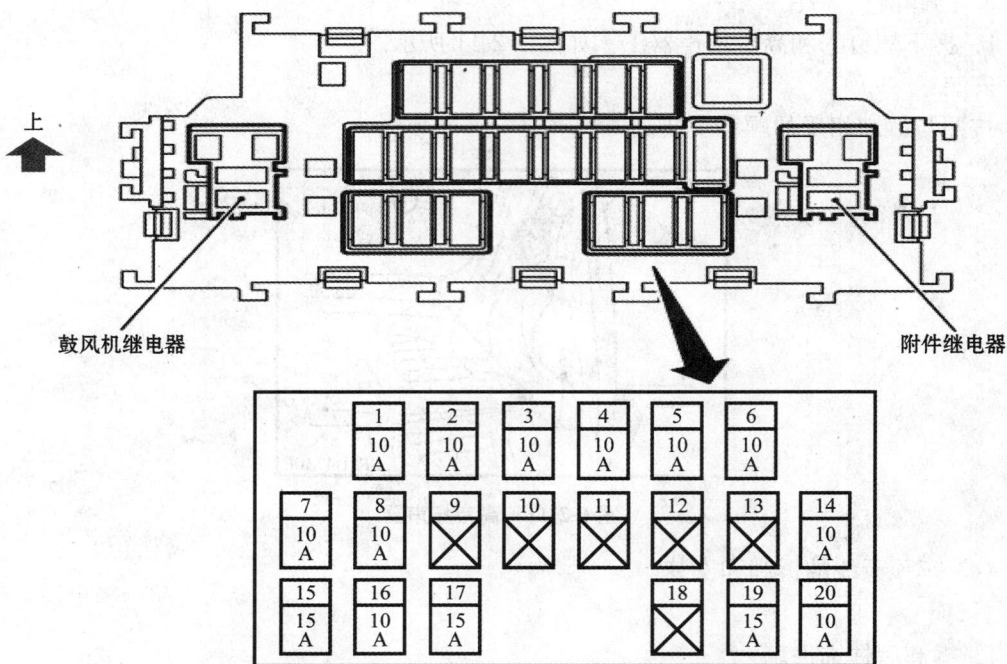

图 6-2-13　日产骐达驾驶室舱保险丝盒

2）电源电路检查

（1）常电检查。

检查音响单元接头端子 19 是否有 12 V 电压，否则常电检查线路如图 6-2-3 所示。

（2）ACC 电检查。

检查音响单元接头端子 7 是否有 12 V 电压，否则常电检查线路如图 6-2-3 所示。

（3）接地检查。

检查接地线是否搭铁，否则就要查线路如图 6-2-3 所示。

3）扬声器线检查

检查 4 个声道的扬声器线是否有信号输出，否则要检查线路，如线路无问题则要检查主机音箱单元。

4）扬声器检查

（1）外表检查。

检查扬声器振膜是否有破损，如有则更换扬声器。

检查扬声器接线头是否接触良好。没有问题则插好接头。

（2）音圈电阻检查。

阻抗为 4 Ω 的扬声器电阻应该为 4 Ω 左右，否则更换扬声器。

（3）通电测试检查。

用 7 号电池通电给扬声器，振膜应该有振动，否则说明扬声器坏了，通电时间不能超过 2 s。

5）主机（音响单元检查）

**表 6-2-3　音响单元端口和参考值**

| 端口（电线颜色） | | 项　目 | 信号输入/输出 | 状　态 | | 参考值 |
| --- | --- | --- | --- | --- | --- | --- |
| ＋ | － | | | 点火开关 | 操　作 | |
| 2(W) | 3(BR) | 左前音响信号 | 输出 | ON | 接收音响信号 | 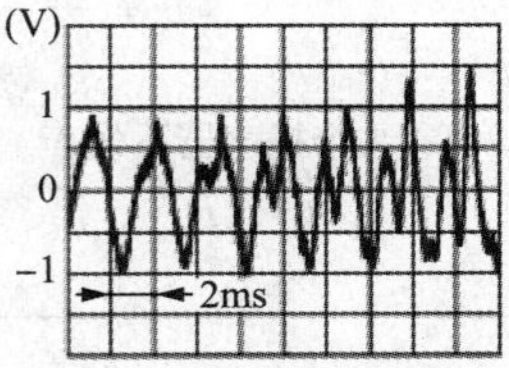 |
| 4(W) | 5(R) | 左后音响信号 | 输出 | ON | 接收音响信号 | 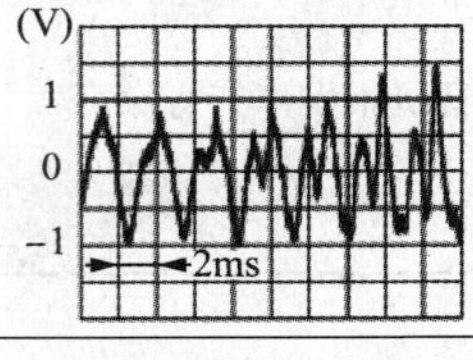 |
| 7(L) | 接地 | ACC 电源 | 输入 | ACC | — | 蓄电池电压 |
| 9(V) | 接地 | 照明信号 | 输入 | ON | 照明开关 ON | 大约 12 V |
| | | | | | 照明开关 OFF | 大约 0 V |
| 11(G) | 12(SB) | 右前音响信号 | 输出 | ON | 接收音响信号 | 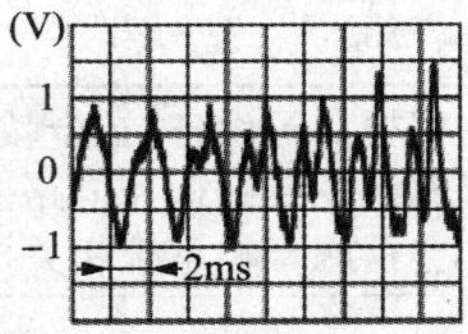 |

笔记

续 表

| 端口（电线颜色） | | 项 目 | 信号输入/输出 | 状 态 | | 参考值 |
|---|---|---|---|---|---|---|
| ＋ | － | | | 点火开关 | 操 作 | |
| 13(LG) | 14(GR) | 右后音响信号 | 输出 | ON | 接收音响信号 | |
| 19(BR) | 接地 | 蓄电池电源 | 输入 | OFF | — | 蓄电池电压 |
| 41 | 接地 | 天线放大器 ON 信号 | 输出 | ON | — | 大约 12 V |
| 42 | — | 天线信号 | — | — | — | — |

## 三、制订检修计划

（1）检查症状并仔细听取顾客的要求与描述。

（2）了解系统的控制原理。

（3）根据故障诊断表（见表 6-2-4），修理或更换导致故障的零部件。

（4）检测结束。

表 6-2-4　故障诊断表

| 症 状 | 诊断维修步骤 |
|---|---|
| 音响系统不能正常工作 | 1. 音响单元电源电路 |
| | 2. 音响单元故障 |
| 所有扬声器不发声 | 1. 音响单元故障 |
| 某个或几个扬声器不发声 | 1. 在音响单元与扬声器的音响信号电路中有开路或短路 |
| | 2. 前车门扬声器故障 |
| | 3. 后车门扬声器故障 |
| | 4. 高音扬声器故障 |
| | 5. 音响单元故障 |
| 收音机不发声或有噪声 | 1. 天线放大器 ON 信号故障 |
| | 2. 天线馈电线故障 |
| | 3. 天线放大器故障 |
| | 4. 天线故障 |
| | 5. 音响单元故障 |

## 四、实施维修作业

日产骐达音响系统线路检修如表 6-2-5 所示。

表 6-2-5　日产骐达音响系统线路检修作业任务书

1. 根据实习设备，结合教学实际情况和教材，收集相关信息
2. 熟悉系统结构和电路控制原理
3. 会检测音响系统相关控制元件和线路

笔 记

续　表

| 1. 车辆信息描述 | 车辆描述 | |
| --- | --- | --- |
| | 车辆音响系统类型描述 | |
| 2. 车辆音响控制原理描述 | | |
| 3. 拆卸门饰板 | 方法： | |
| 4. 检修项目 | 检修方法 | 记　录 |
| （1）扬声器检查 | | |
| （2）扬声器线检测 | | |
| （3）音响单元电源电路检查 | | |
| （4）扬声器信号检测 | | |
| （5）天线检查 | | |

## 五、检验评估

项目六任务 6.2 的检验评估如表 6-2-6 所示。

表 6-2-6　检验评估

| 评价指标 | 检验说明 | 检验记录 |
| --- | --- | --- |
| 检查项目 | ➢ 收音机检查<br>➢ CD 播放检查<br>➢ 扬声器音质检查 | |
| 音响系统工作情况 | | |

| 评价内容 | 检验指标 | 权重 | 自评 | 互评 | 总评 |
| --- | --- | --- | --- | --- | --- |
| 检查任务完成情况 | 1. 完成任务的情况 | | | | |
| | 2. 任务完成的质量 | | | | |
| | 3. 在小组完成任务过程中所起的作用 | | | | |
| 专业知识 | 1. 能描述音响系统的组成 | | | | |
| | 2. 能描述音响系统的工作原理 | | | | |
| | 3. 能描述音响控制元件的检修方法 | | | | |
| | 4. 会根据检修作业任务书检测故障 | | | | |
| 职业素养 | 1. 学习态度：积极主动参与学习 | | | | |
| | 2. 团队合作：与小组成员一起分工合作，不影响学习进度 | | | | |
| | 3. 现场管理：服从工位安排、执行实训室"5S"管理规定 | | | | |
| 综合评议与建议 | | | | | |

# 参 考 文 献

［1］ 郑志中. 汽车车身电控检修［M］. 北京：中国劳动社会保障出版社，2007.

［2］ 王遂双. 汽车电子控制系统的原理与检修（底盘和车身部分）［M］. 北京：北京理工大学出版社，1998.

［3］ 黄意强. 新款汽车车身电器检修专辑［M］. 北京：机械工业出版社，2010.

［4］ 阳红. 汽车车身电器设备检修［M］. 北京：中国劳动社会保障出版社，2011.

［5］ 王勇. 汽车电气检修［M］. 北京：中国劳动社会保障出版社，2006.

［6］ 吴翰奋，翁昶竑. 汽车音响原理及改装实用技术［M］. 北京：机械工业出版社.

# 全国职业教育汽车类专业高技能人才培养论坛介绍

## 一、论坛介绍

全国职业教育汽车类专业高技能人才培养论坛是由中国高等职业教育汽车类专业教学委员会组织,并定期举办的汽车专业职业教育论坛。论坛旨在搭建职业教育汽车类专业交流平台,促进教学研究活动的开展,提高教育教学质量,推动我国汽车类专业高技能人才培养模式的改革和发展。

## 二、举行时间和地点

论坛年会将于每年 8 月份举行。每年更换年会地点。

## 三、论坛参与人员

政府相关主管部门领导;职业院校汽车类专业院长、系主任、教研室主任、学科带头人、骨干教师;职业教育专家;汽车相关企业专家及负责人。

## 四、主要议题

1. 教学交流:专业建设、培养方案、课程设置、教学改革、教学经验等。
2. 科研交流:科研立项、教改研究、教学资源库建设、立体化教材编写等。
3. 人才交流:高技能师资引进和储备、高技能人才就业与创业等。
4. 信息、资源交流:招生和就业信息、校际合作机制等。
5. 校企合作和国际交流:产学研合作机制、学生国外游学项目、教师海外进修等。

## 五、论文与出版物

被论坛年会录用的论文将正式出版,经专家评审后的部分优秀论文将推荐在核心期刊上发表。

## 六、秘书处联系方式

通信地址:上海市番禺路 951 号 505 室　邮编:200030　传真:021-64073126
联系人:张书君　电话:021-61675263
　　　　刘雪萍　电话:021-61675248
E-mail:qicheluntan@foxmail.com

## 七、论坛相关资料索取

请您认真填写以下表格的内容,并通过电子邮件、传真、信件等方式反馈给我们,我们将会定期向您寄送论坛邀请函、出版物等相关资料。

| 资　料　索　取　表 | | | | | |
|---|---|---|---|---|---|
| 姓　名 | | 性别 | | 职务/职称 | |
| 院　系 | | | | | |
| 通信地址 | | | | 邮编 | |
| 联系电话 | | | 传　真 | | |
| E-mail | | | 手机号码 | | |
| 院长/系主任姓名 | | | | | |